Присцилла Мейер

•

Набоков и неопределенность

Случай «Истинной жизни Себастьяна Найта»

Academic Studies Press

БиблиоРоссика

Бостон / Санкт-Петербург

2020

УДК 82.09
ББК 83.3
М45

Перевод с английского Веры Полищук

Серийное оформление и оформление обложки Ивана Граве

Мейер П.
М45   Набоков и неопределенность: Случай «Истинной жизни
Себастьяна Найта» / Присцилла Мейер; [пер. с англ. В. Поли-
щук]. — СПб.: Academic Studies Press / БиблиоРоссика, 2020. —
272 с. : ил. — (Серия «Современная западная русистика» =
«Contemporary Western Rusistika»).

ISBN 978-1-6446932-1-6 (Academic Studies Press)
ISBN 978-5-6043579-8-9 (БиблиоРоссика)

Присцилла Мейер показывает, как первый англоязычный роман Набокова
проливает свет на все его последующее творчество. Вскрываются связи между набоковскими персонажами и предыдущей традицией русской, английской и американской литературы и философии. Набоков использует переклички между многочисленными подтекстами, чтобы рассмотреть главную интересующую его проблему: продолжения существования души после гибели тела. Все творчество Набокова
подчинено стремлению к недоступному знанию об ином мире, и, поскольку это
стремление бесконечно, романы писателя не имеют сюжетного или тематического
завершения, не имеют развязки. Неокончательность всего — вот их общая скрытая
тема.

УДК 82.09
ББК 83.3

ISBN 978-1-6446932-1-6
ISBN 978-5-6043579-8-9

Посвящается моим студентам

Слова благодарности

Я в долгу перед студентами Университета Уэсли за их тонкое понимание набоковских текстов — благодаря чему мы десятилетиями с удовольствием сообща эти тексты исследовали. Данная книга в значительной степени основывается на наших беседах и включает оригинальные открытия моих студентов. Закари Фишман помогал с исследовательской работой, и его курсовая работа легла в основу анализа льюискэрролловского подтекста в главе второй. Его энтузиазм в отношении проекта трудно переоценить. Виктор Фет, переведший «Охоту на Снарка» на русский, любезно прокомментировал эту же главу и внес в ее создание свой вклад.

Анализ присутствия Натаниэля Готорна в «Истинной жизни Себастьяна Найта» в главе третьей основан на дипломной работе Бретона Леон-Квика «От образа к апологии: готорновские подтексты в "Истинной жизни Себастьяна Найта" Набокова» (1997). Я признательна ему за разрешение использовать и развить его находки в этой книге. Часть рассуждений о двойниках в «Лолите», входящих в главу пятую, выросла из анализа, проделанного Александром Роем. В заключение вошла часть работы Томаса Маккарти о связи между исследованием «Гамлета», предпринятым Стивеном Дедалом в «Улиссе» Джеймса Джойса, и «Истинной жизнью Себастьяна Найта»; я признательна Томасу за разрешение включить этот материал в книгу и за наши вдохновляющие беседы на протяжении нескольких лет.

Изучение следов Вирджинии Вулф в произведениях Набокова в главе второй основано на статье, написанной совместно с профессором Рейчел Траусдейл, однако ее анализ «Защиты Лужина» и «Миссис Даллоуэй» на сей раз опущен.

Благодарю Дженнифер Коутс и Бронуин Уоллес за интересные беседы и помощь в редактировании текста; студентов из тюрьмы Чешир, подаривших мне вдохновляюще свежий взгляд на роман Набокова; Джеда Мансона за бесценную профессиональную редакторскую помощь, Юрия Левинга за малоизвестные библиографические сведения; двух анонимных читателей рукописи за ценные замечания; Университет Уэсли за мудрую и щедрую поддержку научных исследований, проводимых сотрудниками факультета; японское Набоковское общество за чудесное приглашение выступить с лекциями в Киото и Токио, которое помогло мне сформулировать идеи для этой книги. Особую благодарность выражаю Михаилу Мейлаху и его невестке за присланный собственный русский перевод «Истинной жизни Себастьяна Найта» и Гари Керну за его работу о русских шпионах.

Сюзанн Фуссо, моя коллега по Уэсли, на протяжении десятилетий была для меня надежной опорой: она с удивительной зоркостью отслеживала и находила материалы, связанные с моей работой, великодушно читая мои рукописи и снабжая меня неизменно ценнейшими замечаниями.

Мне бесконечно повезло с семьей: мой муж, Уильям Траусдейл, в любом деле всегда стремится дойти до самой сути, исходя из предположения, что нечто очевидное вовсе не столь очевидно. Моя дочь и коллега Рейчел Траусдейл пожертвовала временем и оторвалась от собственных исследований, чтобы прочитать и перечитать мою рукопись с точки зрения компаративиста, а также с выдающейся редакторской проницательностью.

Вступление

Широкую известность в англоязычном мире Набоков приобрел в 1958 году, когда его роман «Лолита» был опубликован в США. Некоторые читатели и критики гораздо выше ценят его поздний роман «Бледное пламя», требующий от читателя еще более значительных усилий. Но, похоже, лишь немногим англоязычным читателям известен самый первый роман, написанный Набоковым на английском, — «Истинная жизнь Себастьяна Найта», и исследователи уделяли ему куда меньше внимания, чем двум вышеупомянутым произведениям, созданным уже в Америке. Тем не менее роман «Истинная жизнь Себастьяна Найта», написанный в Париже в 1938–1939 годах, уже отличается сложностью и богатством, которые затем проявятся в позднейших произведениях Набокова. Его сходные структуры, приемы и темы позволяют лучше понять поздние романы Набокова, которые глубже раскрываются при сопоставлении с «Истинной жизнью Себастьяна Найта». Тщательное прочтение романа среди прочего показывает, как Набоков маркирует персонажей, ассоциируя их посредством системы отсылок с разнообразными литературными и не только литературными произведениями; анализируя это, мы получаем возможность интерпретировать его поздние романы. Будучи далеко не случайными и не бриколажными, набоковские отсылки картографируют миры персонажей и помогают истолковывать двусмысленности, окружающие его рассказчиков.

Эта книга — не монография об «Истинной жизни Себастьяна Найта», но исследование того, как методы и основные темы романа проливают свет на более поздние произведения Набокова. В первых трех главах раскрыты некоторые потайные подтексты

«Себастьяна Найта», а в четвертой и пятой эти открытия спроецированы на «Лолиту» и «Бледное пламя», где подтексты служат тому, чтобы охарактеризовать рассказчиков, а также исследовать потустороннее. Набоковское упорное и последовательное использование подтекстов являет собой разительный контраст постмодернистской концепции бриколажа и природе неопределенности.

Богатство и разнообразие загадок и отсылок в «Бледном пламени» заставило критиков счесть некоторые из американских романов Набокова постмодернистскими. Но назвали бы эти критики постмодернистской «Истинную жизнь Себастьяна Найта», роман, написанный задолго до появления термина «постмодернизм»?

Набоков отвергал саму идею существования литературных школ, что не помешало исследователям вписывать его произведения в их рамки. Хотя многие читатели, быть может, пребывают в счастливом неведении относительно категорий модернизма и постмодернизма, этот концепт способен повлиять на восприятие набоковских романов, размывая и затуманивая частности под обобщенным заголовком «метапроза». Точно так же, как Набоков отвергает труды немецких систематиков-лепидоптерологов девятнадцатого века за то, что они основывали свою номенклатуру на внешних характеристиках, романы Набокова требуют от исследователя анатомировать их внутренности, чтобы выделить различия или сходства в рамках биологического вида [Nabokov 1989b: 123–124].

Отличительной характеристикой постмодернистской литературы считается неопределенность. Теоретики модернизма и постмодернизма спорили о том, куда причислить произведения Набокова; некоторые считали, что его произведения до «Бледного пламени» (1962) относятся к модернизму, а само «Бледное пламя» уже следует отнести к постмодернизму, поскольку в нем показан так и не разрешившийся конфликт реальностей. Тем не менее «Истинная жизнь Себастьяна Найта» построена именно на неопределенности реальности, «странного слова, которое ничего не значит без кавычек», как сказал сам Набоков[1]. Следу-

---

[1] О книге, озаглавленной «Лолита» [Набоков 1997–1999, 3: 378].

ет ли считать этот роман постмодернистским *avant la lettre*? Или же термин «постмодернизм» слишком неоднозначен и слишком увертлив? Требует ли искусство Набокова какой-то новой, более точной категории или же сопротивляется любым категориям, не подпадая ни под одну? Некоторые набоковеды на одной из конференций, посвященных этому вопросу, отвергли категории как враждебные творчеству Набокова [Boyd 1995b; Green 1995]. В любом случае, как пишет Джон Барт Фостер, «утверждения о постмодернизме [Набокова] (или даже о его запоздалом модернизме), которым якобы на протяжении трех десятилетий до появления “Лолиты” были полны его произведения, чрезмерно упрощают его положение в литературе двадцатого века» [Foster 1995: 116].

Как заметила В. Е. Набокова, вдова писателя, в часто цитируемом предисловии к собранию его русских стихотворений, все произведения Набокова пронизаны потусторонностью. «[Тема], как некий водяной знак, символизирует все его творчество. Я говорю о “потусторонности”, как он сам ее назвал» [Набокова 1979: 3]. Искусство Набокова было путешествием в поисках этого недостижимого знания. В этой книге делается предположение, что поскольку подобное знание не может быть окончательным, то и романы Набокова так и не оказываются окончены — по сюжету, по теме или поразвязке; их главная тема — незавершенность, которая, по словам Бахтина, характеризует все романы как таковые [Бахтин 1975]. К финалу романа читателя подводят к тому, чтобы он взялся перечитывать текст, и каждое новое перечитывание порождает новый роман. Набоков отчетливо показывает это в «Даре», последнем из своих русских романов, написанном в том же году, когда он начал «Истинную жизнь Себастьяна Найта»; А. А. Долинин назвал «Дар» лентой Мёбиуса, потому что по мере повторных перечитываний возможные интерпретации романа возрастают в прогрессии [Dolinin 1995b: 163]. Набоковская лента Мёбиуса появилась раньше и была гораздо сложнее, чем бесконечная закольцованная первая фраза в сборнике рассказов Джона Барта «Заблудившись в комнате смеха» (1968): «Однажды давным-давно была история, которая началась»[2]. В романе Набокова то, что при первом прочтении кажется традиционным романом о Федоре, при втором превращается в произведение самого Федора, а при третьем — комбинацией того и другого. Романы Набокова используют постмодернистскую саморефлексию фразы Барта (появившейся позже) и соединяют ее со строго преднамеренной и продуманной чередой неясностей. Читатель никогда не сможет вернуться к началу, и ему никогда не удастся достичь развязки; вместо этого он становится адептом набоковского расследования, а не оказывается заблудившимся в комнате смеха. В отличие от большинства постмодернистских произведений, противоречия, созданные множественными тропками Набокова, не означают, что бытие сконструировано произвольно из существующих фрагментов — скорее они заставляют все больше и больше углубиться в постижение непознаваемого.

Набоковский вариант неопределенности служит писателю для совершенно конкретной цели. Он будет говорить своим студентам, что «хороший читатель <...> — это перечитыватель»[3]. Как и в «Даре», в «Себастьяне Найте» каждое последующее перечитывание дестабилизирует и расшатывает каждую предыдущую интерпретацию, — метод, который Набоков использует в своих лучших вещах, иллюстрируя тем самым свое утверждение, что «реальность — это бесконечная последовательность ступеней, уровней восприятия, фальшивых донец, и, следовательно, непостижима и недостижима» [Nabokov 1962; Nabokov 1990: 11][4]. Это как нельзя

---

[2] Далее, если не указано особо, цитаты даны в переводе В. Полищук. — *Примеч. пер.*

[3] Набоков В. В. О хороших читателях и хороших писателях / Пер. М. С. Мушинской [Набоков 2010: 36].

[4] Лиланддела Дюрантай говорит о набоковском понимании реальности в своей работе [Durantaye 2007: 45–47]. Стивен Блекуэлл в [Blackwell 2017] предлагает понятие «мультиустойчивого рассказчика» (148), который создает «мерцающее, неопределенное колебание романа между двумя возможными мирами», «выдвигающее на передний план неполную и предварительную природу знания» (155). Юлия Трубихина в своей работе [Trubikhina 2015] утверждает, что «метафизическая неопределенность Набокова очерчивает аллегорический (метонимический) модус его творчества» (89).

лучше подходит к человеку, который никак не мог определиться даже с датой собственного рождения; он родился то ли 22, то ли 23 апреля, в зависимости от века, календаря и страны [Nabokov 1989b: 13–14].

Реализм, модернизм, постмодернизм

Идеи дестабилизации, неуверенности и неопределенности — сердцевина постмодернистской теории; то, как применяет эти характеристики Набоков, следует отличать от их формулировки в постмодернизме[5]. Брайан Макхейл считает эти характеристики симптомами «эпистемологического кризиса старого "буржуазного субъекта" и зарождения из этого кризиса новой, дезинтегративной постмодернистской субъектности и нового чувства мира как тревожно многообразного» [McHale 1992: 8]. В своей книге «Конструирование постмодернизма и постмодернистской литературы» Макхейл показывает, как модернистская поэтика литературы уступает постмодернистской поэтике. Для этого он использует сопоставление ключевых элементов модернизма и постмодернизма, предложенное Хельмутом Летеном [Lethen 1986]:

Модернизм	Постмодернизм
Иерархия	Анархия
Присутствие	Отсутствие
Генитальное	Полиморфное
Нарратив	Антинарратив
Метафизика	Ирония
Определенность	Неопределенность
Конструирование модели мира	Деконструкция модели мира
Онтологическая уверенность	Онтологическая неуверенность

---

[5] А. А. Долинин пишет о том, что «литературнонаправленная» проза Набокова бесконечно далека от постмодернистской инклюзивности, поскольку Набоков не смешивает и не уравнивает различные дискурсы, но скорее представляет литературную традицию как иерархию и настаивает на важности ее сохранения». См. [Dolinin 2005a: 62].

Стивен Керн определяет характеристики модернизма посредством такого же списка черт, включающих:

отсутствие протагонистов;

фрагментированных персонажей;

«тривиальные» события;

вероятностную причинность;

слабые сюжеты;

литературный импрессионизм;

поток сознания;

зачин *in medias res*;

неразрешенные финалы;

ненадежных рассказчиков [Kern 2011: 2].

Совпадения между этими списками заставили теоретиков искать способы четкого различения между модернизмом и постмодернизмом, зачастую признавая, что произведение может сочетать в себе черты того и другого[6]. Макхейл использует понятие «доминанты», предложенное Романом Якобсоном (допущение, что паттерны, доминирующие в данном произведении, определяют его принадлежность), чтобы поместить данное произведение в рамки той или иной традиции. Но и списки, и сами концепты представляют собой «терминологические минные поля» [Foster 1995: 109], и не вполне очевидно, как их применять к произведениям Набокова. В 1995 году Морис Кутюрье провел в Ницце конференцию «Набоков на перекрестках модернизма и постмодернизма», посвященную исследованию того, какое место романы Набокова занимают в литературном процессе. В конференции участвовал Герберт Грейбс, с уверенностью выступивший в защиту обоих подходов, выявив и перечислив множество черт как модернизма, так и постмодернизма в произведениях Набокова. Хотя шутка Грейбса представляется убедительной, некоторые конкретные характеристики, которые он упоминает, и есть те самые терминологические минные поля. Например, один из аргументов Грейбса в пользу постмодернизма Набокова — то, что писатель использует бриколаж. Однако набоковская смесь высокой культуры с поп-китчем

---

6   Например, [Hutcheon 1988: 50–53].

и клишированными жанрами (скажем, в «Лолите») отличается от коллажеподобных скоплений и нагромождений, типичных для постмодернизма, в котором они призваны подорвать старые иерархии; Набоков в отношении своих персонажей действовал по строгой программе и обычно конструировал свою собственную иерархическую систему истории литературы [Grabes 1995: 117]. Набоков выстраивает стили персонажей в диалог внутри контекстов, несущих для его романов как сатирический, так и тематический смысл, — подобно тому, как делал Пушкин в «Евгении Онегине»[7]. Для каждой якобы сходной с постмодернизмом черты, идентифицированной его теоретиками, у Набокова находятся серьезные отличия в области мотивировки и метода. «Постмодернистский» аспект, важный для данной книги, — это, по выражению Грейбса, «постмодернистское множество жанровых рамок и вытекающее из него разнообразие конструкций «реальности» [Grabes 1995: 118]. Но разве набоковское применение двойников / удвоения «иронизирует над модернистской идеей индивидуальности», как выражается Грейбс? [Grabes 1995: 119].

Для нашего исследования к произведениям Набокова лучше всего применить такое определение постмодернизма, как различение между множественными онтологиями, выдвинутое Макхейлом в «Постмодернистской литературе». Он начинает с того, что проводит классическое различие между реальностью и выдуманным миром как «гетерокосмом», миром, отдельным от реального, имеющим с ним миметическое соотношение и способным включать индивидуумов и информацию из реального мира как «анклавы онтологического отличия» [McHale 1987: 28][8]. Он

---

[7] Как описано у Бахтина в [Бахтин 1975: 410–412]. Марк Липовецкий в [Lipovetsky 2017] считает разрушение бинарных оппозиций «ключевым для постмодернистской эстетики» (9), находя, например, что разлом между высокой и низкой культурой в «Лолите» ведет к «трагическому неразличению трансцендентности и симуляции» (27).

[8] Мари-Лаура Райан в [Ryan 1991] подчеркивает разницу между «реальным миром» (РМ) и «текстуальным реальным миром» (ТРМ). Она относит «Бледное пламя» к категории «частично определенного центра», в котором мы «знаем, что об отдельных фактах ТРМ известно мало определенного», но постигаем его реальность через его отражение в сознании персонажей (40).

усложняет эту модель, добавив к ней формулировку Романа Ингардена, согласно которой произведение искусства онтологически полифонично и обладает четырьмя четко выраженными слоями, в результате чего «предложения в литературных текстах формально идентичны с предложениями в реальном мире, но онтологически отличаются от них». Движение между слоями создает онтологические колебания, которые Ингарден называет «радужностью» или «опалесценцией» [McHale 1987: 31–32]. Макхейл подытоживает:

> Эти колебания между авторским присутствием и отсутствием характеризуют постмодернистского автора. <...> Автор мерцает и то возникает в бытии, то исчезает из него на разных уровнях онтологической структуры. <...> Не присутствуя, но и не отсутствуя полностью, он(а) играет с нами в прятки на протяжении всего текста <...>. Автор <...> служит еще одним орудием для исследования и использования онтологии. Он(а) функционирует на двух теоретически различимых уровнях онтологической структуры: как средство передвижения автобиографического *факта* внутри заданного фиктивного мира; и как *творец* этого мира, зримо занимающий онтологический уровень, высший по отношению к нему [McHale 1987: 202].

Как известно читателю «Евгения Онегина», персонажа, тесно общающегося с автором, как Онегин общался с авторской персоной Пушкина, необязательно можно назвать однозначно и отчетливо постмодернистским, и авторское внесюжетное присутствие — это топос романа восемнадцатого века. Но то, как Набоков вплетает анаграмматические формы своего имени в текст, действительно напоминает онтологические колебания по Ингардену, и эта идея пригодится нам, чтобы понять, как Набоков использовал «неуверенность». Таким образом, не суммируя различные определения произведений Набокова, отметим, что те, кто утверждает, будто его постмодернизм возникает только в «Бледном пламени», не учитывают наличия сходных черт в «Истинной жизни Себастьяна Найта» и набоковских непостмодернистских целей.

Авторство

«Истинная жизнь Себастьяна Найта» — это якобы попытка написать биографию романиста Себастьяна Найта, предпринятая его сводным братом В. Братья бежали от большевистской революции и теперь живут соответственно в Лондоне и Париже. Первый, Себастьян, пишет изысканные романы на английском; второй — предприниматель, который никогда ничего не писал, тем более по-английски. К концу книги идентичность рассказчика становится загадочной — как В. мог написать такую изящную и сложную книгу? Наше обсуждение неопределенности в «Истинной жизни Себастьяна Найта» хорошо вписывается в давнюю дискуссию критиков о том, кто является автором книги. Они хотели однозначно и недвусмысленно приписать авторство одному из двух братьев — или рассказчику В., или его сводному брату Себастьяну. Лишь немногие предположили, что роман написали, каждый по-своему, три автора на двух онтологических уровнях — В., Себастьян и сам Набоков, и отдать предпочтение одному из них означает преуменьшить свершение Набокова; ведь свести роман к одному-единственному автору означает пресечь возможность перечитывания. Более того, если мы примем, что книгу написал или романист Себастьян, или его биограф В., то, помимо прочего, упустим из виду тему привидений, пронизывающую роман, и вероятность того, что в реалистический план текста вторглась сверхъестественная сила в лице вымышленных персонажей из романов Себастьяна — о чем в 1967 году подробно написала Сьюзен Фромберг [Fromberg 1967]. Интерпретация посредством медленного внимательного чтения — одна из сквозных тем романа, аналогия набоковского расследования в поисках мистической потусторонности; если это расследование остается незримым, потому что читатель бросает или прерывает его по дороге, то непознаваемое исчезает и нам остается скорее тусклая реалистическая история, нежели (постмодернистский?) ребус, бросающий читателю вызов исследовать метафизическую вероятность.

В ходе расследования Набоков заманивает читателя-путника в чащобу с помощью множественных аллюзий на книги, которые на поверку оказываются важными подтекстами для автора в его собственном романе. Критики заметили сумбурное скопление литературных произведений, связанных в тексте романа с первым или вторым рассказчиком, но упустили из виду подтексты, которые исходят только от самого Набокова. «Истинная жизнь Себастьяна Найта» содержит многозначительную иерархию тщательно подобранных подтекстов; она не представляет каждое из возможных прочтений как в равной степени правомерное[9]. Точно так же, как Стивен Бернстайн интерпретирует «Нью-Йоркскую трилогию» Пола Остера, встраивая ее подтексты в диалоги, нам, возможно, удастся понять набоковские загадочные утверждения о непознаваемом, незримом и неподтверждаемом, если мы попытаемся истолковать его многослойную систему аллюзий — аллюзий, релевантность которых охватывает два онтологических плана [Bernstein 1999].

В «Истинной жизни Себастьяна Найта» содержатся отсылки (как явные, так и едва заметные) к произведениям русских, французских, английских, американских и других писателей. Линза каждого подтекста демонстрирует новую грань романа. Книжная полка Себастьяна, по преимуществу заставленная англоязычными произведениями, показывает его попытки стать англичанином; то немногое, что читал В., подчеркивает его противоположность Себастьяну — он предприниматель, а не литератор. Нина Речная ассоциируется с темой сверхъестественного, и с помощью этого персонажа Набоков в зашифрованной форме отсылает к текстам, связанным с его собственной жизнью в невымышленной реальности. Интерпретация аллюзий приводит нас к интерпретации слоев вымысла и реальности, в равной мере значительных для романа. Бран Николь, говоря о постмо-

---

9   Дэвид С. Рутледж сходным образом анализирует иерархию последовательности уровней в «Истинной жизни Себастьяна Найта», но считает, что связь с личной биографией Набокова «не релевантна метафизической схеме его литературных структур». См. [Rutledge 2011], глава 10, особенно с. 117, 121.

дернистской дестабилизации рассказчика в «Бледном пламени», пишет, что она «обнажает пристрастность любого повествования», поскольку в конечном итоге единственное, что нам остается, — это смириться с тем, что некоторое количество вариантов достоверно в равной мере [Nicol 2009: 83]. Но не таков случай «Бледного пламени» и не так обстоит дело в «Истинной жизни Себастьяна Найта». Достоверность каждого варианта необходимо воспринимать как часть диалогического дискурса романа, где подтекст создает отчетливый диалог в рамках иерархии мировоззрений. Автор знает гораздо больше, чем персонажи, но он, в свою очередь, в этой иерархии смыслов подчиняется предположительно более значительным силам, чья полнейшая неопределенность говорит об авторских целях Набокова.

Очевидная загадка авторства сооружена для того, чтобы провести читателя от решения простых загадок к ловушкам покрупнее: текст раскрывается последовательным слоям интерпретации, в большей мере подчеркивая текучесть и плавность переходов, столь важных и неотъемлемых для набоковских романов, чем решения загадки. Точно так же, как невозможно ответить на вопрос о том, уцелеет ли после смерти индивидуальная человеческая душа, смоделированный в набоковских романах поиск этого знания тоже не приводит к разрешению и ответу. Если рассматривать их как неоднозначные, они по-новому высветят набоковские (как предполагалось, якобы постмодернистские) цели, открывая толкования конкретного романа, которые позволят расширить понимание всего творчества Набокова в целом. Такая модель «Истинной жизни Себастьяна Найта», в частности, применима к величайшим романам Набокова — «Лолите» и «Бледному огню». Анализ подтекста, проделанный в данной книге, существенно отличается от постмодернистских исследований интертекстуальности и текстуальной неопределенности.

Умножение возможных значений, пронизывающее постмодернистское мировоззрение, — это противоположность набоковской тщательно структурированной вселенной. В отличие от предложенной Кристевой концепции интертекстуальности как гетерогенного сочетания текстов, которые пересекаются между собой и нейтрализуют друг друга, Набоков выбирает свои подтексты, чтобы выстроить в тексте совершенно особые миры, созданные для выхода за пределы текста в точно определенных направлениях [Kristeva 1980: 36]. В своем эссе «Мир, диалог и роман» Кристева определяет интертекстуальность как «мозаику цитат», в которой «любой текст поглощает и трансформирует другой» [Kristeva 1996: 37]. Это определение действует, если мы рассматриваем данную мозаику как нечто разработанное Набоковым; в его романах автор далеко не «мертв», как сказал бы Ролан Барт.

В творчестве Набокова главное — это авторская интенция. Грэм Аллен описывает движение от структурализма к постструктурализму как «такое, в котором утверждения объективности, научная строгость, методологическое постоянство и другие весьма рационально звучащие понятия заменяются акцентом на неуверенности, неопределенности, непередаваемости, субъективности, желании, удовольствии и игре» [Allen 2000: 3]. Эта неуверенность воспринимается как нечто подрывающее авторскую интенцию, а интертекстуальность, за счет ассоциирования с постмодернизмом, характеризуется «пастишами, имитацией и смешиванием уже устоявшихся стилей и практик» [Allen 2000: 5]. Набоков, наоборот, является для своих персонажей самопровозглашенным диктатором, который использует подтексты, чтобы очертить как их миры, так и их отношение к его собственному миру. В одном интервью Набоков сказал: «...замысел романа прочно держится в моем сознании, и каждый герой идет по тому пути, который я для него придумал. В этом приватном мире я совершеннейший диктатор, и за его истинность и прочность отвечаю я один»[10]. Эту декларацию можно истолковать и как включающую системный принцип отбора Набоковым материала для подтекста: принцип, который определяет взаимоотношения его персонажей и авторских миров, порождая ощущение более глубокой тайны бытия, вызывающее мурашки по коже.

---

[10] Интервью Альфреду Аппелю — мл., сентябрь 1966 года / Пер. С. Б. Ильина [Набоков 1997–1999, 3: 596].

Неопределенность Набокова по своему смыслу скорее конструктивна, чем деструктивна. Его читатели подхватывают болезнь, которую он приписывает сыну стариков в рассказе «Знаки и символы»: «манию упоминания»[11]. Мы начинаем искать смыслы не только повсюду в окружающей жизни (в прошмыгнувшей мимо белочке, в бабочке данаиде монархе, в абсолютно своевременно проехавшем грузовике с аббревиатурой «Б.О.Г.» на борту), но принимаемся искать связи и во всем, что читаем. Подтексты, к которым эксплицитно отсылает Набоков, ведут к связанным с ними текстам, а те — к дальнейшим связям; исследователь Набокова может начать путь от одной отсылки, и в итоге его отправят исследовать целую вселенную — настолько богаты намеренные и ненамеренные взаимосвязи, запущенные подтекстами. Набоков указывает на некоторые из расходящихся по воде кругов референциальности, но демонстрирует, что даже далекие, ненамеренные связи имеют смысл: взаимосвязано все. Это — чудо Творения, которое Набоков изучал как лепидоптерист и воспроизвел в своей личной расширяющейся вселенной, дивясь и любуясь и природой, и тем, что в ней создал человек. Умножение возможных значений, пронизывающее постмодернистское мировоззрение, — полная противоположность набоковской тщательно структурированной вселенной с ее экзотической и эндемической флорой и фауной.

«Истинная жизнь Себастьяна Найта»

В своей книге «Тайна Найта. Нарративная установка в "Истинной жизни Себастьяна Найта" Набокова» Геннадий Барабтарло определяет место романа в творчестве Набокова, подводит итоги предшествующих исследований и поддерживает трактовку романа как текста, написанного несколькими авторами. Барабтарло также трактует произведения Набокова как «сложные

---

[11] См. эссе в сборнике [Leving 2012], в которых говорится о том, как мания упоминания в рассказе соотносится с процессом читательской интерпретации.

эксперименты, поставленные в надежде, с помощью необычайной экстраполяции, обнаружить конечную истину касательно этого мира и следующего» [Barabtarlo 2008a: 75]. В своей книге мы будем отталкиваться от этого исследования, анализируя подтексты, показывающие многослойную неоднозначность набоковских произведений.

В «Истинной жизни Себастьяна Найта» Набоков выстраивает три пары параллельных бинарных оппозиций, чтобы затем их ниспровергнуть: искусство и реальность, русскоязычное и англоязычное, жизнь и смерть. Эти пары, предназначенные для соотношения между собой, определяют порядок глав в нашей книге, поскольку в ней показано, как роман Набокова ведет читателя от опознания каждой из этих переплетенных бинарных оппозиций к последующему ее преодолению, благодаря которому читатель вступает в мир, где противопоставляемые категории, такие как два сводных брата, сливаются воедино.

Граница между искусством и реальностью рушится, когда персонажи книг Себастьяна вторгаются в «реальный» мир рассказчика В. внутри того, что изначально кажется традиционным реалистическим романом. Роман не позволяет нам довольствоваться реалистическим объяснением того, что должно быть сверхъестественным феноменом. И все же роман не принадлежит к фантастическому жанру, к которому относятся новеллы Э. Т. А. Гофмана или «Пиковая дама» А. С. Пушкина, — жанру, где существует тщательно структурированное неразрешимое противоречие между сверхъестественным и психологическим прочтением текста, требующее ответа по принципу «или — или». В романе Набокова, как и в постмодернистской традиции, ответ должен следовать принципу «и то и другое»; нет ни малейшего сомнения, что дух Себастьяна Найта вступает в мир В.[12]. «Истинная жизнь Себастьяна Найта» занимает место мистической фантастики, используя рассказы о призраках Натаниэля Готорна

---

[12] Именно это кажется мне спорным в утверждениях Деборы Мартинсен в [Martinsen 2014–2015]. А. А. Долинин подробно анализирует набоковские аллюзии на петербургский текст в [Долинин 2019: 502–530].

и Генри Джеймса, англо-американских представителей этого жанра, к которым отсылает роман: Набоков переопределяет «сверхъестественное» и «призрачное», с тем чтобы эти категории распространились на выживание духа — ноуменальную реальность художественного и духовного воображения, прочтение, которое соединяет полюса жизни и смерти. Но даже такое прочтение, в свою очередь, разрушается за счет того, что эти мосты между искусством и реальностью, жизнью и смертью превращаются в метафору набоковского перехода от писания на русском к писанию на английском, от фигуральной смерти в русском к последующей жизни в английском.

Оппозиция между двумя литературными традициями, русской и англоязычной, сигнализирует о наличии в «Истинной жизни Себастьяна Найта» автобиографического измерения; постепенно приоткрывается то, что интертекстуальные отсылки, связанные с персонажами романа, связаны и с жизнью самого Набокова. Границы снова разрушаются, на сей раз — границы между «реальной» жизнью-за-пределами-текста («реальным миром» по Райан [РМ]) и искусством («текстуальным реальным миром» [ТРМ]): роман помещает себя в интертекстуальность, получая более широкий охват литературной традиции, чем доступно его персонажам или читателю, который знакомится с текстом впервые, а не перечитывает. Поверхность текста скрывает личные интересы и мысли Набокова, которые также выстроены в иерархию по степени доступности: если читателю неведомо, что Набоков успел написать девять романов на русском, прежде чем решиться написать данный роман на английском, то тема языка и писательства такому читателю может показаться малозначимой. Еще менее понятны и значительно глубже окутаны тайной факты, касающиеся набоковской связи с Ириной Гуаданини, поэтому причины присутствия Нины Речной и ее таинственного измерения как *femme fatale* могут остаться незамеченными читателем, не говоря уже о выражении раскаяния в адрес Веры. И лишь тот, кто прочитал «Память, говори», сможет увязать отношения Набокова с его младшим братом Сергеем и холодок между Себастьяном и В. Исходная «отгадка» загадки авторства — это Набоков, но такой Набоков, который открывается заново. Автобиографическое измерение следует набоковскому «гегельянскому силлогизму юмора», описанному персонажем романа «Смех в темноте»: «Тезис: дядя гримируется под взломщика (дети смеются); антитезис: это настоящий взломщик (читатель смеется); синтез: дядя оказывается настоящим (читатель обманут)»[13]. Перед нами следующий тезис: роман написал Набоков. Антитезис: роман написали его персонажи. Синтез: роман написал прежде всего Набоков, некий новый вариант Набокова. Осознание этого становится отправной точкой для новой череды размышлений: третья дуга диалектической спирали расширяется, чтобы показать, что первая арка банальна, а третья все равно не окончательна, но служит основой новому тезису, поднимающему вопрос о взаимоотношении между искусством и жизнью и о том, что личность любого человека непостижима.

Как и все романы Набокова, «Истинная жизнь Себастьяна Найта» приводит к синтезу множественные слои вымысла и реальности, мерцание которых возникает от переходов между ними. Принцип неопределенности Гейзенберга гласит, что чем точнее пытаешься определить ценность одной половины оппозиции, тем неопределеннее делается вторая; если мы решим, что автор романа — Себастьян, то портрет В. исказится, и наоборот. Набоков последовательно разрушает двоичности третьей категорией.

Истинная ли это жизнь Себастьяна Найта?

Полный контекст набоковского утверждения, что «реальность — это бесконечная последовательность <...> фальшивых донец» (в интервью, данном Би-би-си в 1962 году), описывает стадии подхода к реальности посредством термина «призрачный»:

---

[13] Смех в темноте / Пер. А. М. Люксембурга [Набоков 1997–1999, 2: 476].

Реальность — очень субъективная штука. Я могу определить ее лишь как род постепенного накопления информации; и как специализацию. Например, если мы возьмем лилию или еще какой-то природный объект, то для натуралиста лилия более реальна, чем для обычного человека. Но еще более реальна она будет для ботаника, который специализируется именно на лилиях. К реальности можно, так сказать, подбираться все ближе и ближе; но к ней никогда не подберешься достаточно близко, потому что реальность — это бесконечная последовательность шагов, уровней восприятия, фальшивых донец, и, следовательно, недостижима и непостижима. Можно узнавать о чем-то все больше и больше, но всего узнать никогда не узнаешь: это безнадежная затея. Поэтому мы живем, окруженные более или менее призрачными объектами — например, вот эта машина. Она для меня совершеннейший призрак — я в ней ничего не понимаю и она для меня тайна [Nabokov 1962][14].

В «Истинной жизни Себастьяна Найта» «последовательность <...> фальшивых донец» ведет читателя от одного уровня к другому, приближая к тайне, но так и не открывая, как роман определяет свою собственную реальность.

Тадаши Вакашима выявил сходную структуру в своей статье «Двойная экспозиция: о головокружении перевода "Лолиты"»: «Роман наделен обманчивой глубиной, словно ты видишь его через стереоскоп. <...> Когда смотришь одним глазом, то видишь лишь один из парных миров». Он называет набоковское применение двойной открытости «разновидностью некой единой теории поля, которая помогает, пусть и частично, найти разгадку некоторых вопросов» [Wakashima Nd]. В модель Вакашимы мы можем интегрировать принцип дополнительности Нильса Бора, который гласит, что для полного понимания вселенной необходимо учитывать оба аспекта реальности: и волны, и частицы. Таким способом Бор объясняет принцип неопределенности Гейзенберга, который пригодится нам, когда мы дойдем до разбора роли Куильти в «Лолите».

---

[14] См. также: Набоков В. В. Интервью телевидению Би-би-си, 1962 год / Пер. М. Э. Маликовой; под ред. С. Б. Ильина [Набоков 1997–1999, 2: 567–577].

Несколько набоковских романов затрагивают этот принцип посредством загадки рассказчика, — но читатель сможет понять это, лишь закончив первое прочтение, которое породило у него иллюзию четкой и завершенной сюжетной линии. Однако эта иллюзия рушится, когда читателя внезапно озаряет: он перестал понимать, кто рассказывал эту историю, откуда он почерпнул материалы для повествования, для чего он рассказал историю и жив или мертв на самом деле в процессе повествования рассказчик, в которого читатель поверил изначально как в часть реалистической истории.

Набоков проделывал этот фокус и ранее, в начале своего пути — на русском в «Соглядатае» (1930) и позже на английском в романе «Пнин». В обоих произведениях лишь к концу выясняется, что загадка идентичности рассказчика — важная тема книги. «Истинная жизнь Себастьяна Найта», написанная в 1938–1939 годах, мостиком соединяет эти два произведения и сосредотачивается на проблеме повествования: она — учебник Набокова, показывающий, как понять, если не разрешить, загадку, возникающую в кульминации всех трех книг: кто рассказчик? Жив он или мертв? Что им движет? И наконец, главное применительно к теме неопределенности: можно ли ответить на эти вопросы? Сможем ли мы определить, существует ли на самом деле Клэр Куильти в «Лолите»? Или понять, кто написал «Истинную жизнь Себастьяна Найта»?

По замыслу автора, ответы должны колебаться. Вопросы ведут расширяющейся спиралью интерпретаций от очевидного сюжета к исследованию личных и метафизических тем, движущих искусством Набокова: сохранность личности после физической смерти и нежность к любимым, которая пробуждает жажду бессмертия.

Композиционные методы

В «Истинной жизни Себастьяна Найта» автор-протагонист Себастьян пишет пародию на детективный роман «Призматическая оправа», в котором разгадка держится скорее на двойственности и неопределенности, чем на окончательности. Как говорит о детективном романе брата сам В., он — о методах композиции. Изящество самого набоковского романа заключается в том, что все разгадки в равной степени вероятны. Первая фаза возможной разгадки предлагает выбирать между Себастьяном и В. как авторами:

> 1. Книгу написал романист Себастьян; он собирал для нее материалы, пока копил фотоснимки для вымышленной биографии господина Эйча. «Истинная жизнь Себастьяна Найта» станет его шестым романом, его собственной вымышленной автобиографией, рассказанной с точки зрения сводного брата, которого, возможно, не существует.
> 2. В. благополучно окончил «курсы для будущих авторов» и создал рассказ о своем покойном брате или же полностью выдумал Себастьяна[15].

Ничто в тексте не противоречит ни одной из этих двух гипотез. Каждая из них может быть верна. Но Набоков, говоря о шахматных задачах, упоминает опытного отгадчика, того, который не останавливается на удобном решении и идет дальше, к изящному. Применительно к литературе изящество можно определить как прочтение (решение, отгадку), которое объясняет большинство деталей в тексте, обеспечивая мотивацию для ребусов, мотивов и литературных аллюзий, и интегрирует их в темы, доступные уже при первом прочтении.

Следующая фаза интерпретации заменяет «или / или» на «и то и другое / и»:

> 3. Более изящная разгадка гипотезы авторства «Себастьян versus В.» заключается в том, что роман написали они оба вместе; живому брату помогает покойный из загробного мира[16].

---

[15] Набоков В. В. Истинная жизнь Себастьяна Найта / Пер. А. Б. Горянина и М. Б. Мейлаха [Набоков 2014: 54]. Далее все ссылки на роман приводятся по этому изданию.

[16] Ср. [Barabtarlo 2008a: 61], где изложена сходная схема (из пяти частей).

В «Истинной жизни Себастьяна Найта» вопрос о том, сохраняется ли сознание после смерти, напрямую рассматривается в романе самого Себастьяна, «Двусмысленный асфодель». Кроме того, посмертное существование — и в центре детективного романа Себастьяна «Призматическая оправа». В нем разгадка тайны убийства происходит в шуточной форме воскрешения: якобы убитый персонаж по имени Г. Эбсон вновь появляется как старина Носбэг — зеркальное отражение имени покойника (предполагаемого), который к концу романа оказывается жив.

Эти темы заостряют внимание читателя и заставляют его заметить другие странные воскрешения, точнее, переносы из одного мира в другой, которые в «реальном» мире были бы невозможны. Критики отмечали, что персонажи из романов Себастьяна возникают в жизни В. Первое и самое заметное появление — это мистер Зиллер из «Обратной стороны Луны», который является В. в поезде из Блауберга как мистер Зильберман и выполняет для В. роль волшебного помощника; он как будто возникает из зеркального мира. Этот невозможный переход от мистера Зиллера, литературного персонажа Себастьяна, к реальному мистеру Зильберману, снабжающему В. именами четырех настоящих, реально существующих женщин, требует объяснения. Их может быть лишь два: или Набоков нарочно делает так, чтобы взаимопроникновение миров было просто художественным приемом того или другого брата, или он репрезентирует сверхъестественное. Если мы примем вариант отгадчика-любителя, согласно которому роман написал или Себастьян, или В., то вопросов нет; один из них запросто мог изобрести и эту игру в духе «Алисы в Стране чудес». Именно это проделал Себастьян, воскресив Г. Эбсона в виде старины Носбэга.

Однако есть ли в романе свидетельства в пользу сверхъестественной отгадки? Слово «призрак» встречается в этом коротком романе тринадцать раз, а слово «тень» в значении «призрак», «дух» — один раз. Если читать роман, игнорируя догадку В.: «Тень самого Себастьяна каким-то особым, ненавязчивым образом пытается мне помочь» [Набоков 2014: 122], — такое прочтение не будет объяснять отчетливо прорисованный сверхъестественный аспект романа[17]. Таким образом более искушенного отгадчика подводят от варианта «у романа один автор» к идее, что Себастьян помогает В. из загробного мира.

Ко второму прочтению текста у нас уже есть три возможных ответа на дилемму рассказчика и автора: Себастьян, В. или они оба. Хотя третий вариант сложнее, все три можно защищать, основываясь на убедительных данных, и все они могут сосуществовать независимо, не противореча сюжету. Если мы удовольствуемся этим, то роману Набокова грозит опасность стать всего лишь изящным ребусом, всего лишь трехмерной игрой в крестики-нолики. Чтобы продвинуться дальше и найти более трех отгадок, стоит спросить, зачем Набоков тратит столько сил, чтобы сконструировать именно эту историю именно с такими неясностями.

Создавая свой первый англоязычный роман, Набоков прощается со своей жизнью в качестве русского писателя. «Истинная жизнь Себастьяна Найта» — это метафора его смерти как русскоязычного автора; В. воплощает надежду Набокова на то, что его русское «я» будет помогать его новому «я» англоязычного писателя. В. учится писать роман на английском, общаясь с братом, находящимся в загробном мире, благодаря родственной любви, глубокому знанию книг Себастьяна, общей для обоих восприимчивости и чуткости и общим воспоминаниям о русском детстве. Их духовная общность облегчает сверхъестественную проницаемость границ между вымыслом и реальностью, физической смертью и потусторонним миром.

Этот автобиографический мотив, пронизывающий «Истинную жизнь Себастьяна Найта», предполагает, что первые три прочтения для интерпретации романа не годятся; если мы останемся на этом буквальном уровне, то роман окажется об утрате — о смерти любимого брата. Если мы перейдем на литературный уровень,

---

[17] Толкования, где пытаются доказать, что один персонаж изобрел другого [Bader 1972; Stuart 1978; Boyd 1990], отвергают пронзительную вероятность общения и воссоединения с миром духов, которая служит Набокову «слабой надеждой» и основной движущей силой романа.

то книга будет о том, как более сильный писатель передает эстафету более слабому. Темы конфликта между русским и английским языками, которые возникают при описании того, как Клер, возлюбленная Себастьяна, помогает ему писать на английском, являются частью любовного сюжета, заканчивающегося, когда Себастьян покидает английскую возлюбленную ради русской. Только когда мы добавляем четвертое измерение, набоковскую трагедию утраты русского языка, на котором он уже успел написать девять романов, — все слои соединяются в романизированную автобиографию (*autobiographie romancée*), личную и литературную автобиографию Набокова, синтез, придающий смысл и пафос целому.

Осуществить все эти четыре прочтения одновременно возможно; третье и четвертое существенно прибавляют глубины, хотя их можно опустить, ничем не повредив сюжету. Но тогда этот сюжет, если оглянуться, становится иллюзией, приемом — он теряет всю полноту смыслов, остающихся невидимыми[18].

Подтексты

Вопрос авторства можно исследовать, идентифицируя сложную систему интертекстуальных отсылок в романе. Изучение подтекста дает нам преимущество: оно обеспечивает надежно контролируемую точку доступа как к творческому процессу, так и к его рецепции. По мере того как предшествующий текст раскрывает и объясняет доводы последующего текста, он приобре-

---

[18] Г. А. Барабтарло усматривает сходную модель «постепенного восхождения от "внешнего" к "внутреннему" и к "другому" в "Отчаянии" и в произведениях Набокова в целом: он пишет о "трех наслаивающихся планах, которые можно приблизительно определить как художественный <...>, психологический <...> и метафизический"». См. [Barabtarlo 1999: 120, 136]. Д. Бартон Джонсон в [Johnson 1995: 731] пишет: «Взаимоотношения вымышленного автора-творца / рассказчика / персонажа <...>, в которых каждый пользуется властью и ограничениями, присущими его соответствующему уровню "реальности", намекают на существование параллельных серий отношений в невымышленной вселенной».

тает последовательное прочтение, которое придает ему новые смыслы. Новое прочтение, предложенное Набоковым, позволяет предшествующему тексту принять участие в диалоге, несмотря на свое первенство: мы по-новому понимаем более ранний текст, прочитав его глазами другого писателя.

Я буду использовать термин «подтекст» в том смысле, который был очерчен К. Ф. Тарановским в его исследовании поэзии Мандельштама, густо насыщенной аллюзиями. Тарановский называет подтекстами предшествующие тексты, порождающие смыслы в стихах, тексты, исподволь пронизывающие тот текст, который он в данный момент анализирует. Параллели между поэзией Мандельштама и подтекстами, которые он использует, настолько очевидны, что нечего и сомневаться — эти отсылки были сделаны сознательно.

Тарановский определяет подтекст как «уже существующий текст (или тексты), отраженный в новом». Он перечисляет четыре вида подтекстов:

> 1. Текст, который служит простым импульсом для создания нового образа.
> 2. Текст, заимствующий ритмическую черту или звуки, содержащиеся в ней.
> 3. Текст, который поддерживает или раскрывает поэтическое послание более позднего текста.
> 4. Текст, с которым поэт полемизирует [Taranovsky 1976: 18].

Тарановский указывает, что третий и четвертый типы могут быть смешаны между собой и комбинироваться со вторым.

Он также пишет о контексте, который определяет как «набор текстов, содержащих тот же или похожий образ». В этом наборе подтекстов мы можем выявить то, что Омри Ронен называл доминирующим подтекстом, тем, который «подчиняет и тематически организует остальные подтексты стихотворения»; тем, который часто тематичен и «не представлен в стихотворении реальной, легко распознаваемой цитатой» [Ronen 1983: xvii–xviii].

Богатая набоковская референциальность принимает несколько форм. Он совершает явственные, точные отсылки к текстам:

«Бодкин» в «Бледном пламени» — это гиперссылка одновременно на пьесу «Гамлет», на монолог «Быть или не быть», и на жизнь, произведения и эпоху Шекспира в целом, то есть подтекстовая форма отсылок. У целых сюжетных линий есть легко определяемые источники, например подлинная история Салли Хорнер, похищенной Фрэнком Ласаллем, которая помогает структурировать вторую часть романа «Лолита» [Dolinin 2005b: 11–12]; эти источники несут в себе собственные культурные декорации, — это интертекстуальный метод. Третья форма отсылок — сеть вторичных текстов, «таящихся за» изначальным набором отсылок, в котором система отсылок заявляет о себе (интратекстуальность)[19].

В случае такого писателя, как Набоков, с его размахом и масштабом продуманных и осознанных отсылок, было бы крайне нелепо предполагать в авторе криптомнезию, то есть считать, будто он мог прочесть и забыть то или иное произведение. Есть еще одна, более расплывчатая категория — режим отсылок, построенных на туманном, едва различимом соотношении, спрятанном далеко не на виду, без отчетливых под-, интер- или интратекстуальных ключей. Эту категорию мы можем деликатно определить как присвоение. Майкл Марр, демонстрируя заимствования из произведений Томаса Манна в «Картофельном эльфе» Набокова, объясняет набоковское «презрение» и «пренебрежение» к манновскому тексту «ревностью и возмущением» [Marr 2009: 16, 18, 23]. В «Истинной жизни Себастьяна Найта» присутствуют, якобы без ведома Набокова, рассказы Генри Джеймса, которые вводят тему диалога между призраком писателя и его биографом[20]. Сходным образом Набоков внедряет в «Истинную жизнь Себастьяна Найта» несколько новаторских черт, позаимствованных из романов Вирджинии Вулф, и это

---

[19] А. А. Долинин в [Dolinin 1995a] показывает, что в «Отчаянии» пародия Набокова направлена в равной степени как на произведения самого Достоевского, так и на его эпигонов. См. также [Dolinin 1993; Долинин 2019: 260–279].

[20] См. [Norman 2005].

точно так же можно рассматривать как часть континуума отсылок к англо-американской литературной традиции, в которую стремится влиться книга Набокова. Или, возможно, автор не хотел признать, что он создает отсылку, источник, подтекст или интертекст, и отрицал влияние другого автора, причем отрицание это возникло из-за соперничества.

Подтексты отражают то, как изменяются гипотезы относительно авторства романа: они начинаются с выдвинутого на первый план английского чтения Себастьяна и в итоге приводят к многочисленным скрытым отсылкам, имеющим важный личный смысл для Набокова, — отсылкам, указывающим на непознаваемое, на потусторонность, в которую Себастьян отправился как раз перед тем, как В. прибыл к его смертному одру — оказавшемуся чужим, а вовсе не Себастьяновым. Как пишет Себастьян в романе «Двусмысленный асфодель», «[человек] есть книга» [Набоков 2014: 200]. Изначально подразумевается, что нам потребуется применить эту идею к набоковскому персонажу Себастьяну, а в конце концов мы приходим к тому, что применяем ее к самому Набокову, причем в куда более сложной форме, чем на первой странице, когда мы считали Себастьяна просто автором писательской автобиографии, уроженцем Петербурга, бежавшим от большевистской революции в тот же год, когда от нее бежала семья Набокова, только за другое море.

В нашей книге анализ подтекста используется как метод исследования набоковской нарративной системы. Набоков применяет подтексты, чтобы отличить персонажей одного от другого и от самого себя по национальности, языку и культуре, из которой они происходят. Он создает особый тип подтекста, соединяя «Истинную жизнь Себастьяна Найта» с другими своими романами, так что они превращаются в обоюдные зеркальные подтексты, усиливающие темы друг друга. Так, в первой главе данной книги «Истинная жизнь Себастьяна Найта» рассматривается как зеркало раннего романа Набокова «Отчаяние». Во второй части той же главы мы увидим, как Том Стоппард анализирует неопределенность «Истинной жизни Себастьяна Найта» в своей пьесе «Истинный инспектор Хаунд». Вторая глава посвящена двум блокам английских подтекстов «Найта» — книгам Льюиса Кэрролла и произведениям Вирджинии Вулф, причем первые введены Набоковым в текст намеренно отчетливо, а вторые тщательно запрятаны. В третьей главе рассматривается ряд американских подтекстов, охватывающих более обширный период и связанных со сверхъестественным. Четвертая глава переходит к тематическим целям, поставленным Набоковым в «Найте», в ней исследуется движение медиумизма (спиритизма), которое зародилось в Америке и дошло до России. Вторая часть этой главы показывает, как Набоков подходит к теме возможного существования призраков в двух своих американских романах, «Лолите» и «Бледном пламени», подчеркивая эту тему за счет зеркального соотнесения с другими сходными романами — «Найтом» и «Отчаянием». В пятой главе рассматривается аспект неуверенности и то, как он построен в «Лолите»; подобно «Найту», в этом романе при первом прочтении как будто просматривается отчетливая разгадка, но она появляется лишь для того, чтобы впоследствии подвести читателя ко всевозрастающей неопределенности. Наконец, мы переходим к новому восприятию «Найта», читая его сквозь призму третьего американского романа Набокова, «Бледное пламя». Структура этого романа, написанного в 1962 году и считавшегося постмодернистским, сильно напоминает структуру «Найта», созданного в 1938–1939 годах. Раннее наложение России на англо-американскую традицию, предпринятое в «Найте», получает дальнейшее развитие в «Бледном пламени», порождая контраст между Новой Англией и мифическим королевством Зембла, которое, в свою очередь, сопрягает в себе культуры Англии, России и Скандинавии. Более поздние романы Набокова представляют собой дальнейшее развитие темы мира духов и связанной с ним неуверенности; главы нашей книги отражают это расширяющееся восходящее движение по спирали. Набоков наполнил свои лингвистические и культурные миры напряжением, связанным с неведомой потусторонностью в посмертии; он не знает, сможет ли в ином мире вернуться к тому, что утратил в этом, но унимает боль этой неуверенности, посвящая свои произведения оптимистицизму.

Часть I

ИСКУССТВО / РЕАЛЬНОСТЬ[1]

¹   Ранний вариант первого раздела этой главы, «Этот мир и потусторонность», был опубликован под заголовком: Nabokov's *Real Life of Sebastian Knight* and *Despair*: Thesis and Antithesis // Nabokov Studies. 1997. September. Vol. 4. P. 37–61. Ранний вариант второго раздела, «Истинный Хаунд, истинный Найт», был опубликован под заголовком: The Real Hound, the Real Knight: Tom Stoppard Reads Nabokov // Nabokov's World / Ed. by J. Grayson, P. Meyer, and A. McMillin. Vol. 2. London: Palgrave, 2002. P. 204–213. Воспроизводится с согласия Palgrave Macmillan.

Глава 1
Зеркальные миры

Но умирающий знал, что никакие это не идеи, что лишь одну сторону понятия «смерть» можно признать реально существующей.

Себастьян Найт. Двусмысленный асфодель
[Набоков 2014: 203]

Этот мир и потусторонность:
«Истинная жизнь Себастьяна Найта» и «Отчаяние»

Набоков разрабатывает «Истинную жизнь Себастьяна Найта» как перевернутый вариант более раннего романа «Отчаяние». Оба романа объединяют тема отношения творчества к проблеме смертности и потусторонности, а также система похожих мотивов и отсылок. Романы Себастьяна и он сам продолжают жить вопреки смерти. Себастьян сотрудничает со своим сводным братом, общаясь с ним из загробного мира, и это соответствует фальшивому авторству Германа и убийству его псевдодвойника Феликса; более поздний англоязычный роман служит ответом более раннему, русскоязычному. Парные вариации на тему отношений между искусством и жизнью не подтверждают ни одной из версий о протагонисте; скорее такое наложение порождает диалектику, к синтезу которой читатель (идеальный) должен стремиться, но далеко не обязательно сумеет его обрести.

В 1935 году Набоков перевел свой роман «Отчаяние» (завершенный в 1932 году) на английский, надеясь найти работу в Англии или в США. Год спустя после публикации романа в Англии

он написал «Истинную жизнь Себастьяна Найта»[2]. Складывает-
ся впечатление, что Набоков создал эти русскоязычный и англоязычный романы как парные. Оба романа построены на «чудо-
вищно скучной»[3] теме двойничества и двойников, и зачастую их
анализируют вместе как тематически взаимосвязанные, наряду
с «Лолитой», «Бледным пламенем» и другими[4]. Однако лишь
Сьюзен Э. Суини увидела в этих романах 1933 и 1938 годов намеренно созданную пару. Она считает, что романы представляют
собой вариации на тему чувства вины Набокова из-за его отношений с младшим братом, Сергеем; «Отчаяние» было написано,
когда между братьями воцарилось отчуждение, а «Найт» — когда
они вновь сблизились в Париже [Sweeney Nd][5]. Соотношение
между романами еще глубже: Набоков построил их в виде двойников друг для друга, соединив множеством способов, так что
негативному варианту истории о двойнике, представленному
в «Отчаянии», соответствует положительная репрезентация
в «Найте»[6]. То, как Набоков переработал второй перевод «Отчаяния»[7] на английский, позволяет говорить, что он задним числом
подчеркнул элементы, соединяющие эти парные романы[8].

В обоих романах перед нами протагонист-писатель (Герман /
Себастьян), его двойник (Феликс / В.) и художник, видящий са-

---

[2] Историю публикации см. [Отчаяние 2013].

[3] Набоков в интервью Аппелю заявил: «Вся эта тема двойничества нагоняет
на меня ужасную скуку» [Набоков 1997–1999, 3: 612].

[4] Например: [Pifer 1980, ch. 5; Nicol 1967: 87].

[5] См. также [Sweeney 1993].

[6] Брайан Бойд называет идеи Германа «отрицанием всего, что [Набоков] понимает под искусством» [Boyd 1990: 384].

[7] Это подробно проанализировано в [Grayson 1977, ch. 4]. Также рассматривается в работе Карла Проффера: [Proffer 1966]. По словам Грейсон, «темы,
персонажи и декорации снова и снова возникают под различными масками
и в различных контекстах» (166); в данном случае повторные появления
выстроены в систематическом порядке.

[8] Брайан Бойд в «Русских годах» отмечает, что у Набокова было обыкновение
писать как положительные, так и отрицательные варианты своего произведения [Boyd 1990].

мую суть писателя (Ардалион / Рой Карсуэлл). Псевдодвойничество искусства и реальности — вот на чем фокусируется набоковский парафраз темы двойника-доппельгангера. Герман знает (и мы постепенно убеждаемся в этом, несмотря на его чрезмерно настойчивые возражения), что его жена Лида изменяет ему со своим кузеном Ардалионом и что его шоколадное дело терпит крах; он воображает, будто Феликс, бродяга, случайно встреченный им в Праге, — его двойник. Подспудно вторя «Двойнику» Достоевского и его «Шульд унд зюне»[9], «Кровь и слюни» (шутка Германа), Герман ошибочно принимает реальность за искусство и воображает, будто и задуманное им убийство Феликса, и его рассказ об убийстве представляют собой произведения искусства. Но Ардалион, бездарный художник-халтурщик, оказывается куда ближе к подлинному пониманию природы искусства. «Истинная жизнь Себастьяна Найта» предстает совершенно иной книгой, потому что псевдодвойники, сводные братья, не разрушают друг друга, но, наоборот, сливаются, чтобы стать соавторами-художниками, пишущими книгу, которую мы читаем; Герман же разрушает, уничтожает своего двойника и не имеет власти над своим повествованием.

Мотивы, образы и аспекты сюжета, объединяющие два романа, — это мотив фиалок, миф о Нарциссе, портреты героев (написанные Ардалионом и Роем Карсуэллом), листья, отраженные в воде, палка и трость, пауки, неудачи Германа и В. в предпринимательстве, черное и белое, собаки и лани. Эти элементы выстроены в оппозиции, чтобы затронуть любимые набоковские темы: взаимопроникновение прошлого и настоящего, русскую культуру, которой противопоставлена другая, и особенно искусство и жизнь. Для Набокова эти переплетенные темы неизбежно ведут к противопоставлению между смертью и бессмертием — истинными двойниками рассказанной в романах истории — в романах, в которых, по словам писателя, нет настоящих двойников [Набоков 1997–1999, 3: 612].

---

[9] «Преступление и наказание» (*нем.*).

Автор / рассказчики

Герман и В. как рассказчики от первого лица представляют противоположные полюсы литературного метода, что следует из противоположности их личностей. Герман абсолютно одержим самим собой; В. старается «сводить на нет свое присутствие в этой книге» [Набоков 2014: 163]. То, как Герман переоценивает свои способности, окрашивает и питает его рассказ об убийстве, аналогичным образом слова В. о страхе не суметь отдать дань Себастьяну — страхе оказаться «бездарным учеником» с «курсов для будущих авторов» [Набоков 2014: 54] — открывают хронику его расследования-поиска Себастьяна. Герман утрачивает власть над своим повествованием, тогда как повествование В. все больше приближается к Себастьяну по стилю и мастерству. Герман отчаянно жаждет контролировать не только события, но и «своего» «кроткого» (и в то же время «скотского») читателя[10]; В. позволяет себе оказаться увлекаемым «собственной магией» расследования — «я не могу не признать, что меня влекло по верному пути» [Набоков 2014: 160] — и вместе со своим соавтором Себастьяном пишет историю, которая требует от всех нас, включая самого В., активной интерпретации. Герман, наоборот, заключает, что «заветная мечта автора — превратить читателя в зрителя» [Nabokov 1989а: 16]. В результате к концу «Отчаяния», уже утратив власть над событиями и повествованием, Герман видит в читателях воплощенное зло, не подчиняющееся ему, и сравнивает их с враждебными журналистами, «ведущими себя как литературный критик» [Nabokov 1989а: 160], придираясь к «бестелесным недостаткам» [Nabokov 1989а: 161]. В., пригласив читателя поучаствовать в качестве сыщика в расшифровке деталей, объединяется с ним в общей эпифании, согласно которой «я — Себастьян, или Себастьян — это я, а может быть, оба мы — это кто-то, не известный ни ему, ни мне» [Набоков 2014: 232]. Хотя В. пишет финал своей книги месяцы спустя после того, как его пережил, он за-

---

10 Поскольку авторский английский перевод романа «Отчаяние» существенно отличается от русского варианта, все цитаты из «Despair» приведены в подстрочном переводе. — *Примеч. пер.*

ставляет нас ощутить, что мы переживаем это откровение одновременно с ним. Роман Германа сначала распадается в дневник «миг за мигом», наподобие «Памелы» Ричардсона, затем пытается претворить реальность в киносценарий[11], и апогеем его становится крах Германа и как преступника, и как художника.

Общие мотивы

В обоих повествованиях присутствует мотив фиалок. В «Отчаянии» фиалки ассоциируются у Германа с Феликсом, в котором сходится и то, как Герман смешивает убийство с искусством, и его солипсическая одержимость отражениями[12]. В петлице у Феликса в первую встречу с Германом «несколько бледных фиалок», одна из которых «выпросталась и свесила головку» [Nabokov 1989a: 9]; именно эту умирающую фиалку Герман вспомнит в середине романа, когда в его карманном дневнике окажется упомянута «фиалка, которая болталась в петлице» [Nabokov 1989a: 57], и к концу романа, когда он перечитает свою рукопись: «...свесив головку из петлицы, поникла крошечная фиалка» [Nabokov 1989a: 17], — предположительно о той же самой. Интересно, что Набоков добавил это упоминание при повторном переводе «Отчаяния» в 1966 году, усугубив ассоциацию одинокой увядшей фиалки со смертью Феликса [Grayson 1977: 68]. Когда Феликс гибнет, Герман воображает себя в его обличье и пишет от его лица: «С самого детства я любил фиалки и музыку» [Nabokov 1989a: 175]. Повторение и явное точное отождествление одинокой фиалки с Феликсом как предвестие его смерти — это знак неуклюжего литературного мастерства Германа[13]. Для него фиалки —

---

[11] В. отказывается описывать движения Себастьяна, сочтя, что «все это были бы не более чем случайные кадры, выхваченные ножницами из кинофильма и ничего общего не имеющие с сутью драмы» [Набоков 2014: 37].

[12] Пайфер [Pifer 1980: 104–106] анализирует навязчивый дуализм Германа и других набоковских персонажей.

[13] В русском оригинале отождествление фиалки с Феликсом подчеркивается также графически и фонетически: оба слова начинаются на «ф»: «ф-л-к». — *Примеч. пер.*

это не многозначный мотив, но статичный символ его двойника и жертвы убийства.

Однако мотив фиалки ускользает от Германа и выходит из-под его власти. Жизнь и любовь усложняют символ Германа, превращая его в набоковский мотив, когда Лида приносит фиалки на вокзал и ей не удается вручить их Ардалиону [Nabokov 1989a: 135, 137]. Пусть Ардалион пьян и неопрятен, но его воззрения на искусство, любовь и человечность в романе одобрены и служат антитезой взглядам Германа; его участие в мотиве фиалок разрушает суровый контроль Германа над этим мотивом точно так же, как его страсть и воззрения разрушают брак Германа и его преступный замысел.

Фиолетовые цветы вновь появляются, разрастаясь, в тексте «Истинной жизни Себастьяна Найта». Для Себастьяна фиалки являются эмблемой его матери, которую он потерял дважды[14]. Первая утрата случилась, когда мать ушла от отца и ребенка «столь же внезапно, как капля дождя срывается вниз по листу сирени» [Набоков 2014: 27], где сирень введена в текст по сходству; вторая утрата происходит, когда мать умирает в пансионе «Les Violettes» («Фиалки»). С самого ее посещения, когда ему было девять, и по меньшей мере до своего шестнадцатилетия Себастьян хранит «пакетик засахаренных фиалок» [Набоков 2014: 29], и впоследствии В. находит этот «муслиновый мешочек с засахаренными фиалками» в его запертом ящике [Набоков 2014: 36]. В поиске воспоминаний о матери он отправляется туда, где она умерла, и решает, будто «неумело намалеван[ный]» пучок фиалок на воротах означает, что пансион называется «Les Violettes», а мать представляется ему как «размытая стройная фигурка» в «большой шляпе» [Набоков 2014: 38–39] в саду, где сам он смотрит на фиолетовые анютины глазки, уверенный, что на них смотрела когда-то и она. Себастьяна в погоне за тенью матери дублирует В. в погоне за тенью Себастьяна. Бесконечный регресс этой погони символически воплощается в виде одинокого «плечистого, с жестяными фиалками на спине жестяного флакона

---

[14] Олкотт также прослеживает мотив фиалок: [Olcott 1974: 105].

из-под талька, отраженного в зеркале, как на цветной рекламе» [Набоков 2014: 57], — флакон этот В. обнаруживает в лондонской квартире Себастьяна после его смерти.

В «Отчаянии» фиалки ассоциируются с убийством и ненавистью, в «Себастьяне Найте» — с любовью и верой в бессмертие духа. В «Себастьяне Найте» лиловые фиалки связывают тему бессмертия, достижимого посредством любви, с литературой и ее способностью преодолевать смерть. Клер печатает первую рукопись Себастьяна, страницы которой заползали «в каретку, чтобы выкатиться наружу сплошь в черных и лиловых буковках» [Набоков 2014: 104]. Две копии рукописи намекают и на смысловую грань «живое / мертвое» в фиалках, и на конфликт русского / английского языка, который составляет часть отношений русского Себастьяна с его англичанкой-матерью. Оттенки фиолетового ассоциируются с Англией: «лаванда и кожа» [Набоков 2014: 108] английского Рождества; «a purple passage in Hamlet» [Nabokov 1992: 68][15], отсылающий к лиловым цветам в описании гибели Офелии со слов Гертруды, также именуемым «dead men's fingers» (*букв.* «пальцы мертвецов»)[16] и «mermaid's glove» («перчатка русалки»)[17]. Лиловость на «фиалково-темных веках» мадам Лесерф [Набоков 2014: 197] намекает на ее роль русалки, уводящей Себастьяна в другой мир[18]. То, что для Германа символизирует убийство и солипсизм, для Себастьяна заключает в себе значение бессмертия, достигаемого благодаря любви и литературе.

---

15 *Букв.* «лиловый пассаж в "Гамлете"»; в переводе А. Б. Горянина и М. Б. Мейлаха — «царственно-витиеватый» [Набоков 2014: 90]. — *Примеч. пер.*

16 Shakespeare, *Hamlet*, Act IV, scene iii, lines 169–171. «Для скромных дев они — персты умерших» (пер. М. Лозинского).

17 См. [Мейер 2007: 147–148] — о связи между цветами Офелии и русалочьим мотивом; [Мейер 2007: 133–136] — о том, как «Гамлет» связан с утратой Набоковым отца. «Гамлет» — первая книга из перечня стоящих на полке у Себастьяна [Набоков 2014: 61].

18 См. [Emery 1988: 25–26], где описываются многочисленные источники, послужившие для придания образу Нины Речной сходства с наядой. О «русалках» см. также [Мейер 2007: 142–145,147–148; Johnson 1992: 237; Grayson 1992]. Грейсон указывает на связь между русалочьей темой и переходом Набокова-писателя с русского на английский (особенно на с. 166–170).

Нарцисс

Противопоставление между Германом и Себастьяном еще больше усиливается за счет мифа о Нарциссе[19]. Взяв Феликса за руку, Герман чувствует себя «Нарциссом, который дурачит Немезиду, вытаскивая свое отражение из ручья» [Nabokov 1989a: 172]. Эта отсылка, которая была добавлена в исправленном переводе 1966 года, усиливает уже присутствующую в тексте аллюзию на Нарцисса, когда Герман смотрит на только что застреленного им Феликса и чувствует: «...я словно смотрел на свое отражение в застойном пруду» [Nabokov 1989a: 172; Grayson 1977: 69][20]. Поскольку Герман считает, что сходство сильнее всего, когда Феликс спит, неподвижен или мертв, пруд должен быть застойным, чтобы отобразить это: «Жизнь лишь искажала моего двойника; точно так же ветерок искажает красоту Нарцисса» [Nabokov 1989a: 15][21]. Так как одержимость Германа сходством происходит из его собственных проекций, а не из наблюдаемых деталей и интерпретаций, он не способен увидеть свое сходство с портретом, написанным Ардалионом, где видны «темно-красная точка в углу глаза или этот блеск клыка из-под приподнятой, задранной губы. Все это — на претенциозном фоне, намекающем на какие-то штуковины <...>, похожие на виселицы» [Nabokov 1989a: 56].

В связи с портретом Себастьяна Найта, написанным Роем Карсуэллом, также упоминается миф о Нарциссе, вместе со зрачком[22], но портрет передает противоположную идею:

> Художник восхитительно передал темную влажность зеленовато-серого райка с еще более темным ободком и намеком на созвездия золотой пыли вокруг зрачка. Веки тяжелые, может быть, слегка воспаленные, на отблескивающем белке лопнула, похоже,

---

[19] Обобщено Сергеем Давыдовым в [Davydov 1995: 94].

[20] См. также [Proffer 1966: 263].

[21] Отмечено в [Rosenfield 1967: 75].

[22] В русском переводе «Себастьяна Найта» пропадает дополнительный смысл цветового оттенка: в английском «зрачок» — «iris», но одновременно это слово обозначает и цветок, и радужный цвет. — *Примеч. пер.*

веточка сосуда. Это лицо, эти глаза смотрятся, подобно Нарциссу, в прозрачную воду: впалая щека подернута рябью — трудами водяного паучка, который замер на миг, а вода несет его обратно. <...> Фон — таинственная синева с нежной вязью веточек в одном из углов. Это — Себастьян, он глядит на собственное отражение в пруду.

<...> и этот плывущий паучок мне страшно нравится, особенно тени его ножек, они как крошечные хоккейные клюшки. Но ведь тут как бы мимолетное отражение лица. Посмотреться в воду может каждый.

— А вы не думаете, что ему это особенно удавалось? [Набоков 2014, 141–142][23].

На портрете Германа, написанном Ардалионом, отражение застойно; на портрете работы Роя Карсуэлла оно динамично. Поверхность, вместо того чтобы просто отражать образ Себастьяна, не меняя его, просвечивает, показывая тень паучка на дне пруда. Фон портрета, вместо садистского безумия Германа и ада, куда ему предстоит попасть, намекает на бесконечное непознаваемое, куда Себастьян заглядывает в своих романах, особенно в «Двусмысленном асфоделе», заглавие которого отсылает к нарциссу, прорастающему в другом мире[24].

Детали

Паучок, наряду со многими другими значимыми деталями, также связывает два романа. Герман покупает «какой-то отвратительный детектив с красным пауком в черной паутине на обложке» [Nabokov 1989a: 23], который так увлекает Лиду, что она разрывает книгу пополам и прячет вторую половину, чтобы не заглядывать в конец, а потом вынуждена перекапывать весь дом в поисках

---

[23] В. дата смерти Себастьяна кажется «отражением его имени в подернутом рябью пруду» [Набоков 2014: 209].

[24] Анализируя этот портрет, Олкотт говорит о том же [Olcott 1974: 108]. Эмили Эмери была первой, кто объяснил богатство этого абзаца и проследил такие же связи [Emery 1988: 27].

преступника, которого сама спрятала. Паук отождествляется с Германом, которого в финале изобличают как преступника, потерпевшего неудачу и никого не поймавшего в свои сети.

В «Себастьяне Найте» паук служит орудием изобличения, в котором участвует В., распутывающий сложную паутину идентичностей. В. отправляется в отель «Бомон» в швейцарском Блауберге на поиски последней любви Себастьяна и, не раздобыв никаких сведений, на обратном пути встречает в поезде мистера Зильбермана; от него В. узнает имена четырех русских дам, с которыми Себастьян мог познакомиться в отеле. К пятнадцатой главе В. сужает круг своего поиска до трех женщин, живущих в Париже; одну из них он вскоре исключает, и остаются только Элен фон Граун и Нина Речная. Сначала В. отправляется по адресу Нины, где обнаруживает ее бывшего мужа, Пала Палыча, и его кузена, которого В. называет «дядя Черный». Пал Палыч называет кузена гением и упоминает, что тот, помимо прочего, умеет писать свое имя вверх ногами; Пал Палыч также сообщает, что его бывшую жену зовут Нина Туровец. Затем В. отправляется к Элен фон Граун и знакомится у нее с говорящей по-французски мадам Лесерф, утверждающей, что она подруга Элен. Мадам Лесерф заманивает В. в свой загородный дом, обещая, что туда приедет и Элен. Однако, когда мадам Лесерф мимоходом упоминает, что однажды «поцеловала мужчину только потому, что он умел расписываться вверх ногами» [Набоков 2014: 197], В. понимает: она и есть та, кого он искал. Ее подлинную идентичность В. раскрывает, произнеся по-русски: «А у ней на шейке паук» [Набоков 2014: 198] — и этим заставив ее вскинуть руку к шее. Сказанная по-русски фраза заставляет француженку превратиться в русскую, освобождая В. от ее соблазнительных чар.

Детектив с убийством, совершенным Германом в русскоязычном романе Набокова, в «Себастьяне Найте» превращается в сказку о смерти Себастьяна от болезни Лемана[25]. В. удается

<hr>

[25] О болезни Лемана см. главу четвертую. Ее название очень кстати приводит на память немецкое слово «Lehm» — «суглинок», «глина», подчеркивая разницу между телесной и духовной смертью, описывавшуюся на протяже-

вымолвить волшебные русские слова о паучке, потому что он терпеливо проделал свое расследование, по пути старательно впитывая, казалось бы, бессмысленные детали, и поэтому смог увязать умение дяди Черного расписываться вверх ногами (о котором он узнал от Пала Палыча) с последующим завуалированным упоминанием о нем, оброненным мадам Лесерф. В. в своей жизни разгадывает детективную загадку и к концу получает награду — духовное воссоединение с Себастьяном, в то время как Герман воображает, будто создает в жизни детективный роман, и в итоге отправится в ад за убийство[26].

Германа изобличают инициалы на палке Феликса, которую он случайно оставляет в автомобиле после убийства, несмотря на все свое внимание к ней в ходе знакомства с ним. Представляя, что случилось бы, отправься он в Тарниц на встречу с Феликсом, Герман думает:

> «...Феликс так до сих пор и бродил бы вокруг бронзового герцога, или присаживался на скамью и чертил своей палкой слева направо и справа налево такие земляные радуги, которые чертит любой, у кого есть палка и досуг (наша вечная привычка к окружности, в которой мы все заперты!)» [Nabokov 1989a: 63].

В образе, нарисованном Германом, двойные радуги — это земные прутья тюремной решетки, а не эмблема трансцендентности — лестница Ириды к богам. В «Отчаянии» Набоков имплицитно обыгрывает связь мистического с «забытой тростью», которая оказывается роковым промахом в плане убийства, со-

---

нии всего романа и связанную с тем, как для Набокова Германия ассоциировалась со смертью: Себастьян сообщает Клер о своей болезни именно на немецком приморском курорте, в «жутковатом» лесу, где Клер ожидает увидеть «немецкого гнома в красной шапке, весело глядящего на нее <...> в сухих листьях овражка» [Набоков 2014: 109]. В усадьбе мадам Лесерф, после того как В. сообщает, что Себастьян умер от сердечной болезни, хозяйка говорит о своем саде так: «Летом у нас здесь цветут розы — вон там, где эта слякоть» [Набоков 2014: 195], соединяя грязь смерти и цветы возрождения.

[26] См. [Davydov 1995: 98].

вершенного Германом, и эмблематически воплощает его тюремное заточение в материальном мире. Набоков снова и снова обыгрывает эту словесную комбинацию: Герман насмехается над Лидой, которая неправильно понимает слово «мистики»: «mist» + «stick» («туман» + «палка») [Nabokov 1989a: 23], и бранит «mystical trimming» («мистическую отделку») Достоевского [Nabokov 1989a: 88]; звуки слова перекомбинируются в «misty», «sick» («туман», «больной») [Nabokov 1989a: 89], а также в слова «mistake» и «stick» («ошибка» и «палка»), причем последнее повторяется восемь раз на одной и той же странице [Nabokov 1989a: 203][27].

Гостя у мадам Лесерф, В. подбирает «чью-то трость», лежавшую на скамье, и тычет ею влажную бурую землю [Набоков 2014: 196]. Мадам Лесерф подсаживается к нему:

> Я облизал губы и тростью, которая оставалась у меня в руке, стал чертить на земле.
> — Что это вы рисуете? — спросила она и кашлянула.
> — Свои мысленные волны, — глупо ответил я.
> — Когда-то, — проговорила она вкрадчиво, — я поцеловала одного мужчину только за то, что он умел писать свое имя перевернутыми буквами.
> Палка выпала у меня из рук [Набоков 2014: 197].

Трость — маркер того, что В. разгадал загадку русалкообразной колдуньи Нины Речной, отвергнувшей Себастьяна и тем омрачившей последние годы его жизни. Мысленные волны перекликаются с волнами в Себастьяновом «Двусмысленном асфоделе», где потайное значение его тем выражается «волнением на воде» [Набоков 2014: 202]. Но для Германа палка маркирует крах его «шедевра», вызванный тем, что сам Герман предпочел общие идеи

---

[27] Эта языковая игра введена в текст уже в английском переводе романа, что лишний раз доказывает авторскую интенцию, которую Набоков решил прочертить более отчетливо. Так, например, в русском оригинале насмешка Германа над Лидой выглядит иначе: «Мы выяснили как-то, что слово "мистик" она принимала всегда за уменьшительное, допуская таким образом существование каких-то настоящих, больших "мистов", в черных тогах, что ли, со звездными лицами» [Набоков 1999–2000, 3: 410].

деталям. Герман — материалист; в «Отчаянии» все смерть, смертность, крах; Себастьян и В. — художники, для которых смерть преодолима при помощи тайны, искусства и сказки. Ранее не упоминавшийся каламбур Набокова насчет «забытой палки» («missed stick») Германа получает ответ в каламбуре Себастьяна об «оптимистиках»: в «Двусмысленном асфоделе» «мнимоглубокомысленные пометы» — мысли о смерти — различают «...болото грубого материализма и золотые парадизы тех, кого преподобный Парк называет оптимистиками...» [Набоков 2014: 203][28]. Набоков противопоставляет эстетический идеализм Себастьяна советскому материализму эмигранта Германа.

В дальнейшем материализм еще сильнее противопоставляется идеализму за счет мотива серебряных карандашей. Феликс присваивает серебряный карандаш Германа в качестве классовой дани, что Герман, считающий себя богатым дельцом в противоположность Феликсу, представителю рабочего класса, смакует в ходе их отношений. Мистер Зильберман (*букв.* «серебряный человек») дает В. «новенькую, необыкновенно славную записную книжку с прелестным серебряным карандашиком внутри», прибавляя, что это «маленький подарок» [Набоков 2014: 151] — это часть его роли волшебного помощника, который не только отыскивает для В. имена четырех русских женщин, встреченных Себастьяном в Блауберге, но и символически дарит ему способность написать книгу о Себастьяне[29].

Даже в словесной игре в обеих книгах просматривается схожий узор противопоставлений: каламбур «he'll to hell» (*букв.* «он попадет в ад») предрекает будущее Германа, в то время как убитый Г. Эбсон воскресает в виде старины Носбэга в Себастьяновой «Призматической оправе». В этом романе «странный человече-

[28] Жерар де Врис утверждает, что имя декана Парка связано с Джоном Донном. См. [de Vries 2016: 163–164].

[29] Если понимать сходство Зильбермана с мистером Зиллером как свидетельство попытки В. написать роман, «грабя» книги Себастьяна, такая трактовка обрушит всю сложную и тщательно возведенную Набоковым конструкцию из тем магии и трансцендентности, проникновения мира духов в повседневную реальность, как это произошло в «Сестрах Вэйн». См. [Begnal Nd].

ский обычай умирать» [Набоков 2014: 52] преодолевается «бесконечными метаморфозами» [Набоков 2014: 116][30] — такую фразу В. использует, чтобы описать особенность искусства Себастьяна, которую, по его мнению, можно с тем же успехом приложить к личности самого Себастьяна.

Русское прошлое персонажей

Оппозиция между русским прошлым и западным настоящим для (русскоязычного) «Отчаяния» так же принципиально важна, как и для (англоязычного) «Себастьяна Найта». В первом из романов она иллюстрирует бесконтрольность Германа; во втором свидетельствует о трансцендентности Себастьяна. Герман, русский немец, ошибочно проецирует прошлое на будущее и Россию на Германию, порождая путаницу: лето в его памяти становится зимой, а Петербург проникает в Тарниц, когда Герман накладывает памятник Петру Первому на конную статую немецкого герцога [Nabokov 1989a: 68][31]. Однако русский англичанин Себастьян сознательно заменяет Россию и ее язык Англией и английским до тех пор, пока, уже сознавая, что умирает, не решает вернуться в русскую культуру с помощью Нины, В. и своего русского доктора Старова, исполняющего роль акушера Себастьяновой смерти и помогающего возвратиться к прежней вере (каламбур «Старов» — «старовер»). Былые русские возлюбленные обоих персонажей симптоматичны для их характеристик как материалиста и идеалиста. Воспоминание Германа о «Кристине Форсман, которую он плотски познал в 1915 году» [Nabokov 1989a: 67], начинается с образа «графина с мертвой водой», хотя позже он заключает, что «сердцевиной» этих воспоминаний было просто видовое совпадение провинциальной немецкой гостиницы с чем-то «ви-

---

[30] В оригинале обе фразы объединяет слово «habit» — «обычай, привычка»: «strange habit of human death» [Nabokov 1992: 33] и «habit of metamorphosis» [Nabokov 1992: 95]. — *Примеч. пер.*

[31] О проблеме Германа с дежавю см. [Suagee 1974].

денным в России много лет назад», и заменяет прустианский поворот обобщением. В противоположность ему В. восстанавливает подробную и пронзительную сцену разлуки Себастьяна с его возлюбленной, Наташей Розановой, где декорацией служит река, сцену нежную, полную безнадежной любви и с присутствием пародийной «наяды» (деревенского священника, длинные волосы которого указывают на его православие). Эта сцена предвещает отказ Себастьяна от попытки покорить Нину Речную. Первая любовь Себастьяна противопоставляется плотскому познанию Германа: их первые и последние любови представляют собой зеркальные пары «реальность / идеал» — «наяда / священник» и «женщина / фея». Сходным образом все утраты Себастьяна (язык, мать, Наташа) и неописуемая русская природа противопоставляются утрате воображаемой идиллии русского детства, которое Герман придумал ради Феликса: «Родился я в богатой семье. У нас был дом и сад, <...> родители мои, бывало, сидели в тени старой черешни, посаженной еще дедом, и в умилении наблюдали, как я сосредоточенно снимал с роз и давил гусениц, напоминающих сучки» [Nabokov 1989a: 82–83].

Видение Германа — пастиш, сооруженный из Чехова и русской литературы XIX века, его вызывающее отвращение занятие — вытяжка из еще предстоявшей Набокову книги «Память, говори». Герман убивает тех самых гусениц, которыми Набоков восхищается за их чудесную способность к мимикрии, описанную в его мемуарах [Nabokov 1989b: 124]. На страницах этих мемуаров Набоков с нехарактерной для него прямотой, яростно отвергает мысль о том, что причиной его тоски в изгнании стала утрата семейного богатства; версия Германа пародирует вульгарный вариант.

Искусство и жизнь

Объединяя в пару романы «Отчаяние» и «Истинная жизнь Себастьяна Найта», Набоков противопоставляет безумного нарциссичного дельца Германа, сводящего все к упрощению

и материализму, восприимчивому, чувствительному, но отстра-
ненному писателю Себастьяну, который при помощи своего
искусства сражается с горем и ностальгией. В «Себастьяне Найте»
Набоков противопоставляет Герману свое кредо художника.
Хотя Ардалион настаивает на том, что «разницу видит художник.
Сходство видит профан» [Nabokov 1989a: 41], Герман обнаруживает вокруг лишь сходства. Ардалион ворчит: «Какое отношение
окружающее имеет к искусству?» [Nabokov 1989a: 126], форму-
лируя самую суть того, что заставляет В. бранить биографию
Себастьяна, написанную мистером Гудмэном и сосредоточенную
на социологическом аспекте. Набоков подчеркивает эту оппозицию между материалистическими и идеалистическими взгляда-
ми на отношения между искусством и жизнью.

Герман тревожится, что русский писатель-эмигрант, которому
он намерен вверить свою рукопись, чего доброго, может ее
украсть, потому что сам он плагиаторски крадет и свой роман,
и план убийства Феликса из амальгамы Достоевского[32], Конан
Дойла, Эдгара Аллана По [Sweeney 1991] и других. То, что Герман
сознает собственный недостаток оригинальности, явно движет
его неприязнью к «Дасти»[33] (Достоевскому), даже когда он ощу-
щает, что от его описания (но не от самой реальной сцены) та-
верны в Тарнице так и веет «Преступлением и наказанием». Как
замечает Джон Барт Фостер: «Интертекстуальное "я", извлеченное
главным образом из Достоевского, узурпирует его жизнь до такой

---

[32] См. [Davydov 1995; Connolly 1982; Foster 1993, ch. 5]. Галина Паттерсон исследует то, чем Герман обязан «Двойнику» Достоевского, в своем докладе
[Patterson 1995]. Коннолли разбирает, насколько Герман плагиатор, а Фостер
показывает, что Герман также плагиаторски крадет и сюжет собственной
жизни; он также пишет о пародировании Набоковым французских писателей, подпавших под влияние Достоевского; А. А. Долинин показывает,
что жизнь и произведения Германа уходят корнями не только в Достоевского, но и в произведения тех писателей, которые сами произошли от
Достоевского (например, русские декаденты Серебряного века и советские
писатели 1920-х годов). См. об этом [Dolinin 1995a: 43–54]. См. также [До-
линин 2019: 260–279].

[33] «Dusty» — букв. «пыльный». Каламбур добавлен в английский перевод романа и отсутствует в русском оригинале. — Примеч. пер.

степени, что какому бы то ни было подлинно личному началу грозит полнейшее исчезновение» [Foster 1993: 96][34]. Он характеризует Германа как неадекватного интертекстуалиста, который «заморочен сверхъестественными взаимозаменами между прожитым и прочитанным» [Foster 1993: 94]. Однако все «взаимозамены» происходят в одном направлении: Герман лишь смутно осознает, что 1018 книг, прочитанных им в тюрьме, проникли в его жизнь и писательский стиль, и этот эффект «сверхъестественным» не назовешь.

Подлинно «сверхъестественные взаимозамены» между жизнью и искусством происходят в «Истинной жизни Себастьяна Найта». Книги Себастьяна оживают в ходе поиска-расследования, предпринятого В., и ведут его вперед, в сопровождении волшебного помощника Зильбермана, пока В. не получает помощь и в написании последнего романа Себастьяна, изначально планировавшегося как биография «господина Эйча»[35]. Не только романы самого Себастьяна участвуют в жизни В., но и книги с полки Себастьяна появляются в ней в пародийной игровой форме. Так, «Дама с собачкой» Чехова намекает на потаенную русскую идентичность мадам Лесерф за счет ее черного бульдога; улыбка Чеширского кота находит отклик в «мягкой голубоватой кошке с селадоновыми глазами, возникшей из пустоты» [Набоков 2014: 68][36]. Если Герман тщится претворить искусство в жизнь, то Себастьян играючи преображает свою библиотеку в собственное искусство — например, «Смерть Артура» порождает «коммивояжера» «Персиваля К.» в «Успехе» [Набоков 2014: 117]. Книги на полке, выстроенные наподобие музыкальной фразы, отражают широкие и изысканные литературные вкусы, — фраза открывается и заканчивается Шекспиром, чье искусство воплощает для

---

[34] Уильям Кэрролл показывает, что Герман строит свой сюжет из набора аллюзий, ненамеренная ирония которых «в конечном итоге душит» его. См. [Carroll 1982].

[35] Рассматривается в [Nicol 1967], отмечено в [Foster 1993: 165].

[36] Олкотт разбирает связь книг Себастьяна с его жизнью, но заключает, что они лишь отражают его литературные вкусы [Olcott 1974: 105–107].

Набокова преобладание стиля над сутью, в противоположность Достоевскому[37]. Движение от «Гамлета» к «Королю Лиру», возможно, указывает на то, как Себастьян откликается на трагическую утрату обоих родителей и родины — на безумие, традиционную участь двойников. Но Себастьян читает на английском, французском и русском, посвящает себя искусству и прекращает тщетные попытки смягчить боль от утраты России, маскируясь под англичанина, а в конце концов решает вернуться к своей сути, своему русскому «я» — сформированному страной, языком и семьей, в которой он родился, а затем был брошен матерью-англичанкой. Любимые книги Себастьяна преображаются в его искусство и влияют на его видение, но не властвуют над его жизнью так, как Достоевский, упрощенно прочитанный Германом, властвует над жизнью этого персонажа.

Биография Себастьяна, написанная мистером Гудмэном, без его ведома оборачивается Себастьяновой пародией на смешение искусства с жизнью: герой биографии пересказывает Гудмэну литературные сюжеты, как если бы они были частью его, Себастьяна, жизни и творчества. Гудмэн буквально воспринимает утверждение Себастьяна, что тот будто бы написал (но уничтожил) роман о «юном толстяке студенте, который, приехав домой, обнаружил, что мать вышла замуж за его дядю; дядя этот, ушной специалист, — убийца отца нашего студента» [Набоков 2014: 86], — не замечая шуточного пересказа «Гамлета». Точно так же Гудмэн верит, что Себастьян взял из своей реальной жизни и следующий сюжет: «У перетрудившегося Себастьяна начались галлюцинации, и ему стал являться особого рода призрак — быстро спускающийся с неба монах в черной рясе» — это рассказ А. П. Чехова «Черный монах» [Набоков 2014: 86]. Таким образом Себастьян пародирует идею, согласно которой искусство отражает реальность, — он заставляет «реальность» отражать искусство. В отличие от Германа, который не способен отчетливо

---

[37] Фостер разбирает содержимое книжной полки в категориях литературных школ и направлений, а также трех культур Набокова [Foster 1993: 166].

увидеть свое русское прошлое или отделить его литературную форму от своего жизненного опыта в Германии, Себастьян четко отличает прошлое от настоящего, свою Англию от своей России, свою библиотеку от своей жизни.

Структурно «Отчаяние» движется от нарративной ретроспективы и подхватывает настоящий момент, тогда как «Себастьян Найт» совершает обратное, двигаясь от настоящего момента в прошлое. В «Отчаянии» двойники расходятся, в то время как в «Себастьяне Найте» они сливаются: в противоположность жанру историй о двойниках, профессиональный литератор Себастьян и литератор-дилетант В. по ходу романа постепенно переплетаются друг с другом. Несмотря на то что В. предприниматель, он способен в полной мере оценить искусство Себастьяна и разделяет с ним восприимчивость к живым образам — он тоже замечает голубей у Триумфальной арки, которые позже возникнут в третьем романе Себастьяна как «камень, переходящий в крыло» [Набоков 2014: 96]. А вот «Отчаяние» в точности следует условностям жанра литературных двойников: один двойник убивает другого и сходит с ума. И если Герман обречен на ад, то В. увидит другой берег с этого, провожая тень Себастьяна.

Смерть и бессмертие

В то время как Герман слеп к воздействию «темной достоевщины» (согласно формулировке Ардалиона) на его жизнь и произведения, В. утверждает: «...тень самого Себастьяна каким-то особым, ненавязчивым образом пытается мне помочь» [Набоков 2014: 122]. Дух Себастьяна действительно помогает В., приняв форму Зильбермана, волшебный аспект которого можно отмести лишь в том случае, если придерживаться версии, что у романа один автор. Таким образом Себастьян искупает то, что при жизни держался от брата в стороне.

Изящная неоднозначность «Себастьяна Найта» связана с присутствием в романе загробной жизни. Герман испытывает «желание бессмертия» [Rosenfield 1967], но пытается достичь его посредством «гениально простого преступления» [Nabokov 1989a: 123] — совершив убийство и описав его. Но в то же время он потешается над идеей загробной жизни: «...есть ли у нас гарантия, что это покойники подлинные? <...>...никогда, никогда, никогда душа в загробном мире не будет уверена, что родные ласковые души, окружившие ее, не замаскированные демоны» [Nabokov 1989a: 102]. Он предпочитает «пустой гул тусклой вечности», «но лишь бы не пытку бессмертием, лишь бы не те белые, холодные собачки» [Nabokov 1989a: 103]. Герман имеет в виду собак, которые привиделись ему в кошмарном сне и которых он толкует как эмблему вечности[38]. В «Себастьяне Найте» им соответствуют две черные собаки.

Герман называет свой сон «тройной эфиальтией»[39] [Nabokov 1989a: 96]. Слово «эфиальтия» означает «кошмар» и происходит от греческого мифа об Алоадах, сыновьях Посейдона — Эфиальте и Оте. Девятилетними мальчиками они пошли войной на богов и напали на Олимп[40]. Зевса уговаривают не наказывать их, поскольку существует пророчество, что ни один смертный или бог не сумеет убить Алоадов. Но когда Эфиальт и От начинают преследовать Артемиду, она превращается в белую лань, и братья нападают на нее в лесу с двух сторон. Лань проносится между ними, а они, одновременно метнув в нее копья, насмерть поражают друг друга. Их тела погребены в Беотии, а души привязаны змеями к столбу в Тартаре. Алоады были первыми смертными, которые поклонялись музам.

Миф намекает на надменность Германа и на то, что он понесет за нее наказание: оба «брата» погибнут. Противоречие между поклонением музам и нападением на Зевса подчеркивает то,

---

[38] Давыдов сравнивает это видение с «банькой с пауками» Свидригайлова в «Преступлении и наказании» [Davydov 1995: 98].

[39] В русском оригинале романа это слово отсутствует: «Мне приснился отвратительный сон». — *Примеч. пер.*

[40] Русский оригинал романа подтверждает присутствие греческого мотива: если в англоязычном варианте это «раскаты смеха», то в русском — «гомерический смех». См. [Набоков 1999–2000, 3: 402].

насколько несовместимы искусство и убийство у Германа, осаждающего Олимп. По ассоциации с белой ланью, белая собачка Германа приводит на ум не только сниженный вариант вечности у Достоевского, наподобие идеи Свидригайлова в «Преступлении и наказании», будто вечность всего лишь «банька с пауками» («Преступление и наказание» V, 1), но и возможность волшебной метаморфозы, а также напоминает о богах и богинях. В кошмарном сне Германа собачка преображается в «жирненького белого червя, более того, с резной волной на поверхности, напоминающей мне русского пасхального барана из масла — отвратительная мимикрия» [Nabokov 1989a: 96].

Червь, воплощающий физический распад, превращается в агнца воскресения, в обетование будущей жизни, упущенное Германом, чье воображение видит в ней лишь мерзость. В третьем воплощении собачка появляется в таком виде: «замершая белая личинка, <...> прилепившаяся к толстому стеблю»[Nabokov 1989a: 97]. Мимикрия, личинка и стебель связывают кошмарный сон с гусеницами, похожими на сучки, которых Герман давил в своем псевдоавтобиографическом рассказе. Следовательно, то, что он отвергает богов и бессмертие, уподобляется его слепоте к волшебным метаморфозам, явленным в природе и дающим надежду на возможное существование иного мира.

Воззрения Германа и Себастьяна на загробную жизнь противопоставляются как полярные: черное и белое. В «Себастьяне Найте» появляется черный вариант Артемиды как белой лани: облаченная в черное мадам Лесерф (ее фамилия на французском означает «лань», «олень», «косуля»). В отличие от братьев в греческом мифе, убивших друг друга с противоположных сторон леса, братья в «Себастьяне Найте» нежно прощаются с противоположных берегов — это положительная версия темы смерти / воскресения из сна Германа. На вопрос о том, почему мадам Лесерф отождествляется с ланью и к какому мифу относится эта лань, можно ответить лишь при помощи ключа, который дает нам слово «эфиальтия», использованное Германом. Как в сказке, чтобы разгадать одну загадку, сначала требуется разгадать другую.

Оппозиция черное / белое геральдически воплощается в собаках. У Себастьяна «...тогда был маленький черный бультерьер — он потом заболел, и пришлось его усыпить» [Набоков 2014: 125][41]. Сопящий черный бульдог Нины Речной, наряду с ее черными волосами, платьем и сигаретным мундштуком [Набоков 2014: 173], — атрибуты героини как роковой женщины. Набоков следует за общепринятой ассоциацией черного цвета со смертью, в данном случае — прежде всего с физической стороной смерти. Но в «Себастьяне Найте» черный цвет повсюду, в сочетании с фиолетовым, лиловым, радужным, сиреневым: у мадам Лесерф «фиалково-темные веки» [Набоков 2014: 197], и это намек на непознаваемый мир за пределами спектра, куда уходят двойные радуги. Черные и лиловые буковки, которые возникают из пишущей машинки Клер, служат «наведением мостов над пропастью, пролегающей между мыслью и выражением», и Себастьяна мучает «исступляющая уверенность, что нужные слова, единственные слова ждут в туманном отдалении на другом берегу, а еще неодетая мысль, громко взывающая к ним через бездну, бьется, дрожа, на этом» [Набоков 2014: 104–105]. Таким образом, искусство слова преодолевает смертность.

Традиционное противопоставление черного и белого пародирует упрощенную традицию темы двойников, показывая, что подлинное двойничество — это наш мир и потусторонний. С помощью этого мотива воспоминание Германа о «черно-белом лесе», где он убивает Феликса [Nabokov 1989a: 148], противопоставляется тому, как видит В. вечеринку по случаю выхода «Двусмысленного асфоделя» — с «колеблющимися пятнами белых манишек, черными — смокингов» [Набоков 2014: 207]. Здесь физическая смерть снова противопоставляется бессмертию ис-

---

[41] Любопытно, что в русских переводах бультерьер остается бультерьером у Горянина — Мейлаха и у Барабтарло, а у Ильина он превращается в бульдога, так что образуется непредусмотренная Набоковым перекличка с бульдогом мадам Лесерф: «В те дни у них был маленький черный бульдожик, позже он заболел, и пришлось его умертвить» [Набоков 1997–1999, 1: 108]. — *Примеч. пер.*

кусства (книги) и духа (самого Себастьяна). То, как Герман отвергает загробную жизнь, отражается в том, как ее принимает Себастьян.

По тому же принципу прорисованы их противоположные отношения с Богом. Как автор Себастьян сравнивает себя с Богом: лежа на полу после окончания романа «Успех», он говорит (в дословном переводе): «Я не умер» — и продолжает: «Я закончил сотворение мира, — это мой субботний отдых» [Набоков 2014: 111][42]. Герман пишет свою историю за шесть дней в отеле на юге Франции, — имплицитная параллель с шестью днями творения[43]. Себастьян способен провести шутливую аналогию между собой и Богом, в то же время четко разделяя искусство и жизнь. Герман воспринимает себя как Бога и в жизни, и в своем «искусстве». Пытаясь превратить жизнь в искусство, Герман, подобно Раскольникову, хочет быть человекобогом; он решает, кому жить и кому умереть, и пытается манипулировать всеми, кто ему попадается. Он видит это так: «люди, которых он знает в реальности, становятся его творениями» [Rosenfield 1967: 80]. Как замечает Клер Розенфильд: «В своем "гении" он подобен богу — но только богу, сошедшему с ума» [Rosenfield 1967: 74][44]. Однако сам Герман отвергает существование Бога: «нет и Бога!» [Набоков 1999–2000, 3: 526]. Он отвергает существование Бога потому, что не хочет быть «рабом Божьим»[45], и настаивает на том, что лишь он сам управляет своей жизнью. Именно эта гордыня и недостаток веры позволяют ему, как и Раскольникову, совершить убийство, но, в отличие от героя Достоевского, он обречен на ад, который

---

[42] В оригинале: «I'm not dead», в переводе А. Горянина и М. Мейлаха — «Я живой». — *Примеч. пер.*

[43] По словам Давыдова: «Шесть дней — это шесть дней творения, за которые Герман превращает собственный мир в свою книгу» [Davydov 1995: 95].

[44] Давыдов в своей работе называет это «демиургическим хюбрисом». См. [Davydov 1995: 96].

[45] В контексте освобождения в потусторонней жизни аргумент Германа по меньшей мере равен Создателю, а не только исключительно автору Германа, Набокову, как утверждают Филд и Давыдов. См. [Field 1967: 236; Davydov 1995: 96].

«никогда не простит Германа», как позже выразился сам Набоков [Nabokov 1989a: xiii][46]. Шутка Германа про «Crime and Pun»[47] [Nabokov 1989a: 201] обратится против него самого: в наказание за то, что он не верит в мистику, его преступление окажется антимистическим каламбуром упущенной палки[48]. В «Себастьяне Найте» Набоков заменяет романтизацию убийства и мистицизм «Дасти» оптимистицизмом — надеждой на воссоединение с мертвыми[49]. Кульминация «Себастьяна Найта» подводит нас еще ближе к вероятности того, что трансцендентные силы влияют на земную жизнь человека. В. описывает железнодорожную поездку к смертному одру Себастьяна: «Как часто бывает с людьми, в суете не думающими о религии, я спешно придумал мягкого, теплого, слезами затуманенного Бога и зашептал самодельную молитву. О, дай мне успеть, дай ему продержаться до моего прихода, дай мне узнать его тайну» [Набоков 2014: 218].

На следующих двух страницах он восклицает «Боже мой» [Набоков 2014: 220] и «слава Богу» [Набоков 2014: 221]. Хотя его молитва о том, чтобы успеть застать Себастьяна в живых, остается без ответа, В. все же милостиво удостаивается нескольких совпадений. Лихорадочно пытаясь припомнить название городка, где расположена больница Себастьяна, и не дозвонившись доктору Старову по телефону, В. видит шахматные клетки, нарисованные на стене телефонной будки, и рисунок заставляет его вспомнить слово «дамье». По-французски это означает шахмат-

---

[46] Как указывает Дабни Стюарт, Набоков отвергает утверждение Достоевского, что преступление способно привести к спасению и перерождению: «Набоков презирал подобные теоретические (или теологические) оправдания жестокости. Последний жест отчаяния Германа сам по себе представляет насмешку над софистическими попытками квалифицировать и оправдать убийство» [Stuart 1978: 103–104].

[47] *Букв.* «Преступление и каламбур»; игра слов построена на том, что «pun» — начало слова «punishment», «наказание». — *Примеч. пер.*

[48] Игра слов: англ. «missed stick» («упущенная палка») созвучно «mystic» («мистика»). — *Примеч. пер.*

[49] Возможно, в ином мире Феликс обретет «счастливое благополучие», на которое намекает его имя. Немецкий каламбур со словом «Wohlfahrt» (*нем.* «благо»), возможно, даже желает ему «счастливого пути».

ную доску и является названием городка, где лежит при смерти Себастьян. Пророческие числа также намекают на то, что в дело вмешалась оккультная сила: телефонный номер доктора Старова — анаграмма года смерти Себастьяна: Жасмин 61–93; неверный номер больничной палаты, трижды упомянутый на странице, — 36, а лондонский адрес Себастьяна был «Оук-Парк Гарденс, 36» [Набоков 2014: 56]. Себастьян умирает в 1936 году в возрасте 36 лет[50]. Набоков подчеркивает значимость этого повторяющегося числа с помощью фразы В. «о сокровенном сходстве между человеком и датой его смерти» [Набоков 2014: 209]. Смысл этой фразы становится ясен, когда Себастьяна в больнице путают с англичанином мистером Киганом; ворчливый служитель с гроссбухом бурчит: «Все иностранные фамилии надо заменять номерами» [Набоков 2014: 227]. Путаница между англичанином (именно англичанин был прежней идентичностью Себастьяна) и русским пациентом разрешается, когда В. называет медсестре имя Себастьянова врача. Точно так же, как волшебная русская фраза В. раскрыла подлинную личность Нины Речной, имя доктора Старова раскрывает русскую идентичность Себастьяна, до того сокрытую.

В первом случае была разоблачена виновница несчастья Себастьяна; второй случай, возможно, указывает на спасение Себастьяна: к моменту своей смерти Себастьян возвращается к своей русской идентичности, включающей его сводного брата, — идентичности, от которой он так старался отгородиться в Кембридже.

«Истинная жизнь Себастьяна Найта» дарит надежду, что человеческая жизнь формируется благодаря трансцендентной силе, а загробная — существует. Вера романа в любовь, искусство и глубоко личный мистицизм служит ответом нарциссическому пессимизму «Отчаяния». Десятилетия спустя, в «Бледном пламени», Набоков противопоставил атеизм Джона Шейда вере Чарльза Кинбота, не давая никаких ответов на метафизические вопросы, поднятые в романе, но двигаясь в направлении веры

---

[50] Олкотт обращает внимание на эти и другие совпадения [Olcott 1974: 105], но не дает им истолкования.

в трансцендентные силы[51]. Сдваивая «Отчаяние» и «Истинную жизнь Себастьяна Найта» — истории, пародирующие жанр рассказов о двойниках, — Набоков создает из двух романов зеркальный зал, который ему позже удастся создать в рамках одного романа. Во всех своих романах Набоков показывает, что единственная подлинная пара двойников — это наш мир и потусторонний; любое другое видение, не доходящее до этой идеи, неизбежно будет солипсизмом, заключенным в «плотно пригнанную оболочку сна о себе самом» [Набоков 2014: 205]. Между двумя мирами можно перекинуть мост; проблески другого берега можно увидеть; любовь Себастьяна к России и матери вместе с любовью В. к Себастьяну и его книгам соединяют души братьев и позволяют роману с его любовью к красоте и тайнами существования воплотиться. «Есть земля живых и земля мертвых, и мост между ними — любовь, единственный смысл, единственное спасение»[52]. Отделяя искусство (духовную трансцендентность) в «Истинной жизни Себастьяна Найта» от реальности (физической смерти) в «Отчаянии», Набоков делает так, что ни один из этих романов уже невозможно полноценно прочитать отдельно от второго. Он превращает более ранний роман в подтекст для более позднего, чтобы подчеркнуть противопоставление двух миров.

Этот необычный прием привлекает внимание к тому, как важно проанализировать подтекст, чтобы интерпретировать роман. Сдвоенные романы представляют собой детализированную модель для интерпретации любого субтекстуального

---

[51] Смысл соприкосновения между вопросами веры в «Себастьяне Найте» и «Бледном пламени» становится очевидным, когда Шейд упоминает в 627-й строке своей поэмы «великого Старовера Блю», и в примечании Шейда к этой строке. «Профессор Блю» соединяет русско-американскую пропасть («от Саратова до Сиэтла»), оппозицию «жизнь — искусство» («настоящий человек», помещенный «в вымышленные декорации» (пер. В. Полищук), и пародирует проблему преображения идеала в реальность (Стелла Лазурчик выходит за сына старовера Синявина).

[52] Последняя фраза романа Торнтона Уайлдера «Мост короля Людовика Святого», стоящего на книжной полке Себастьяна [Уайлдер 2000: 185].

отношения: релевантность подтекста может строиться на одном характерном слове, мотиве или мифе и мотивируется четко различимым диалогом второго текста с тематикой первого. Моделируя такой метод тщательного текстуального анализа в этих сдвоенных романах, Набоков иллюстрирует свой призыв «ласкать детали», обращенный к студентам Корнелла, как способ прочтения, создающий «художественно-гармоническое равновесие между умом читателя и автора» [Набоков 2010: 37].

Как всегда, Набоков подчеркивает, что при чтении необходимо уделять внимание деталям в тексте, — это метод, аналогичный изучению внутренних органов бабочки под микроскопом. Только при таком пристальном изучении с точной наводкой мы сможем выявить цели субтекстуальных отношений. Чтобы создать такое наложение, необходимы два четко детерминированных текста. Диалог между ними создает мерцание неразрешенной оппозиции, которая находится в центре неоднозначной природы реальности — непознаваемости того, что следует после земной жизни.

Истинный Хаунд, истинный Найт[53]

Субтекстуальность — это вид диалога между писателями, которые расширяют наше восприятие их предшественников. Как и произведения Набокова, творчество Тома Стоппарда изобилует аллюзивностью и словесной игрой, его также называли постмодернистским, и это определение применительно к Стоппарду также оспаривалось [Vanden Heuvel 2001]. В своей комедии «Истинный инспектор Хаунд»[54] Стоппард подхватывает утвер-

---

[53] В оригинальном названии главы скрыт каламбур, поскольку фамилия «Hound» буквально означает «гончая», а «Knight» — «рыцарь» и «шахматный конь». — *Примеч. пер.*

[54] В изданном русском переводе С. Л. Сухарева пьеса называется «Настоящий инспектор Хаунд», но оригинальное название «The Real Inspector Hound» отсылает к роману Набокова, поэтому мы предлагаем другой вариант перевода. — *Примеч. пер.*

ждение Набокова, что реальность — это слово, которое можно использовать лишь в кавычках, и превращает «Призматическую оправу» Себастьяна Найта в пьесу. В интерпретации Стоппарда грань между вымыслом и реальностью стирается, так что они сливаются в нерасторжимую амальгаму. В своей пародии на детективный жанр Стоппард совершает критическое проникновение в набоковский подход к неопределенности; кульминацией этой пародии становится вопрос, заданный самими персонажами и остающийся без ответа: «Кто истинный Мак-Кой?»[55]. Пьеса одновременно и утверждает, и отрицает существование вымышленного персонажа по имени Мак-Кой, сдвигая вопрос о том, из чего состоит «истинная» жизнь Себастьяна Найта, еще на шаг к непознаваемому.

Стоппардовское прочтение «Истинной жизни Себастьяна Найта» подтверждает неоднозначную природу реальности в набоковском романе, фильтруя ее сквозь его собственное не менее неоднозначное, к тому же фарсовое наложение постепенно разворачивающихся слоев пьесы, пьесы внутри пьесы, и критики на пьесу, — эта структура параллельна движению читателя сквозь загадку рассказчика в романе Набокова. Собственные комические размышления Стоппарда о бездонной природе реальности содержат в себе метафизическое прочтение «Истинной жизни Себастьяна Найта».

Даже если бы увлеченность Тома Стоппарда Набоковым не получила документального подтверждения благодаря тому, что драматург написал сценарий для фильма Фассбиндера «Отчаяние», снятого в 1978 году, мы все равно могли бы утверждать, что она есть. Пьеса Стоппарда «Истинный инспектор Хаунд» показывает, что он внимательно читал «Истинную жизнь Себастьяна Найта» и оживил метафоры романа с присущей ему шутливой философской остротой. Стоппардовское прочтение и переписывание Набокова срывает маску с лица Себастьяна Найта, обнажая закодированную автобиографическую игру Набокова.

---

[55] Идиома «настоящий Мак-Кой» («The real McCoy») означает нечто подлинное, настоящее. — *Примеч. пер.*

В своей предыдущей пьесе, «Розенкранц и Гильденстерн мертвы», Стоппард разработал персонажей из шекспировского «Гамлета». В «Хаунде» он переносит на сцену первый роман Себастьяна Найта «Призматическая оправа», в котором Себастьян «пользуется пародией, как подкидной доской» [Набоков 2014: 112]. Для игры Стоппарда самое главное — то, что

> С ненавистью, достойной фанатика, Себастьян Найт вечно выискивал живых мертвецов — приемы, когда-то сиявшие и поражавшие свежестью, а теперь затертые до дыр, — подновленную и загримированную под жизнь мертвечину, которую по-прежнему готовы поглощать ленивые умы, пребывающие в блаженном неведении обмана. Сам по себе такой подпорченный прием мог быть вполне невинным, и многие, конечно, скажут, что невелик грех — снова и снова обращаться к изношенному вконец сюжету или стилю, если они все еще развлекают и радуют публику. В глазах Себастьяна, однако, даже совершеннейший пустяк, вроде, скажем, отработанного способа построения детективной повести, оборачивался распухшим зловонным трупом [Набоков 2014: 112].

Это и есть тот самый труп, который находится на сцене в начале стоппардовской пьесы; его присутствие сообщает о намерении автора поиграть с методом детективного романа. Персонажи, подобно «ленивым умам», остаются «в блаженном неведении обмана» до середины пьесы, пока труп остается «мертвым среди живого»[56], а персонажи, из-за своей потешной затертости — «подновленной и загримированной под жизнь мертвечиной» [Набоков 2014: 112]. «Призматическая оправа» — это не только «беззаботная пародия на привычный детективный декор», но «модный фокус, который Себастьян со своим обостренным чутьем на тайную гнильцу подметил в современном романе: суть его в том, чтобы собрать разношерстную публику на небольшом пространстве (гостиница, остров, улица)» [Набоков 2014: 113].

---

[56] В оригинале «dead thing among living ones» — *букв.* «мертвое среди живого», а не «живой мертвец», как в переводе А. Горянина и М. Мейлаха. — *Примеч. пер.*

Стоппардовский детективчик пародирует великую английскую традицию убийства в загородном доме. Труп на полу гостиной остается незамеченным на протяжении всего первого акта. Миссис Драдж, горничная, умудряется вытирать пыль в гостиной, не замечая мертвеца, пока два критика, Мун и Бердбут, сидя в зрительном зале, ведут профессиональные разговоры. Действие переключается на детективную историю, разыгрываемую на сцене в первом акте. В переходе от антракта ко второму акту Бердбут включается в действие. Реплики во втором акте совершенно те же, что и в первом, но контекст реплик полностью меняется благодаря присутствию «настоящего» Бердбута, который знаком с актрисами, занятыми в пьесе, в «настоящей жизни».

Сюжет, персонажи и реплики полностью составлены из клише, но каждое из этих клише обновлено, потому что ему придан двойной смысл или оно помещено в двойной контекст. Действующие лица первого акта — миссис Драдж, Саймон, Фелисити, Синтия, Магнус, инспектор Хаунд — дополнены «настоящими» критиками-персонажами во втором акте. К концу их взаимопроникновение уже трудно распутать, природа «реальности» размывается, и даже сама реальность зрителей уже подвергается сомнению. Требуется усилие, чтобы вычислить, что на «реальном» уровне перворазрядный и второразрядный критики Хиггс и Мун оказываются застрелены третьеразрядным честолюбивым критиком Пакериджем, который также убивает и критика Бердбута, поскольку Бердбут вот-вот разоблачит тайну личности Пакериджа.

Однако сюжет значительно усложняется: у каждого критика есть двойник внутри триллера, развивающегося на сцене. Таким образом, Бердбут становится двойником Саймона, а Мун — Хаунда. Фелисити и Синтия получают двойников в лице «реальных» актрис, играющих их роли, когда становятся объектами ухаживания Бердбута. Если бы этим дело ограничилось, перед нами была бы простая метафора «жизнь и театр», та, которую Набоков использует во всем своем творчестве в шекспировском понимании этого мира как театра и загробного мира как того, что находится за его пределами. Но, как провозглашает Магнус в своей финальной речи, «Я вел двойную жизнь — по меньшей мере двойную!» [Стоппард 2001: 267]. Магнус, тщательно замаскированный сводный брат лорда Малдуна, только что вернувшегося из Канады, объявляет, что он, во-первых, настоящий инспектор Хаунд, а во-вторых — лорд Малдун собственной персоной, давно считавшийся пропавшим, — то есть в пьесе внутри пьесы. За пределами пьесы Мун узнает в Магнусе критика Пакериджа.

Критики отмечали, до какой степени Стоппард пародирует «Мышеловку» Агаты Кристи, к 1968 году, когда он написал «Хаунда», уже пятнадцать лет как не сходившую со сцены. Сыщик у Кристи появляется на лыжах, у Стоппарда — в понтонных сапогах; в обеих пьесах в развязке выясняется, что подлинный полицейский скрывался под личиной одного из гостей. «Мышеловка» — это также название пьесы, при помощи которой Гамлет уличает Клавдия [Whittaker 1990: 135]. В пьесе Стоппарда «Мышеловка» также наделена двойной идентичностью. Первая идентичность — пьеса как пародия на детектив Агаты Кристи, вторая — как отсылка к «Мышеловке» Шекспира: Пакеридж использует пьесу как ловушку, чтобы поймать Хиггса и Муна, ставших препятствием в его карьере критика. Затем он убивает Бердбута, когда тот собирается изобличить Пакериджа в убийстве Хиггса. Кроме того, имя Пакериджа приводит на память Пака из шекспировского «Сна в летнюю ночь». Пак тоже действует как внутри, так и за пределами пьесы внутри пьесы, которая превращается в пьесу, а Пак в актера, когда предполагалось, что он зритель: «Ба! Тут пьеса! Ну что ж, я буду зрителем у них, / При случае, быть может, и актером» [Шекспир 2010: 186][57].

Внутри «настоящей» системы соперничества критиков сюжетная линия «Хаунда», хотя ее и непросто распутать, наделена четкой мотивировкой и однозначным разрешением. Внутри «пьесы» ситуация сложнее. Кто покойник?! Стоппард заставляет зрителей выполнить главный прием пьесы: нас заставляют использовать клише в заново мотивированных обстоятельствах, поскольку нам приходится спрашивать: кто настоящий Мак-Кой?

---

[57] Акт 3, сцена 1, строки 27–28. Я благодарю Рейчел Траусдейл за эту связь и формулировку.

Когда фальшивый инспектор Хаунд в первом акте появляется в Малдун-манор, он, как и мы, полагает, что Саймон — беглый безумец, затаивший зло на кого-то из присутствующих в доме:

> Х а у н д. Я не знаю, но у меня есть основания полагать, что один из вас в действительности Мак-Кой!
> Ф е л и с и т и. В действительности кто?
> Х а у н д. Уильям Герберт Мак-Кой, который в юности, встретив на улице того самого сумасшедшего, в ответ на настойчивые просьбы подать шестипенсовик на чашку чая бросил фразу: «Ах ты бесстыжий старый мешок конского дерьма, почему бы тебе не взяться да и не поработать как следует?» Он пробыл все эти годы в Канаде, где сколачивал себе состояние. <...> Помешанный в то время был совсем мальчиком, но столкновения этого так и не забыл и втайне поклялся жестоко отомстить! [Стоппард 2001: 248].

В этот момент Хаунд и обнаруживает труп. Больше никто из действующих лиц его до этого момента не замечал. Хаунд решает, что это Альберт, лорд Малдун, но Синтия знает, что это не он.

> Х а у н д. Тогда кто это?
> С и н т и я. Не знаю.
> Х а у н д. Кто все-таки?
> Ф е л и с и т и. Первый раз его вижу.
> М а г н у с. Не похож ни на кого из моих знакомых [Стоппард 2001: 249].

В этой двусмысленной интерпретации одним из персонажей фальшивый Хаунд называет Саймона безумцем, жаждущим отомстить за унижение в детстве, причиненное неким Мак-Коем, который никак не связан с персонажами триллера. А когда Саймон входит и обнаруживает труп, он удивлен. Когда он переворачивает труп, ремарка гласит: «тревожно осматривается» [Стоппард 2001: 249]. Встревожен ли он потому, что узнал Мак-Коя? (Это была бы реакция внутри сюжета пьесы.) Или потому, что осознал, что нашел на сцене «настоящий» труп, а именно Хиггса? (Это была бы реакция на «реальный» мир критиков.) Но, как предсказывает Бердбут: «Вот тут-то Саймону и каюк» [Стоппард 2001: 250], так что нам не суждено узнать правду.

Бердбута вытаскивают на сцену, и он поневоле берет на себя роль Саймона, заново играя его сцену из первого акта. В ходе повторения он обнаруживает труп, который, в отличие от Саймона, опознает как Хиггса. Бердбут начинает обвинять Муна в том, что тот застрелил Хиггса, поскольку Мун раньше уже успел продемонстрировать одержимость Хиггсом; но Бердбута застреливают откуда-то из-за кулис прежде, чем он успевает закончить обвинение. Теперь Муну, который находится на сцене, навязывают роль Хаунда. В качестве Хаунда он обвиняет Магнуса в убийстве, но не может опознать труп внутри сюжета триллера. Мун обвиняет Магнуса в убийстве «этого... парня», но Магнус спрашивает: «С какой стати мне его убивать? И что это за парень?» [Стоппард 2001: 264]. Хотя Мун знает, что труп — это Хиггс, он пока не узнает в Магнусе Пакериджа и поэтому не понимает, что у того есть мотив для убийства на «реальном» уровне. На вымышленном уровне Мун-Хаунд неспособен опознать труп, который настоящий Хаунд пророчески назвал Мак-Коем. «Этот... парень... (указывает на труп) очевидно, был убит... (указывает в сторону второго трупа)... э-э... (Пауза.) Саймоном» [Стоппард 2001: 264]. За отсутствием других улик он принимает заключение фальшивого Хаунда, что Саймон убил Мак-Коя, но Фелисити возражает: «Вздор! <...> Но зачем кому-то из нас убивать совершенного незнакомца?» [Стоппард 2001: 266]. Магнус, которого еще не изобличили как настоящего Хаунда, сомневается во всей идее про Мак-Коя: «Это мы знаем только с ваших слов, инспектор. О многом мы знаем только с ваших слов. К примеру — Мак-Кой. Кто он? Действительно ли его имя Мак-Кой? <...> Или же за всем этим стоит что-то еще, нам совершенно неизвестное?» [Стоппард 2001: 266].

Коротко говоря, выясняется, что никакого настоящего Мак-Коя нет. Во втором акте Магнус изобличает Муна как фальшивого Хаунда. Открыв, что он сам — истинный Хаунд, он одновременно открывает, по крайней мере Муну и зрителям, что он еще более реальный Пакеридж. Затем Пакеридж убивает Муна, единственного оставшегося критика-соперника, выставив его сумасшедшим, убившим все еще не опознанного покойника. Последнее откровение Магнуса заключается в том, что он — Альберт, которого десять лет считали пропавшим и даже умершим. Внутри триллера Альберт воскресает; на «реальном» уровне трое из четырех критиков мертвы.

Возможно, этих сведений об «Истинном инспекторе Хаунде» для вас многовато, а возможно, маловато, но они помогают нам точнее прочитать «Призматическую оправу» и, следовательно, «Истинную жизнь Себастьяна Найта» Набокова. В сюжете Себастьянова романа участвуют двенадцать жильцов пансиона:

> Один из жильцов, некто Г. Эбсон, торговец антиквариатом, найден убитым в своей комнате. Местный полицейский — описаны только его сапоги — звонит лондонскому сыщику и просит немедленно приехать. <...> ...сыщик сильно задерживается. Тем временем ведется тщательный допрос обитателей пансиона, а также случайного лица, старины Носбэга, который, когда преступление открылось, как раз случился в вестибюле. <...> (напомним, что сыщик все еще в пути, а на ковре лежит коченеющий труп Г. Эбсона) [Набоков 2014: 113–114].

Труп на ковре, загородное местоположение и изолированный пансион, сыщик, который долго не появляется, — это черты шаблонных триллеров, пародируемые и Найтом, и Стоппардом. Развязка пьесы Стоппарда напоминает роман Найта:

> Похоже, что автор вот-вот прибегнет к старому трюку — злодеем кажется самый на вид безобидный персонаж. <...> ...вваливается <...> полицейский и докладывает, что труп исчез. <...> «Мне кажется, — говорит старина Носбэг безмятежным голосом, — я смогу кое-что объяснить». Медленно и аккуратно он снимает бороду, седой парик и темные очки, и перед нами предстает Г. Эбсон. «Видите ли, — говорит мистер Эбсон с виноватой улыбочкой, — быть покойником никому неохота» [Набоков 2014: 116].

Точно так же, как Альберт в начале пьесы Стоппарда кажется убитым, но вновь появляется к финалу, когда Магнус сбрасывает маску, Г. Эбсон воскресает из старины Носбэга. Поскольку имя

Г. Эбсон — это перевернутое Носбэг и поскольку Носбэг присутствует, когда полицейский объявляет об исчезновении трупа [Набоков 2014: 115], мы можем увидеть в нем комическое воплощение духа мертвого Эбсона, призрак короля Гамлета в фальшивой бороде[58].

Как и в «Хаунде», все действующие лица в «Призматической оправе» наделены двойными идентичностями:

> Постепенно выясняется, что все постояльцы так или иначе друг с другом связаны. Старая дама из третьего номера оказывается матерью скрипача из одиннадцатого. Романист, занимающий комнату на фасадной стороне, — в действительности муж молодой особы из комнаты на третьем этаже окнами во двор, а скользкий студент-искусствовед — ее брат. Обнаруживается, что импозантный круглолицый господин, такой со всеми учтивый, — дворецкий привередливого старика полковника, который сам не кто иной, как отец скрипача. Следующая стадия переплавки: студент помолвлен с маленькой толстушкой из пятого номера, дочерью старой дамы от предыдущего брака [Набоков 2014: 114].

Эта «переплавка» жильцов в семью, сама по себе — пародия на «Убийство в Восточном экспрессе» Агаты Кристи (1934), связана с переплавкой реального мира критиков в вымышленный триллер в загородном доме из пьесы Стоппарда. Переплавка в «Призматической оправе» продолжается:

> И когда выясняется, что спортсмен, чемпион по теннису среди любителей из номера шестого — брат скрипача, романист — их дядя, а старая дама из третьего — жена сварливого полковника, невидимая рука стирает цифры с дверей, и мотив пансиона безболезненно и гладко переходит в мотив загородного дома со всем, что из этого следует [Набоков 2014: 114–115].

Что «из этого следует»? Как сформулировал стоппардовский критик Мун, репетируя рецензию на триллер, который мы смотрим, «внутри жестко очерченных рамок того, что на определенном

---

[58] Набоков связывает своего убитого отца и короля Гамлета в «Бледном пламени». См. [Мейер 2007: 133–136].

уровне представляется уик-эндом в загородном доме (несомненно насыщенный смыслом символ), автор раскрыл перед нами — не побоюсь этого слова — человеческую участь...» [Стоппард 2001: 251–252]. Набоков в начале своего изгнания много жил в берлинских пансионах. Мы вполне можем представить его себе похожим на Федора Годунова-Чердынцева в «Даре», — как он вспоминает семейные летние радости детства, лежа на кушетке в съемной комнате. Этот образ возникает в продолжении абзаца:

> И тут рассказ приобретает некую особую прелесть. Временная перспектива, которая и так уже выглядела комично из-за потерявшегося в ночи сыщика, окончательно сворачивается в клубок и засыпает. С этого момента жизнь персонажей расцветает подлинным человеческим содержанием, а запечатанная дверь ведет теперь не в комнату Г. Эбсона, а в заброшенный чулан. Проклевывается и выходит на свет новый сюжет, совсем другая драма, никак не соединенная с завязкой, отброшенной обратно в царство снов. Однако, едва читатель начинает осваиваться в ободряющей обстановке реального мира, и ему кажется уже, что благословенный поток дивной прозы указывает на прекрасные и возвышенные намерения автора — раздается нелепый стук в дверь и входит сыщик [Набоков 2014: 115].

Забытый чулан позже появится у Набокова в романе «Бледное пламя», где послужит королю Чарльзу отправной точкой для начала бегства из Земблы через подземный ход и театр в изгнание и Нью-Вай. В «Призматической оправе» чулан также служит точкой перехода, но в противоположном направлении: из изгнания на родину, из пансиона в загородный семейный дом, из смерти от руки убийцы в блаженную идиллию загородного семейного дома, где время остановилось. Гротескное появление сыщика — это потрясение, обрушенное самой реальностью: вечности нет, семьи нет — только пансион, полный чужих людей и смерти.

Сыщик Стоппарда также приносит с собой смерть: истинный инспектор Хаунд — это Пакеридж, убийца из «реального» измерения пьесы. Но в своей личине Альберта он также предстает в роли Г. Эбсона-Носбэга: мертв в начале пьесы, оживает в финале. Прием с убитым, появляющимся в развязке, использован Агатой Кристи в «Нежданном госте», а прием, при котором сыщик оказывается убийцей, использован Чеховым в «Драме на охоте», где убийца — уездный следователь Камышев. Стоппард компилирует все эти приемы: переплавку одного уровня реальности в другой, сыщика, который оказывается убийцей, пародию на триллер в английском загородном доме, — и с их помощью пишет о природе идентичности на колеблющихся уровнях реальности. Исследователь-детектив обнаруживает, что одна из личин настоящего «Хаунда» — это тщательно загримированная «Истинная жизнь Себастьяна Найта».

Читая «Призматическую оправу» сквозь призму «Хаунда», мы яснее видим набоковское описание реальности как серии фальшивых донец. Роман Себастьяна предвосхищает развязку романа, персонажем которого он сам является: Себастьян, мертвый в начале романа, «оживает» к финалу в личности В. Более того, как В. говорит о своем сводном брате, писатель Себастьян «живет, посмеиваясь, в пяти своих томах» [Набоков 2014: 73]. Как и Стоппард, Себастьян — это писатель, играющий с темой отношения искусства к реальности: Эбсон — торговец антиквариатом; наиболее вероятный подозреваемый — «скользкий студент-художник»; сыщик, «нервный тип», искажает начальные звуки во фразе «...вы никак по искусству», спрашивая: «Вы никак по скусству?»[59]. Персонажи — обитатели пансиона сами художники — скрипач, студент-художник, романист, даже чемпион по теннису. В измерении искусства Эбсон может воскреснуть из Носбэга, а убийство может оказаться лишь исходной посылкой детективной истории.

Писатель Себастьян — это очевидно творение писателя Набокова. Русский, родившийся в Петербурге в 1899 году, изгнанный из России большевиками в 1919 году, Себастьян собран из набора биографических черт, делающих его отчасти двойником автора. Общее у них с Набоковым — швейцарская гувернантка, образование в Кембридже, дуэль отца. Однако расхождение в де-

---

[59] В оригинале: «'Ullo, <...>'ow about Hart?» / «How about art?» — *Примеч. пер.*

талях подчеркивает, что Себастьян определенно не Набоков — его отец на дуэли гибнет; мать у него англичанка и бросает его; семья бежит из России на север, через Финляндию, а не на юг, через Крым; и Себастьян становится английским писателем, живущим в Лондоне, а не русским, живущим в Берлине. Таким образом, роман требует, чтобы мы увязали книгу с ее автором, сравнили Зелль с мадемуазель О. из пятой главы «Память, говори». Себастьян теряет сначала мать, потом отца, потом страну и, наконец, в тридцать шесть лет умирает. Жизнь Себастьяна как писателя в Англии и его английский язык определяются его изгнанием из России; его смерть осенена возвращением Себастьяна к своей русской идентичности, представленной его последней возлюбленной, Ниной Речной, русским языком, доктором Старовым и русским сводным братом В.

Все это задает направление тому, как нам интерпретировать первый роман Себастьяна. «Неприятный» пансион с «крупными, черными цифрами, наклеенными на дверях» — это декорации первого романа Набокова «Машенька» (1926) [Набоков 1999–2000, 2: 47–48]. Протагонист Ганин живет в подобном пансионе, полном русских эмигрантов; это эмблема его мрачного изгнания. Жильцы — «эти люди, тени его изгнаннического сна» [Набоков 1999–2000, 2: 83], которые окружают его, пока он вспоминает свое русское прошлое и первую любовь, Машеньку, — «жизнь, гораздо действительнее, гораздо "интенсивнее" <...> — чем жизнь его берлинской тени» [Набоков 1999–2000, 2: 85]. Ганин говорит, что, когда он думает о России, ему «снится только прелесть. Тот же лес, та же усадьба» [Набоков 1999–2000, 2: 105].

Переплавка пансиона в загородный дом в «Призматической оправе» Себастьяна — это конденсация набоковской «Машеньки»; эмиграция Набокова преображается в гротескную пародию на триллер в пансионе, который медленно превращается в «блаженную реальность» семейной жизни в усадьбе, эмблему набоковского потерянного королевства. Чудесное воскресение Г. Эбсона — это пародия одновременно на желание и Себастьяна и Набокова вернуть своих ушедших, а также намек на то, что Себастьян совершит аналогичный переход: если в начале романа он был мертв, то к концу будет жить, «посмеиваясь», в более чем пяти романах.

«Хаунд» Стоппарда и «Найт» Набокова отрицают обычные границы личности. Некий критик (изрядно напоминающий Муна) написал о пьесе «Истинный инспектор Хаунд» следующее:

> Скачку от одной системы «реальности» к другой не нужно было останавливаться там, где он остановился — на триумфе Пакериджа; по мере того как она движется вперед по спирали, пьеса показывает нереальность *любой* актерской игры и предлагает зрителям решить: а может, и они сами не более чем актеры в пьесе (за пределами их восприятия). Показывая, с помощью формы своей пьесы, как судьба одного человека оказывается вымыслом другого, Стоппард заставляет нас задаться неизбежным логическим вопросом: чьей иллюзией является наша собственная реальность? [Brassell 1985: 101].

Перед нами тот же вопрос об авторстве, который поставлен в «Истинной жизни Себастьяна Найта», с точно такой же открытой концовкой без ответа; «Истинный инспектор Хаунд» предлагает множественные решения этой загадки. Реальность, познанная критиками, заключается в том, что Пакеридж застрелил троих из них. Но мотивы убийцы в пьесе внутри пьесы остаются непознанными, поскольку мы не можем идентифицировать труп, лежащий на сцене в ее начале. Кто истинный Мак-Кой? Главным подтекстом здесь становится «Царь Эдип», первая детективная пьеса в истории литературы: мы смотрим на самих себя, на собственную необъяснимую, неизбежную, но необратимую смерть. Смерть — вот кто истинный Мак-Кой, и какие-то жалкие третьеразрядные критики, напоминающие Градуса, служат вершителями этой судьбы.

Как сформулировал Набоков в предисловии к роману «Под знаком незаконнорожденных», «смерть — всего лишь вопрос стиля, простой литературный прием, разрешение музыкальной темы» [Набоков 1997–1999, 1: 202]. В «Истинной жизни Себастьяна Найта» роман Себастьяна изображает эту формулировку шутливо и лирически, в то время как Набоков передает трагедию и показывает способы ее преодоления. В произведениях обоих авторов уровни реальности смешиваются, становятся неразрывными, а сюжет неразрешимым, потому что все подвергается постоянным метаморфозам: идентичность, жизнь, смерть и сам жанр произведения. Триллер Себастьяна превращается в мемуары Набокова; комедия Стоппарда — в метафизическое размышление. С помощью Стоппарда мы прочитываем роман Себастьяна как пьесу внутри пьесы, чья двойная реальность спиралью расширяется вовне, чтобы включить собственную жизнь Набокова и его роман как размышление о непознаваемом определении слова «реальность».

Метод субтекстуального анализа, имплицитный как в пьесе Стоппарда, так и в романе Набокова, раскрывает в обеих книгах тематическую глубину и невозможность достичь окончательной разгадки. Чем пристальнее смотришь на живую материю под микроскопом, тем бесконечнее и непостижимее становится творение. На макроскопическом уровне поле референции волнами расширяется вовне, включая все возрастающее количество прямо или косвенно связанных с ним текстов, требующих внимательной интерпретации; Набоков просит читателей истолковать свою книгу в процессе ее развития как вызов и ответ, как постановку задачи и ее возможное решение. В «Истинном инспекторе Хаунде» Стоппард дословно, хотя, возможно, для большинства незаметно отсылает к набоковскому интересу к взаимной игре между искусством и реальностью, а затем сдвигается в прошлое, помещая эту тему в шекспировскую игру «Сна в летнюю ночь». Какими бы шутливыми, эксцентричными и уникальными ни были эти произведения искусства, они возникают из континуума и используют подтексты, чтобы помочь нам различить макрокосм в микрокосме.

Часть II

РУССКОЯЗЫЧНОЕ / АНГЛОЯЗЫЧНОЕ[1]

---

¹ Ранний вариант второго раздела этой части, «Вирджиния Вулф», был опубликован под заголовком: Vladimir Nabokov and Virginia Woolf (With R. Trousdale) // Comparative Literature Studies. 2013. August. Vol. 50. № 3. P. 490–522. Использовано с разрешения издательства «Pennsylvania State University Press».

Глава 2
Британские подтексты

Личная моя трагедия — которая не может и не должна кого-либо касаться — это то, что мне пришлось отказаться от природной речи, от моего ничем не стесненного, богатого, бесконечно послушного мне русского слога ради второстепенного сорта английского языка, лишенного в моем случае всей той аппаратуры — каверзного зеркала, черно-бархатного задника, подразумеваемых ассоциаций и традиций — которыми туземный фокусник с развевающимися фалдами может так волшебно воспользоваться, чтобы преодолеть по-своему наследие отцов.

О книге, озаглавленной «Лолита»
(Послесловие к американскому изданию 1958 года)
[Набоков 1997–1999, 3: 385]

В 1938–1939 годах, работая над своим первым англоязычным романом и одновременно заканчивая последний русскоязычный, Набоков борется с утратой русского языка и культуры, в которых творил. Эту утрату он преодолевает, заменив русскоязычные «подразумеваемые ассоциации и традиции» на английские. В добавление к прямым отсылкам, которые относятся к книгам, читаемым персонажами, Набоков создает аллюзии за счет цитат и сюжетных параллелей с произведениями английских и американских писателей и таким образом порождает своего собственного английского медиума, помещая англоязычную вселенную в лингвистическое посмертие, где он надеется воскресить дух своего русского искусства. Чтобы написать «Истинную жизнь Себастьяна Найта», Набоков конструирует новый язык из материалов, масштаб которых варьируется от одного индивидуального слова до целых комплексов литературных произведений. И, как в любом языке, возможные рекомбинации и их отголоски бесконечны. С одной стороны, «Истинная жизнь Себастьяна Найта» — жестко структурированное и глубоко продуманное сочетание далеко не случайно отобранных языков и подтекстов; с другой — набоковские материалы открывают бесконечность новых возможностей.

Судя по всему, Набоков готовился к работе над первым англоязычным романом, углубленно изучая англо-американскую литературу. «Истинная жизнь Себастьяна Найта» содержит отсылки к романам, рассказам, биографиям, автобиографиям, поэзии, драматургии, теологическим трактатам, мифам, легендам, сказкам, стихам для детей, приключенческим романам, юмористике, иллюстрированным журналам для мальчиков, ежемесячным альманахам, эпистолярному жанру, газетам и кино, и почти все эти сочинения — англоязычные. Роман напрямую отсылает к произведениям, очерчивающим мир Себастьяна, перечисляя источники его перехода из Петербурга в Кембридж.

Многие читательские предпочтения Себастьяна перечислены в «музыкальной фразе», которую В. выводит, рассматривая его книжную полку: «Гамлет», «La mort d'Arthur» [«Смерть Артура»], «Мост короля Людовика Святого», «Доктор Джекил и мистер Хайд», «Южный ветер», «Дама с собачкой», «Мадам Бовари», «Человек-невидимка», «Le temps retrouvé» [«Обретенное время»], «Англо-персидский словарь», «Автор Трикси», «Алиса в Стране чудес», «Улисс», «Как покупать лошадь», «Король Лир» [Набоков 2014: 61]. В этом списке сочетаются канонические английские писатели (Шекспир, Мэлори), модернисты (Джойс), популярные авторы, восхищавшие Набокова (Стивенсон, Уэллс, Кэрролл), некоторые крупные европейские авторы (Флобер, Пруст), авторы-однодневки, писавшие для юношества («Автор Трикси»); список передает суть университетской жизни Себастьяна посредством литературы и в то же время представляет собой историю английской литературы в миниатюре. А. А. Долинин проследил то множество способов, которыми вышеперечисленные книги работают в романе Набокова — как система музыкальных повторов на фонетическом, лексическом и тематическом уровнях[2]. Книги присутствуют в романе Набокова на разных уровнях видимости: одна крайность — это «Алиса в Стране чудес», которая играет роль тщательно вплетенного подтекста, предназначенного для того, чтобы читатель постепенно заметил его с медленной усмешкой. Другая крайность — полная невидимость: произведения Вирджинии Вулф, которые могли бы показаться значимыми (современный автор, ассоциируется с Кембриджем, модернист), отсутствуют на книжной полке Себастьяна и нигде не упоминаются в романе, но тем не менее присутствуют в тексте структурно и концептуально. Между этими полюсами расположены непрямые отсылки, спрятанные внутри отсылок прямых, которые значимы для Набокова, но не для его персонажей; примеры таких отсылок будут рассмотрены в главах третьей и четвертой.

Льюис Кэрролл

> Как и множество других английских детей (а я был английским ребенком), я обожал Кэрролла.
>
> *Владимир Набоков. Интервью Альфреду Аппелю — мл.*
> *[Набоков 1997–1999, 3: 609]*

Летом 1922 года, окончив Кембридж, Набоков перевел «Алису в Стране чудес» Кэрролла на русский и озаглавил «Аня в Стране чудес»[3]. Это была его первая публикация прозы, и в ней он совершил как лингвистический, так и культурный перевод своего английского мира на русский — процесс, который позже стал темой его первого англоязычного романа. Модель зазеркальных миров структурирует магические вторжения вымышленного мира в реальный план «Истинной жизни Себастьяна Найта»; они,

---

2 См. комментарий в [Набоков 2014: 352–355].

3 Это предположение Бойда, основанное на воспоминании Набокова и его кембриджских письмах, прочитанных Бойдом [Boyd 1990: 197, 557 (note 4)].

в свою очередь, представляют игровой вариант вторжения потусторонности в мир живых[4].

«Алиса в Стране чудес» впервые появляется как нота в музыкальной фразе на книжной полке Себастьяна. Этот заголовок относится к двум отдельным произведениям, «Приключения Алисы в Стране чудес» (1865) и «Сквозь зеркало» (1871), объединенным под одной обложкой; отсылки к произведениям Кэрролла в «Истинной жизни Себастьяна Найта» — и сочинениях самого Себастьяна — взяты из обеих книг Кэрролла. Сказки об Алисе проступают в «Себастьяне Найте» и как структура, и как мотивы, и как персонажи. Указания на то, что книга содержит игру в шахматы, справедливы для «Алисы», но не для «Себастьяна», несмотря на шахматные имена, такие как Найт, Бишоп, Туровец, и на шахматную доску в топониме Сен-Дамье[5].

В книге В. дважды упоминает «Алису» напрямую: описывая книжную полку Себастьяна в Лондоне, а затем — когда попадает в Блауберг. В поисках последней возлюбленной Себастьяна он просит в отеле «Бомон» список имен русских дам, там проживавших, и управляющий отвечает «казуистическим тоном гусеницы из "Алисы в Стране чудес"» [Набоков 2014: 145]. Это позволяет утверждать, что В. читал как минимум «Алису в Стране чудес», поскольку гусеница не появляется в «Алисе в Зазеркалье», и поз-

---

[4] Важная роль сказок об Алисе для Набокова проанализирована Беверли Лайоном Кларком. См. [Clark 1985]. Г. А. Барабтарло утверждает, что зазеркальный мир «Алисы» пронизывает весь роман «Истинная жизнь Себастьяна Найта» [Barabtarlo 2008a: 74].

[5] Knight (*букв.* «рыцарь») — шахматный конь, Bishop (*букв.* «епископ») — слон, «тура» — разговорное обозначение ладьи, ср. в «Защите Лужина»: «"Тура летит", — сказал Кребс. Лужин, следя за его рукой, с мгновенным паническим содроганием подумал, что тетя назвала ему не все фигуры. Но тура оказалась синонимом пушки» [Набоков 1999–2000, 2: 330]. — *Примеч. пер.*
Мартин Гарднер анализирует шахматную игру Кэрролла в [Gardner 1960: 170–172]. Как отмечает Барабтарло, Набоков в письме от 21 октября 1941 года объяснял Эдмунду Уилсону: «Нет — если не считать сцены игры в шахматы, которая мимоходом упоминается в одной главе, то в развитии всей книги в целом нет никакой "шахматной идеи"» [Barabtarlo 2008a: 63].

воляет предположить, что В., внимательный читатель книг брата, заметил отсылки к «Алисе» в романах Себастьяна.

Но слово «казуистический» представляет собой проблему[6]. Нигде в книгах Кэрролла об Алисе это слово не встречается. В лексиконе В. оно ярко выделяется как иностранное, да и в нашем собственном, возможно, тоже. Как получилось, что В., который жалуется на «изнуряющую борьбу с чужим языком» [Набоков 2014: 122] и записывается на «курсы для будущих авторов» [Набоков 2014: 54], использует столь загадочное и темное слово? Темный смысл этого слова заставляет нас задуматься, откуда оно возникло — исторически и особенно нарративно. Даже если мы вообразим, что В. рылся в словаре, чтобы выучить подобные слова, это не объясняет, почему В. выбрал это слово, чтобы описать тон управляющего отелем. Выше В. упоминал другое возможное объяснение: «Тень самого Себастьяна каким-то особым, ненавязчивым образом пытается мне помочь» [Набоков 2014: 122]. Судя по всему, автор англоязычных романов из своего Зазеркалья вдохновляет брата, русского предпринимателя, на определенный выбор слов[7].

Но что побуждает В. выбрать именно это темное слово? «Elenctic» относится к форме вопроса, ассоциирующейся с сократовским диалогом, которая служит для того, чтобы опровергнуть утверждение или стимулировать критическое мышление[8]. Кэрролловская гусеница действительно задает Алисе некоторые вопросы, заставляющие задуматься, и их предмет — метаморфоза: гусеница дважды спрашивает Алису, кто она такая, а идентичность Алисы в ходе ее приключений несколько размылась:

---

[6] В оригинале — эпитет «elenctic»; русский вариант «казуистический», предложенный в переводе Горянина и Мейлаха, также выглядит экзотично, но не до такой степени. Ср.: в переводе С. Б. Ильина: «обличительным тоном Льюискэрролловой гусеницы»; у Г. А. Барабтарло: «с сократовскими интонациями луис-карролевой Гусеницы». — *Примеч. пер.*

[7] Перед нами пример того, как, по словам Барабтарло, «присутствие и отсутствие Себастьяна неразрывно переплетены с вопросами жизни и смерти в книге, автор которой оставлял словесные и даже грамматические знаки своего авторства на каждой странице» [Barabtarlo 2008a: 72].

[8] Жерар де Врис также упоминает это в [de Vries 2016: 88].

> — Ты... кто... такая? — спросила Синяя Гусеница. Начало не
> очень-то располагало к беседе.
> — Сейчас, право, не знаю, сударыня, — отвечала Алиса робко. —
> Я знаю, кем я *была* сегодня утром, когда проснулась, но с тех пор
> я уже несколько раз менялась [Кэрролл 1982: 53].

Затем Гусеница и Алиса обсуждают то, что героиня постоянно
меняет размер, и Алиса сравнивает это с предстоящим гусенице
превращением в куколку и затем в бабочку:

> — Но когда вам придется превращаться в куколку, а потом
> в бабочку, вам это тоже покажется странным.
> — Нисколько! — сказала Гусеница [Кэрролл 1982: 53].

К концу «Себастьяна Найта» эти указания на метаморфозу
будут соотнесены со сводными братьями: «Я — Себастьян, или
Себастьян — это я, а может быть, возможно, оба мы — это кто-то,
не известный ни ему, ни мне» [Набоков 2014: 232].

Несмотря на то что гусеница сварливо возражает на каждое
слово Алисы, она дает девочке полезный совет: если откусить от
гриба, на котором гусеница только что сидела, можно уменьшить-
ся или вырасти. Столь же негативные ответы управляющего
вроде бы препятствуют расследованию, предпринятому В. — по
словам В., «глупый был старикан и подозрительный» [Набоков
2014: 144], — но препоны, которые учинил управляющий, позже
помогает преодолеть мистер Зильберман: он, как и Гусеница,
исполняет роль волшебного помощника (о чем подробнее ниже).
Поразительное сходство мистера Зильбермана с вымышленным
персонажем Себастьяна, мистером Зиллером из рассказа «Обратная сторона Луны», вводит в реальную жизнь В. тему зазеркалья.
Нам легче удается увидеть в Зильбермане преображенного Зиллера благодаря тому, что В. привлек наше внимание к Гусенице
Кэрролла. Путешествие В. в отель «Прекрасная гора» (а именно
так буквально переводится французское «Бомон» — «Beaumont»)
в Синих горах (*нем.* «Blauberg») приобретает сказочные черты,
и отель ассоциируется с заглавием сборника рассказов Себастьяна, «Потешная гора» («Funny Mountain»), откуда и вылупился
Зильберман.

Чтобы с уверенностью говорить о сверхъестественном покровительстве и помощи Себастьяна из потустороннего мира, необходим онтологический скачок, который читатели совершить в состоянии, а персонажи — нет. В. неведомо, как именно Себастьян помогает ему; у фразы В., что Себастьян «невидимым заглядывает из-за <его> плеча», «ненавязчивым образом» помогает ему, есть параллель в Кэрролле, о которой сам В. не подозревает.

В «Алисе в Зазеркалье», после того как Алиса пробирается за зеркало, она пугает миниатюрного шахматного Белого короля, подняв его высоко в воздух и опустив на большом расстоянии. Король заявляет, что «никогда в жизни» не забудет «этой ужасной минуты», на что шахматная Королева возражает: «Забудешь, если не запишешь в записную книжку». Когда король собрался писать, Алиса «ухватилась за кончик огромного карандаша, который торчал у Короля за плечом, и начала писать сама». Король потрясен, когда осознает, что «карандаш писал свое» [Кэрролл 1982: 163–164]. Это непреднамеренное соавторство намекает на «ненавязчивый» способ, которым Себастьян помогает В.; Себастьян «завладевает» карандашом В. и заставляет писать «то, что он не собирался» — иносказательный маневр, который больше в духе Себастьяна, чем В.

Выбор слов показывает, что Себастьян помогает В. в работе над текстом, описывающим, как В. путешествовал в поисках Себастьяна. Другие отсылки к произведениям Кэрролла намекают, что тень Себастьяна, возможно, также участвовала и в самом путешествии. Во время встречи В. с другом Себастьяна, источником информации о студенческих временах в Тринити-колледже, В. замечает, что «дух Себастьяна, казалось, трепещет в такт пламени, играющему на латунных шарах плиты у камина» [Набоков 2014: 65]. Информатор начинает гладить «мягкую голубоватую кошку с селадоновыми глазами, возникшую из пустоты» [Набоков 2014: 68]. В тот самый миг, когда он собирается поведать В. о последнем годе учебы Себастьяна в Кембридже, кошка отвлекает его: «Не пойму, что это с кошкой — молока не хочет знать» [Набоков 2014: 71].

«Голубой» здесь относится к серо-голубому окрасу, который характерен для двух пород кошек: русской голубой и британской короткошерстной (голубой). Первая родом из России, была завезена в Англию на русских судах, которые шли из Архангельска[9]. История этой породы отражает траекторию пути Себастьяна (и самого Набокова) из России в Англию. Русские моряки завезли ее в Англию в 1860-е годы, и когда в 1875-м она была официально зарегистрирована, то ее представителей показывали на выставке в лондонском Хрустальном дворце как «архангельскую кошку». У кошек этой породы глаза яркого цвета морской волны, то есть селадоновые[10].

Вторая порода с голубым окрасом, британская короткошерстная кошка, — это потомок кошек, которые жили в Англии в римскую эпоху, а впоследствии скрестились с местными породами[11]. Британские голубые кошки более плотного телосложения, чем русские, и у них круглые щекастые мордочки, благодаря которым кажется, будто кошки улыбаются. Первый иллюстратор книг Льюиса Кэрролла, Джон Тенниел, в 1865 году срисовал своего Чеширского кота с британской голубой кошки — еще до того, как порода была зарегистрирована официально[12] [Pet MD Nd].

У кошки информатора селадоновые глаза, характерная черта породы русская голубая, а вот странное поведение кошки — то, что она возникает из ниоткуда, — связывает ее с Чеширским котом Кэрролла, британским голубым. Путь миграции в Англию, который Себастьян делит с русской голубой кошкой, и перетека-

---

[9] The Russian Blue. URL: http://www.russianblue.info/russian_blue_faqs.htm (дата обращения: 19.08.2020).

[10] The Cat Fanciers Association, Inc. URL: https://cfa.org/russian-blue (дата обращения: 19.08.2020). В переводе С. Б. Ильина мы находим «нежно-голубую кошку с серовато-зелеными очами», в переводе Г. А. Барабтарло — «голубоватую кошку с серо-зелеными глазами», то есть в этих переводах эпитет «яркие» утрачен. — *Примеч. пер.*

[11] The Cat Fanciers Association, Inc. URL: https://cfa.org/british-shorthair (дата обращения: 19.08.2020).

[12] Pet MD. URL: http://www.petmd.com/cat/breed/c_ct_british_shorthair (дата обращения: 19.08.2020).

ние его русского прошлого в британское настоящее позволяет говорить о том, что кошка кембриджского информатора — воплощение гибридной тени Себастьяна, которая, как замечает В., витает рядом и «трепещет в такт пламени» [Набоков 2014: 65][13]. И хотя В. не задумывается, что кошка может быть посланцем из Страны чудес или знаком Себастьянова присутствия, читателю кошка намекает, что не кто иной, как Себастьян побуждает В. вписать подтекст «Алисы» в свой нарратив — и это способ выразить необычность Себастьянова русско-британского состояния в бытность его в Кембридже. То, как Себастьян имперсонирует кэрролловского Чеширского кота, заставляет нас ожидать и высматривать, как он, возможно, будет появляться и исчезать в нарративе, а в самом конце романа исчезнет с улыбкой Чеширского кота[14]. На следующем уровне романа, если считать от внутренних к внешним, то есть на уровне «романизированной автобиографии» недавно ставшего изгнанником Набокова, то, что Королю червей, Королеве и Палачу не удалось обезглавить кота, у которого нет тела, безусловно, веский повод для бестелесной усмешки.

Сцена в лондонской квартире Себастьяна содержит дополнительное свидетельство того, что именно тень Себастьяна отвечает за кэрролловские аллюзии, направляющие расследование В. Кабинет — царство Себастьяна, где он занимается «сотвор<ени-ем> мир<ов>» [Набоков 2014: 111], заполненное предметами, составляющими его жизнь: письмами, рукописями, изданиями

---

[13] Дэвид Рутледж предполагает такую возможность: [Rutledge 2011: 175]; по его словам, «Льюис Кэрролл представляет воображаемый другой мир» [Rutledge 2011: 96] в произведениях Набокова.

[14] В романе есть еще два персонажа, обозначенные словом «голубой» и связывающие русское прошлое Себастьяна с его английским настоящим: его кембриджский друг Горджет, который «играл в кембриджской команде регби» [Набоков 2014, гл. 5] — в оригинале «who was a Rugby Blue» [Nabokov 1992: 43]; это упоминание перекликается с рассказом из английского журнала для мальчиков «Чамз», который Себастьян мальчиком читал в Петербурге; в рассказе фигурирует героический кембриджский крикетчик (в оригинале — «cricket Blue» [Nabokov 1992: 12] (в обоих случаях в русском переводе романа эти эпитеты опущены. — *Примеч. пер.*).

романов, — и оно предполагает присутствие «прозрачного Себастьяна» в этой комнате [Набоков 2014: 58]. «Алиса в Стране чудес» стоит на полке, выглядящей «поухоженнее» [Набоков 2014: 61], а другие части Себастьянова кабинета ведут себя в удивительно кэрролловском ключе. Оглядевшись, В. замечает следующее: «Когда я оглянулся, мне показалось, что предметы в спальне, словно застигнутые врасплох, только-только успели вскочить на свои места и теперь украдкой на меня поглядывают, пытаясь понять, заметил ли я этот преступный маневр» [Набоков 2014: 56]. Оживание Себастьяновых вещей напоминает о фантастической лавке из «Алисы в Зазеркалье»: когда Алиса осматривается, то замечает: «...стоило подойти к какой-нибудь полке и посмотреть на нее повнимательней, как она тотчас же пустела, хотя соседние полки прямо ломились от разного товара» [Кэрролл 1982: 220]. То, как В. осматривает кабинет Себастьяна и находит книгу об Алисе, происходит под влиянием кэрролловского феномена, преломленного Себастьяновым зеркалом.

В романе есть одна отсылка к Кэрроллу, которую невозможно однозначно связать с В. или с Себастьяном. Пересказывая «Обратную сторону Луны», одну из трех новелл в сборнике «Потешная гора», В. описывает персонажа по имени мистер Зиллер как «самого, может быть, живого из героев Себастьяна», который «вдруг воплотился в физическое бытие» [Набоков 2014: 125]. На обратном пути из Блауберга, в поезде, идущем в Париж, В. растерянно гадает, где взять сведения, необходимые для расследования, и видит: «Внезапно я заметил, что мой визави глядит на меня с сияющей улыбкой» [Набоков 2014: 147]. Это мистер Зильберман, о котором уже шла речь выше: он вырвался из романа Себастьяна в жизнь В. и поможет В. раздобыть столь необходимые адреса, лично поговорив с постояльцами, после чего, по словам Зильбермана, «портье у него тут»[15]. У Зильбермана те же отличительные черты, что и у Зиллера: «розовая макуш-

---

[15] В оригинале Зильберман на ломаном английском называет портье «hotel-gentlemans», в переводе А. Б. Горянина и М. Б. Мейлаха ошибка: «все гости у меня тут (он показал на свою ладонь)» [Набоков 2014: 152].

ка», «кустистые брови», «усики» и «кадык», который «заходил вверх-вниз» [Набоков 2014: 147–149]. В. читал романы Себастьяна и вполне мог включить ситуации и персонажей из романов в свой собственный текст, объясняя появление Зильбермана, поскольку то, как его описывает В., повторяет Себастьяново описание мистера Зиллера. Но этим не объяснишь то, каким образом сама встреча с Зильберманом служит завуалированной отсылкой к произведениям Кэрролла.

Зильберман следует вывернутой логике Кэрролла, когда вручает В. записную книжку, серебряный карандаш и адреса, которые тот искал, и при этом говорит, что это он должен В. деньги: «Восемнадцать и два будет двадцать. — Он наморщил брови. — Значит, двадцать» [Набоков 2014: 155]. Вместо того чтобы заплатить за оказанные услуги, В. получает плату от человека, который эти услуги ему оказал; зеркальная, обратная логика показывает, что В. помогает посланец Себастьяна — не просто из его романа, а из области по ту сторону зеркала, из потустороннего пространства, которое включает вымысел и сверхъестественное[16].

Кэрролловские характеристики Зильбермана присутствуют лишь в пересказе новеллы Себастьяна, выполненном В. Возможно, сам В. и включает в этот текст отсылки к Кэрроллу, или, если произведения Кэрролла служили подтекстом в «Обратной стороне Луны», В. мог включить их в свое описание Зильбермана, подпитываемое текстом Себастьяна; в этом случае мистер Зиллер может вызвать ассоциации с ним, когда вырывается из текста, в котором жил, и превращается в Зильбермана в расследовании В. Но мы не в силах установить, действительно ли сказки об Алисе присутствуют в «Обратной стороне Луны»; все, что В. пересказывает нам из новеллы Себастьяна, — это то, что мистер Зиллер ждет поезда и «тремя разными способами помогает трем заблудившимся путешественникам» [Набоков 2014: 125]. Набор настолько тонких отсылок явно за пределами писательских возможностей В. Он, судя по всему, не осознает переклички с произве-

---

16 Дж. Б. Сиссон связывает Зильбермана с Белым рыцарем, отмечая, что оба «эксцентричны и щедры». См. [Sisson 1995b: 639].

дениями как Себастьяна, так и Кэрролла, но ясно, что после своей смерти Себастьян проникается энтузиазмом и желанием помочь брату в его расследовании, хотя до того потребовал, чтобы В. уничтожил его любовные письма, когда он умрет. Набоков выстраивает аналогию между интерпретацией двух миров на нескольких уровнях сразу: русскоязычное / англоязычное, вымысел / реальность, потусторонность / наш мир.

Мистер Зиллер, в свою очередь, возникает из реальности Себастьяна; когда Себастьян пишет «Обратную сторону Луны», безымянный «кроткий человечек» ждет его в соседней комнате, где Клер играет в шахматы с П. Дж. Шелдоном. Мистер Зиллер описан как «маленький смирный человечек» [Набоков 2014: 125]; В. называет мистера Зильбермана «удивительным человечком» [Набоков 2014: 152][17]. Похоже, что Себастьян использовал черты «смирного человечка», существовавшего в реальной жизни, создавая своего мистера Зиллера, и вполне вероятно, что Зиллер и есть Зильберман. Но любое объяснение не из области сверхъестественного все равно будет фантастическим совпадением; слишком много деталей романа указывают, что ради помощи брату дух Себастьяна вселился в его же вымышленного персонажа, который вырвался из переработанной автором «реальности»[18].

В этом процессе созидания есть и еще один слой: на следующем онтологическом уровне вовне у фигуры Зиллера-Зильбермана есть общие черты с набоковским дядей Рукой, «опрятным человечком» с «темными густыми усами и подвижным адамовым

---

[17]   Жерар де Врис предлагает другой вариант: Себастьян и правда мог встретить мистера Зильбермана в отеле «Бомон» в июле 1929 года, так что тот послужил прототипом для мистера Зиллера из «Обратной стороны Луны», написанной летом после пребывания Себастьяна в этом отеле; однако вероятность того, что мистер Зильберман сталкивался с Себастьяном в 1929 году, рушится, потому что в 1936 году Зильберман сообщает В.: «Раньше, прошлый год, четыре прошлый лет, я работаль в полиция. <...> Ну, в штатском» [Набоков 2014: 149]. См. [de Vries 2016: 89].

[18]   Г. А. Барабтарло считает, что «забавный маленький человечек» возник из фигуры гнома-эльфа, которого Клер и Себастьян воображают во время своей поездки на немецкий курорт [Barabtarlo 2008b: 98].

яблоком» [Nabokov 1989b: 69]. Дядя Рука в реальной жизни ненамеренно послужил волшебным помощником — когда, сам
того не ведая, предоставил «прекрасную усадьбу в Рождествено»
для любовных свиданий Набокова с его первой возлюбленной,
Валентиной Шульгиной («Тамарой» из «Память, говори»), а позже — как невероятное сказочное наследство, которое осталось
в зазеркалье захваченной большевиками России и не досталось
обездоленному племяннику-эмигранту. В компенсацию этих
утрат дядя Рука обеспечил Набокова волшебным наследством
вдохновения и подарил свои характерные черты очаровательной
фигуре милейшего Зильбермана.

Отсылки к Кэрроллу в «Истинной жизни Себастьяна Найта»
создают колебания между онтологическими слоями текста
и уровнями авторской ответственности. Обе сказки Кэрролла
основаны на оппозиции двух миров: «реального мира» и «Страны чудес». Точно так же «Истинная жизнь Себастьяна Найта»
описывает расследование, предпринятое с целью понять потусторонность: сначала его предпринимает Себастьян в «Двусмысленном асфоделе», затем В. в погоне за Себастьяном, пытаясь
перехватить того на краю смерти, и эта погоня воспроизводит
последний роман Себастьяна [Набоков 2014: 231].

До этого момента В. и Себастьян по умолчанию восприни-
мались как отдельные личности, что позволяло задаться вопросом,
кто из них, В. или Себастьян, отвечает за включение в текст той
или иной аллюзии. К последней строчке романа, когда В. пишет:
«Я — Себастьян, или Себастьян — это я, а может быть, оба мы —
это кто-то, не известный ни ему, ни мне» [Набоков 2014: 232],
В. и Себастьян перестают быть автономными сознаниями-
рассказчиками, и нас отправляют перечитывать текст, теперь уже
по-новому воспринимая авторскую ответственность. В конце
концов, В. осознал свое слияние с Себастьяном *до* того, как написал свою книгу. Подобно Гумберту, который позволяет спело-
му плоду осознания упасть с ветки, только когда он сам достигает понимания, и В. не стал описывать свое прозрение, пока не
достиг его, но в это прозрение, возможно, не входит то, что он
осознал конкретные знаки Себастьянова присутствия.

В сказке Кэрролла Алиса после пробуждения пересказывает свой сон сестре, а та закрывает глаза, и теперь уже она видит сон Алисы; близость сестер создает связь между приснившимися им мирами. Сьюзен Фромберг указывает, что «последняя речь в [«Истинной жизни Себастьяна Найта»] — намеренное и осознанное эхо последней речи в "Алисе в Стране чудес"» [Fromberg 1967: 439], где сестра Алисы в своем воображении перебирает удивительных обитателей Страны чудес, прежде чем открыть глаза, после чего «все вокруг снова станет привычным и обыденным» [Кэрролл 1982: 135]. Точно так же В. мысленно перебирает персонажей, которых описал, словно они появляются на сцене, а затем «лысый суфлер захлопывает свою книгу» и «все они возвращаются к своей обыденной жизни» [Набоков 2014: 232].

К концу своего рассказа В. много успевает узнать о жизни сводного брата, а в большем масштабе приходит к убеждению, что «душа лишь способ бытия, и всякая душа станет твоей, если уловить ее биение и в него вписаться» [Набоков 2014: 231]. В. нашел биение души Себастьяна и вписался в него, и с полученными сведениями он начинает проникать в эту душу, как сестра Алисы, которой снится сон Алисы.

Сестра Алисы не стала Алисой, но В. утверждает, что, «может быть», стал Себастьяном [Набоков 2014: 232]. Это «может быть» поддерживает неопределенность авторства. Сам того не ведая, В. опирается на тень Себастьяна, чтобы тот руководил им, а Себастьян полагается на В., чтобы тот написал текст. Взаимопроникновение братьев придает части аллюзий неоднозначность: мы не можем точно определить, от кого они исходят — их можно приписать или В., или Себастьяну, или обоим авторам.

Авторские взаимоотношения проявляются и в произведениях Кэрролла. В «Зазеркалье» Алиса, Труляля и Траляля натыкаются на спящего Черного короля. До этих пор Алиса считала себя «автором» собственного сна, но Труляля настаивает: «Все равно ты ему только снишься. Ты ведь не настоящая! — Нет, настоящая! — крикнула Алиса и залилась слезами» [Кэрролл 1982: 206]. Повествование исходит из сознания Алисы, поэтому мы склонны верить, что король — часть сна Алисы. Но если воспринять допущение Труляля всерьез, то невозможно будет определить, кто часть чьего сна. Скорее, как в случае Себастьяна и В., они могут быть одновременно частью снов друг друга. Кэрролловский текст отказывается разгадывать эту двусмысленность; набоковский текст включает неоднозначность, заявленную своим подтекстом.

С учетом внутреннего авторства, вполне возможно, что В. прав и они с Себастьяном — «кто-то, не известный ни ему, ни мне» [Набоков 2014: 232]. Это указывает читателю на самого Набокова, как указывает и романная система отсылок к подтекстам. Роман с самого начала играет в кошки-мышки с этой идентификацией, искушая начинающего читателя провести знак равенства между Себастьяном и Набоковым благодаря общим чертам: оба родились в 1899 году, оба бежали из России в 1919-м, и т. д. Когда глубже вникаешь в параллель, становится видна систематическая дифференциация, — но последующее изучение выявляет третью часть набоковского гегельянского силлогизма юмора, о котором шла речь во вступлении: «[вор] все равно был дядюшкой»: автор все равно — Набоков. Персонаж Себастьяна, Зиллер, появляется в биографии В. под именем Зильбермана, но некоторые его черты возникли из воспоминаний Набокова и относящегося к ним образа дяди Руки. Эта пародийная гегельянская спираль порождает комментарий в процессе преобразования жизни в искусство. О такой метаморфозе идет речь, когда В. и Себастьян видят, как стайка голубей садится на Триумфальную арку:

> [Голуби] взметнулись, замельтешили в небе и стали рассаживаться в перламутрово-серых и черных рельефах Триумфальной арки, а когда иные суетливо срывались опять, казалось, что куски резного фриза вдруг превращаются в хлопья трепещущей жизни. Несколько лет спустя в третьей из книг Себастьяна я обнаружил эту зарисовку «камня, переходящего в крыло» [Набоков 2014: 96].

В. разделяет восприимчивость Себастьяна; он тоже мысленно фиксирует этот образ; Себастьян позже концентрирует и преобразует его. Набоков, похоже, уверяет самого себя, что свою восприимчивость к деталям и способность переплавлять их в поэтический образ ему удастся сохранить, даже перейдя на новый язык.

Диалектика романа позволяет прочитывать подтексты не только как часть системы романа, но и в контексте жизни самого Набокова. В таком случае почему он выбрал именно сказки об Алисе, а не, допустим, детскую серию книг для мальчиков «Пенрод и Сэм» американского автора Бута Таркингтона и ее продолжение в книгах об Уильяме английской писательницы Ричмал Кромптон?

Помимо явно родственной тематики и словесного волшебства, сказки об Алисе имели для Набокова особое значение; они воплощают тот скачок, который он совершил через языковую и культурную пропасть, переведя «Алису», и подчеркивают роль литературных текстов в таком переходе. Аллюзии и подтексты в свой первый англоязычный роман Набоков намеренно вводит гораздо отчетливее и заметнее, чем в остальные книги, чтобы тем самым создать новый комплекс отсылок; таким образом он передает трудность своего культурного перехода с русского на английский, показывая, что его перевод «Приключений Алисы в Стране чудес» на русский и собственный переход из русскоязычного в англоязычный мир — это зеркальные образы[19].

В противоположность утверждениям критиков, побуждения Набокова не в том, чтобы быть кукольником, который акцентирует свое авторство в постмодернистском ключе с целью подчеркнуть вымышленность, условность и сделанность текста. Он дорожит своеобразием словесного искусства и радостями мышления, которые постоянно обогащают жизнь, ассоциируя ее яркость с литературными произведениями. Реальность — это бесконечная череда фальшивых донец, как и литературные произведения; моделируя движение за счет того, что в «Истинной жизни Себастьяна Найта» интерпретации текста меняются от одного прочтения к другому, Набоков показывает, что исчерпать

---

[19] См. [Clark 1982]; см. также [Connolly 1995a]. В [Trousdale 2010] Рейчел Траусдейл утверждает, что транснациональные писатели используют фантастические истории, чтобы изобразить подобный тип культурной трансформации.

эту бесконечность невозможно, точно так же как творческий ум никогда не исчерпает свой материал. Мэри Маккарти назвала «Бледное пламя» «зеркальным залом»; сказки об Алисе указывают на то, что «Истинная жизнь Себастьяна Найта» — тоже зеркальный зал, только более ранний, — но в нем образы не уменьшаются все больше в бесконечно отражающих друг друга зеркалах, а наоборот: уровни интерпретации становятся все шире и шире, по мере того как приближаются к реальности, двигаясь от биографии Себастьяна к набоковской и далее к бесконечному (дальнейшим литературным ассоциациям) и непознаваемому (потусторонности). Набоков подчеркивает неоднозначность своего романа за счет кэрролловского подтекста — причудливым, сложным, продуманным и многоуровневым способом.

Вирджиния Вулф

Субтекстуальная игра со сказками Льюиса Кэрролла об Алисе раскрывает тайное присутствие Себастьяна в нарративе В.; следы другого английского автора играют в конструкции «Истинной жизни Себастьяна Найта» иную, но сходную роль. Точно так же, как соавторство Себастьяна едва просматривается за следами Кэрролла в нарративе В., Вирджиния Вулф призрачно присутствует в нарративе самого Набокова. Создавая свой первый англоязычный роман, Набоков изобильно уснащает его темами, образами и структурами, взятыми из произведений Вулф. Набоков отчасти показывает читателю признаки того, как Себастьян, незаметно для самого В., участвует в нарративе брата, но при этом, похоже, он не ставит цели, чтобы читатель обнаружил его заимствования из романов Вулф. Судя по книжной полке Себастьяна, тот явно не читал авторов Блумсберийского кружка, хотя они и составляли часть кембриджской атмосферы, когда Себастьян там учился. В других местах в романе Набоков дает отсылки к Джону Китсу, Редьярду Киплингу, Уилки Коллинзу, А. Э. Хаусману и Руперту Бруку, но не ссылается на остальных участников кружка и на саму Вулф[20]. Возможно, Нина Берберова была права, когда определила набоковскую манеру как «взять все, что можно, у знаменитого автора и потом сказать, что он никогда не читал его» [Берберова 1996: 371].

В частной переписке Набоков утверждал, что Вулф читал. В письме Зинаиде Шаховской он сообщает, что в 1933 году прочитал «всю» Вулф, когда готовился к работе над рассказом «Адмиралтейская игла»[21]. Однако огрехи, за которые неприятный рассказчик из «Иглы» бранит «пишущих дам», не имеют ничего общего с романами Вулф — по теме, методу и стилистическим приемам [Набоков 1999–2000, 3: 623]. Набоков находит женщин-романисток сентиментальными, и известно его высказывание из письма Эдмунду Уилсону: «Я не люблю Джейн и, в сущности, предубежден против всех женщин-писательниц. Они в другом классе» [Karlinsky 1979: 241][22]. Максим Д. Шраер дает обзор крайне резкой критики Набокова в адрес русско- и англоязычных поэтесс и писательниц, обнаруживая, что Набоков «позволил себе более чем резкие и несправедливые замечания без каких бы то ни было оснований» даже о таком поэте, как Марина Цветаева [Шраер 2000: 246]. В письме Марку Алданову, редактору «Нового журнала», Набоков восклицал: «Сколько у вас пишущих дам! Будьте осторожны — это признак провинциальной литературы (голландской, чешской и т. п.)»[23].

Что же в таком случае побудило Набокова прочитать все романы Вулф, но, насколько нам известно, нигде, кроме как в письме Шаховской, не сослаться, открыто или скрыто, на од-

---

[20] Сигги Франк предполагает, что, «возможно, Набоков иронически отдает дань уважения своей коллеге в образе англичанки-матери Себастьяна, невротичной, чувствительной Вирджинии» [Frank 2012: 78], однако история матери Себастьяна, бросившей мужа, сына и страну, выглядит слишком далекой от биографии или произведений Вулф, чтобы создавать перекличку.

[21] Цитата из переписки Набокова с Зинаидой Шаховской за июль 1933 года. См. [Boyd 1990: 402]. См. также [Шраер 2000: 244].

[22] Письмо от 5 мая 1950 года.

[23] Письмо Марку Алданову, тогда редактору нью-йоркского «Нового журнала», от 6 мая 1942 года.

ного из самых значительных англоязычных модернистов, публиковавшихся в то время, когда он изучал литературу в Англии? В конце концов, к 1933 году Вулф уже написала «Комнату Джейкоба» (1922), «Обычного читателя» (эссе, 1925), «Миссис Даллоуэй» (1925), «К маяку» (1927), «Орландо» (1928), «Свою комнату» (1929) и «Волны» (1931) — произведения, на тот момент перевернувшие представления о прозе так же кардинально, как их перевернул «Улисс» Джойса[24]. К 1930-м годам писательская репутация Вулф уже слишком упрочилась, чтобы Набоков мог отзываться о ее произведениях исключительно как об образчике женской (непригодной к чтению) прозы [Шраер 2000: 244].

К началу 1930-х годов Вулф была крупнейшим прозаиком, чьи романы расширили представление о границах прозы и стиля, в то же время исследуя сложные взаимоотношения памяти, сознания и восприятия. Эксперименты Вулф с языком и с формой достигли таких высот новаторства и сложности (и принесли ей такое признание), какого Набоков на тот момент еще не добился. То, как он завуалированно использует прозу Вулф, показывает, что обоих авторов интересовало сложное взаимопроникновение персональной памяти и литературного влияния, общественной истории и частной судьбы. Набоков в то время был лишь обездоленным эмигрантом, известным только узкому кругу русских, и вот он открывает для себя, что некая женщина-писатель уже проводит, и с явным успехом, те самые литературные эксперименты, которыми интересуется он сам. Возможно, это отчасти помогает объяснить его пренебрежительное отношение к Вулф. То, что Набоков втайне читал Вулф, показывает его стремление отстаивать собственную уникальность, сохранять художественное самоописание, которое оставалось бы дерзким, освобождающим и в чем-то завышенным. Но то, как Набоков скрывает, что использует произведения Вулф в своем романе, говорит о некотором его сходстве с сердитыми писателями-мужчинами, которых Вулф обрисовала в эссе «Своя комната».

---

[24] Джон Барт Фостер показывает, что Набоков заимствует повествовательные приемы из «Улисса». См. [Foster 1993: 173–175].

Английские литературные круги Набокову были хорошо известны, что показывает Дон Бартон Джонсон в своей статье о набоковской критике и переводах Руперта Брука [Johnson 1999]. Набоковское эссе «Руперт Брук» было написано в 1921 году, еще в Кембридже [Boyd 1990: 182]; три года спустя Вирджиния Вулф опубликовала своего «Руперта Брука», рецензию на издание его стихов Эдвардом Маршем, включавшее собственные воспоминания Марша о Бруке. В ее рецензии порицалось то, как Марш романтизировал Брука, и она была опубликована анонимно, как было принято публиковать рецензии на книги в «Times Literary Supplement». Однако было хорошо известно, что Вулф и Брук дружили с самого детства (с 1893 года), когда могли видеться в Сент-Ивзе, в Корнуолле, а литературные круги были столь тесными и сплоченными, что авторство рецензии, как и в других подобных случаях, недолго могло оставаться загадкой. Хотя недавно перебравшийся в Англию Набоков и был погружен в эмигрантскую печаль, но, учитывая его любовь к Бруку, он вряд ли мог пропустить формирование эпохи британской мысли, искусства и литературы в начале 1920-х годов под влиянием Блумсберийского кружка, — однако он нигде явно не ссылается на других участников группы или на их произведения[25].

К тому времени, как в 1933 году Набоков прочел «все» романы Вулф, он уже должен был знать о Вулф и ее участии в творчестве и развлечениях самых значимых британских писателей и мыслителей. Некоторые аспекты «Истинной жизни Себастьяна Найта» указывают на то, что во многих волновавших его темах Набоков совпадал с Вулф. Ее потаенное присутствие в его романе показывает, что Вулф повлияла на то, как Набоков изображает сознание, и на его эксперименты в прозе.

Вулф была на семнадцать лет старше Набокова. Их первые романы — «Путешествие вовне» (1915) и «Машенька» (1926) —

---

[25] Возможно, здесь кроется намек на еще одного участника Блумсберийского кружка: А. А. Долинин предполагает, что источник названия болезни Лемана, которой страдает Себастьян, — это Розамунд Леманн (1901–1990), писательница из Блумсбери, чьей темой было «разбитое сердце любящей женщины». См. комментарии Долинина в [Набоков 2014: 347–348].

вышли в свет с разницей в одиннадцать лет. Оба писателя под влиянием философа Анри Бергсона обыгрывали в своих романах возможные способы передать течение времени[26]. Оба происходили из выдающихся в интеллектуальном отношении семей, оба в своих романах снова и снова возвращаются к воспоминаниям о том, как идиллически протекало в семье лето, и оба сравнительно юными осиротели, оставшись без горячо любимого родителя: мать Вулф скончалась в 1895 году, когда Вирджинии было тринадцать, а отец Набокова был убит в 1922 году, когда Владимиру должно было вот-вот исполниться двадцать три. Братья Вулф, Адриан и Тоби, учились в кембриджском Тринити-колледже, и Вулф сокрушалась о том, что не допущена к кипучей интеллектуальной жизни, которую там обрели братья; Набоков также учился в Тринити-колледже, где, будучи эмигрантом, чувствовал себя чужаком и изо всех сил старался вписаться в окружение. Что еще необычнее, и Набоков, и Вулф, отвергнув предрассудки своего круга, сочетались браком с евреями.

Обоих писателей роднит интерес к жанру авто- и биографии; их проза преображает их собственную жизнь современным способом, который Вулф описала в своем эссе «Новая биография» (1927): «этот метод еще предстоит открыть» «биографу, чье искусство и достаточно тонко, и отважно, чтобы показать эту причудливую амальгаму грезы и реальности, этот вечный брак гранита и радуги» [Woolf 1990; Маликова 2002]. Такой биограф должен примирить, не объединяя, «гранит» и «радугу», факт и воображение. На интерес Вулф к тому, как биография способна или неспособна передать сознание человека, повлияли труды ее отца, Лесли Стивена, выпустившего «Словарь национальной биографии»; биографические эксперименты Вулф, как в художественной, так и в документальной прозе, исследуют отношения между «гранитом», изложенным в отцовском «Словаре», и опытом жизни. С этим связан и вопрос взаимоотношений человека со своим окружением, особенно художника: вопрос о том, до какой степени историческая эпоха, «дух века», определяет «я»

---

[26] См. [Toker 2002; Foster 1993: 86; Trousdale 2010: 81–82].

или творческий гений, был одинаково важен как для Вулф, так и для Набокова. Эта проблема заставила их обоих в своих эссе и романах издеваться над фрейдистской психологией[27].

В «Истинной жизни Себастьяна Найта» В. высмеивает биографа, мистера Гудмэна, за то, что тот показывает Себастьяна как «продукт и жертву того, что он именовал "нашим временем"». В. продолжает: «"Послевоенное смятение", "послевоенное поколение" — это для г-на Гудмэна "Сезам, откройся", которым он отпирает любую дверь» [Набоков 2014: 83], — механистический причинно-следственный подход, который понуждает Гудмэна озаглавить написанную им биографию «Трагедия Себастьяна Найта» [Набоков 2014: 82].

Расследование В. в поисках «истинной» жизни брата основывается на восприимчивости Себастьяна: «Для Себастьяна не существовало ни года 1914-го, ни 1920-го, ни 1936-го, а всегда шел год Первый» [Набоков 2014: 87]. Себастьян стремится отыскать «теплую нору», где некто, очень близкий самому глубинному из его «я», «съежившись, сидит в темноте...» [Набоков 2014: 90]. В «Орландо», единственном романе, который Набоков выделил в своем письме особо, назвав «пошлостью», Вулф, изображая писателя, подчеркивает ту же самую писательскую застенчивость: «И вот теперь она погрузилась в темноту и неподвижность, и стала <...> тем, что называется <...> одиночное "я", настоящее "я"» [Woolf 2015: 181][28]. Такого рода портрет художника, встречающийся в «Комнате Джейкоба» и в «Волнах» Вулф, вновь возникает и в «Истинной жизни Себастьяна Найта» Набокова; эти портреты составляют ядро описаний автором природы реальности, смерти и бессмертия, а также природы сознания.

---

[27] В своем эссе «Фрейдистская фикция» (1920) Вулф пишет: «Пациент, который никогда не слышал пения канарейки без того, чтобы рухнуть в припадке, теперь сможет пройти между рядами птичьих клеток без малейшей вспышки эмоций, благодаря тому что осознал, как мать поцеловала его в колыбельке» (цит. в [Lee 1999: 193]). Набоков говорит о невозможности написать биографию в своем эссе «Пушкин, или Правда и правдоподобие».

[28] Пер. В. Полищук.
Марина Гришакова анализирует набоковскую пародию на дуб Вулф в пародийном романе «Quercus», фигурирующем в «Приглашении на казнь». См. [Grishakova 1999].

«Комната Джейкоба»

«Истинная жизнь Себастьяна Найта» и «Бледное пламя» затрагивают тему разделенного сознания, первый — между набоковскими русскоязычным и англоязычным авторскими «я», второй — между его русской и американской культурными вселенными. Парные оппозиции «Себастьяна Найта» достигают совершенного синтеза: русский писатель умирает, перетекая в английского, и помогает ему из потустороннего мира. Роман «Бледное пламя» получает противоположное, трагическое разрешение: безумие и самоубийство настигают русского персонажа, а американского — гибель от руки наемного убийцы. Обе книги извлекают нечто из произведений Вулф: «Себастьян Найт» заимствует из «Комнаты Джейкоба» декорации Кембриджа и Лондона, а из «Волн» — финал, в котором персонажи постепенно сливаются; «Бледное пламя» подражает конструкции «Орландо» — предпринятому Вулф обзору английской истории и литературы, заключающей в себе биографию ее персонажа, а также тому, как Вулф использует прием комического именного указателя, чтобы очертить этот обзор.

В год, когда Набоков окончил Кембридж, Вулф опубликовала «Комнату Джейкоба» (1922). Книга излагает биографию молодого человека, который гибнет в 27 лет в Первой мировой войне (Руперт Брук погиб на этой войне в двадцать восемь). В романе Вулф исследует вопрос о том, как передать жизнь Джейкоба возможно достовернее. Подобно Себастьяну, Джейкоб одновременно «и персонаж, и призрак» [Bishop 1992: 173], одновременно и присутствующий, и отсутствующий в романе.

Создавая портрет Джейкоба, Вулф черпает детали из жизни своего брата Тоби и Руперта Брука. Тоби скончался от тифа в 1906 году, в год, когда Джейкоб поступает в Кембридж. Брук также поступил в Кембридж в этот год и изучал классическую и английскую литературу, подобно Джейкобу (и Себастьяну, в отличие от Набокова, изучавшего французскую и славянскую литературу). Как и Брук, Джейкоб — еще один выпускник Кембриджа, павший на Первой мировой войне.

Вулф признает невозможность достоверно изобразить не только всех талантливых британских юношей, погибших на войне, но и любого отдельного, даже не такую исключительную и яркую личность, как Брук. Их смерть была увековечена в стихотворении Джона Макрея «На полях Фландрии» (1915), о чем напоминает фамилия Джейкоба — Фландерс, тем самым превращая его в представителя всех погибших. Рассказчик в «Комнате Джейкоба» пишет: «Никто не видит другого человека таким, какой он есть на самом деле; тем более не видит престарелая дама, которая сидит в поезде напротив незнакомого юноши. Видят единое целое, видят самое разное, видят самих себя» [Woolf 2008: 29]. Метод Вулф в «Комнате Джейкоба» — использование окольного пути: она собирает мгновения жизни Джейкоба, начиная с его детства и до смерти, увиденные с разных точек зрения — матери, друзей, квартирной хозяйки. Кредо этой книги, отказ от «продажи персонажа», повторяется дважды: «Нет никакого смысла пытаться постигнуть человека. Нужно улавливать намеки, не то, что он говорит, но и не совсем то, что он делает» [Woolf 2008: 29, 162]. Отрывочные отклики — «так достойно выглядит», «так неловок», «Писатель?.. Художник?», «совсем не от мира сего» [Woolf 2008: 71]; «Ездил на псовую охоту, но лишь иногда, потому что у него нет ни гроша» [Woolf 2008: 163] — накапливают своего рода светотень вокруг Джейкоба, но не определяют его: «И все же что-то заставляет нас, словно ночную бабочку, с гудением кружить у входа в загадочную пещеру и приписывать Джейкобу Фландерсу разные качества, которых у него вовсе нет. <...> Но мы упорно кружим над ним» [Woolf 2008: 74].

Помимо впечатлений его друзей и знакомых, Джейкоб, как и Себастьян, представлен посредством двух своих комнат: первой в Тринити-колледже в Кембридже и второй — последнего своего обиталища, лондонской квартиры. Глава третья воспроизводит университетские годы Джейкоба начиная со взгляда той самой случайной «престарелой дамы», которая приезжает в Кембридж одним с ним поездом, и заканчивая возвращением Джейкоба в свою комнату:

> Он вышел во двор. Застегнул куртку на груди. Пошел к себе
> в комнаты, и поскольку в эти минуты больше никто к себе не
> возвращался, его шаги стучали громко, фигура казалась больше.
> От часовни, от холла, от библиотеки эхом отдавался звук его
> шагов, словно старые камни убежденно и властно отзывались:
> «Студент — студент — студент — идет — к себе» [Woolf 2008: 45].

Модернистские непрямые описания Вулф озадачили критиков,
которые жаловались, что поскольку она не дает психологического
портрета, то читатель лишается возможности отождествиться
с героем. В «Истинной жизни Себастьяна Найта» набоковский
вымышленный персонаж В. использует метод Вулф, чтобы
восстановить жизнь своего умершего сводного брата: он собирает
множество точек зрения, пытаясь уловить суть Себастьяна.
Значимая разница заключается в том, что Себастьян — это издававшийся
автор, поэтому В., реконструируя его образ, имеет
возможность использовать его романы как подспорье, а Вулф
вынуждена обходиться гипотетическими выдержками из дневника
и письмами, чтобы собрать оммаж своему реально существовавшему
брату Тоби и жертвам Первой мировой войны.
В книгах оплакиваются разные типы утрат, но эти утраты вызваны
историческим катаклизмом, о котором авторы упоминают
совсем мало, подчеркивая индивидуальность своих персонажей.

Себастьян умирает за два месяца до того, как В. пускается на
поиски материала для его биографии. Нарратив В. движется по
жизни Себастьяна в обратную сторону, от визита в лондонскую
квартиру Себастьяна вскоре после его смерти (глава четвертая)
к поездке в Кембридж (глава пятая), где В. пытается восстановить
университетские годы брата, начиная с самого его прибытия в то
же место (но другой двор), куда прибыл и Джейкоб:

> Войдя же внутрь величаво-сумрачного Большого Двора, по
> которому сквозь туман брели тени в мантиях, а прямо перед ним
> приплясывал котелок носильщика, Себастьян почувствовал, что
> непонятно откуда, но ему ведомо каждое ощущение — благотворный
> запах сырого дерна, древняя звучность каменных плит
> под каблуком, смазанные очертания темных стен над головой
> [Набоков 2014: 63].

Узнавание этих декораций русским Себастьяном объясняется его кругом чтения. Первое впечатление Себастьяна, явно данное его глазами, В. в своем повествовании может предположить лишь гипотетически. Как и безличный, неидентифицированный рассказчик в «Комнате Джейкоба», он пытается ретроспективно уловить жизнь Себастьяна, его мысли, впечатления и суть. Отстраненный, вспоминающий тон, которым рассказчики в обеих книгах рассказывают о кембриджской жизни объектов своих повествований, усиливается тем, что Себастьяна и Джейкоба уже нет в живых, нет в их комнатах, в их прошлом, в жизни рассказчиков; Кембридж, подобие фальшивой вечности, остается пугающе неизменным.

Через пятнадцать лет после того, как Себастьян окончил Кембридж, В. удается отыскать его друга, теперь уже кембриджского дона, который сообщает В.: «Его тьютор, покойный мистер Джефферсон <...> скучноватый пожилой здоровяк, но тонкий лингвист» [Набоков 2014: 71]. В., возможно, более снисходителен к неизменности кембриджской обстановки — потому что его не настолько туда не допускали, как Вулф, которая, покинув комнату Джейкоба, переходит к насмешкам над донами:

> Бедный старик Хэкстебл весь согнут, а Совпит последние двадцать лет каждый вечер восторгается небом, а Коуэн смеется над одними и теми же историями. Нельзя сказать, что светоч знаний прост, чист, или как-то особенно он прост, или чист, или как-то особенно великолепен этот светоч знания, — ведь если поглядеть на них в его лучах (на стене может быть Россетти или репродукции Ван Гога, в вазе — сирень или старые курительные трубки), до чего у них жреческий вид! [Woolf 2008: 38][29].

Вулф показывает кембриджскую жизнь Джейкоба отчасти за счет описания книг в его комнате — точно так же, как Набоков показывает жизнь Себастьяна. Книжная полка в Себастьяновой лондонской квартире представляет собой эмблему темы романа:

---

[29] Набоков в «Лолите» использует клише репродукции Ван Гога для образа Шарлотты Гейз.

характеризует выпускника английского университета в первой трети двадцатого века, намекая на ученичество, которому посвятил себя и сам Набоков, готовясь вступить в англоязычную традицию.

Прием описания книжной полки используют и Джеймс Джойс в «Улиссе» (1922), чтобы описать Леопольда Блума, и Осип Мандельштам, чтобы передать семейную историю в своей автобиографии «Шум времени» (1925). Четыре книжных шкафа из четырех произведений кое-что объединяет, и это — Шекспир; у Блума и Мандельштама среди книг есть кое-что русское; у Блума и Джейкоба — Спиноза, но Джойс и Мандельштам не характеризуют английского университетского студента. Описание книжного шкафа Блума, отраженного в зеркале, обрамлено образом инверсии и завершается размышлениями Блума о «недостаточно бережно<м> отношении<и> женщин к литературе» [Джойс 1993: 492]. Описание книжного шкафа у Мандельштама в четвертой главе автобиографии включает тему конфликта и наложения между языками и культурами (ивритом, русским, немецким), отражая несколько десятилетий в жизни целой семьи. В «Комнате Джейкоба» Вулф описывает подборку книг, очень близкую к Себастьяновой в том, как она отображает жизнь молодого англичанина из Тринити-колледжа в Кембридже в 1906 году:

> Книг здесь было немало; правда, французских немного, но ведь тот, кто собой что-то представляет, читает по своему вкусу, настроению, увлекаясь по прихоти. Например, там стояли жизнеописания герцога Веллингтонского, Спиноза, сочинения Диккенса, «Королева фей», древнегреческий словарь с шелковистыми лепестками маков, засушенными между страницами, все елизаветинцы. <...> Были фотографии древнегреческих скульптур, гравюра-меццотинто с картины сэра Джошуа [Рейнольдса] — все очень английское. Были и сочинения Джейн Остин — должно быть, в знак уважения к чьим-то еще предпочтениям. Был Карлейль, полученный в награду. Книги о художниках итальянского Возрождения, «Справочник заболеваний лошадей» и обычные учебники [Woolf 2008: 37–38].

По контрасту с языковыми, культурными и историческими напластованиями у Мандельштама, все книги Джейкоба «очень английские», как и его кембриджское университетское образование по классической литературе. Как и на полке Себастьяна, в книжной подборке Джейкоба французских книг почти нет, но есть некая книга о лошадях: у Джейкоба это «Справочник заболеваний лошадей», а у Себастьяна — «Как купить лошадь». Первая — американская книга Сиднема Бенони Александера (1840–1921); в Британской библиотеке имеется репринтное издание 1911 года с оригинального издания 1892 года. У Себастьяна «Как купить лошадь» (1875) — это книга редактора журнала «Панч» Френсиса Коули Барнанда из его серии «Случайные счастливые мысли». Набоков заменяет практическое пособие из библиотеки Джейкоба юмористическим литературным произведением.

В 1922 году издательство «Хогарт пресс», принадлежавшее семье Вулф, принялось издавать русских авторов, от Аввакума до Горького, в английских переводах С. Котелянского, а Вулф писала эссе о Толстом, Достоевском, Чехове, Брюсове и русской революции начиная с 1917 года. Но у Джейкоба в комнате русских книг нет. На книжной полке Себастьяна стоит одна русская книга, но в английском переводе — чеховская «Дама с собачкой». Вулф анализирует этот рассказ в своем сборнике «Обычный читатель» (1925), в эссе «Русская точка зрения», где сетует на утраты, которые понесла, читая Достоевского, Толстого и Чехова лишь в английских переводах:

> Наше признание достоинств этих писателей опирается на оценки критиков, которые не прочли ни единого слова по-русски, никогда не видали России, даже не слыхали живой русской речи и которым приходится слепо и безоговорочно полагаться на работу переводчиков.
> Все сказанное сводится к тому, что мы судим о целой литературе, не представляя себе ее стиля. Когда каждое слово в предложении переведено с русского на английский, причем несколько переиначивается смысл, а тон, сила и ритмическое ударение в их взаимосвязанности меняются полностью — не остается ничего, кроме оголенной и огрубленной вариации смысла. При таком

обращении русские писатели похожи на людей, лишившихся во время землетрясения или железнодорожной катастрофы не только одежды, но и чего-то более утонченного и существенного — привычной манеры поведения, индивидуальных причуд характера [Вулф 2004: 854].

Таким образом, наличие «Дамы с собачкой» (причем именно английского перевода, а не русского оригинала, как можно было бы ожидать от носителя русского языка) на книжной полке Себастьяна благодаря отсылке к эссе Вулф создает трогательное изображение состояния, в котором находится Себастьян: политико-историческое землетрясение лишило его именно того, что перечисляет Вулф.

То «уважение к чужим стандартам», которое присуще Джейкобу, на книжной полке Себастьяна представлено русско-персидским словарем, предположительно оставшимся от восточных штудий Клер, изучавшей языки, точно так же как присутствие Джейн Остин на полке Джейкоба намекает на отсутствующую хозяйку книги. У Джейкоба есть «все елизаветинцы»; полка Себастьяна начинается и заканчивается двумя величайшими пьесами Шекспира.

Окончание «Комнаты Джейкоба» снова напоминает о его отсутствии — за счет описания его лондонских комнат, где его друг Бонами и мать Джейкоба разбирают его вещи:

> — Оставил все как было, — поражался Бонами. — <...> Вон письма валяются повсюду, читай кто пожелает.
> Он поднял счет за охотничий хлыстик.
> — Кажется, оплачен.
> Разбросаны были письма Сандры...
> Неподвижен воздух в пустой комнате, только занавеска вздувается и вздрагивают цветы в кувшине. Слегка поскрипывает что-то в плетеном кресле, хотя в нем никто не сидит. <...>
> — А что мне делать с этим, мистер Бонами?
> Она показала ему пару старых ботинок Джейкоба [Woolf 2008: 187].

Лондонские комнаты связаны с кембриджской комнатой Джейкоба за счет пассажа, который начинается словами «Неподвижен воздух в пустой комнате» — он впервые появляется после перечисления книг Джейкоба, его греческих фотографий и «гравюры-меццотинто сэра Джошуа» [Woolf 2008: 38]. В обеих комнатах Джейкоб активно отсутствует.

В. впервые навещает маленькую квартиру Себастьяна на Оук-Парк Гарденс, 36, после смерти брата. Книги, фотографии, картина, письма, одежда — все, что обычно ожидаешь найти в жилище умершего интеллектуала. Фотографии у Себастьяна — это два изображения смертной казни в Китае. Греческие книги Джейкоба — часть его кембриджского образования; китайские фотографии Себастьяна относятся к какому-то его творческому замыслу, оставшемуся неизвестным. Позже Набоков расскажет об их источнике, если не о мотивах Себастьяна, в «Память, говори» он вспомнит одного из своих знакомых берлинского периода, молодого студента Дитриха, который «коллекционировал фотографии смертной казни» и приобрел серию снимков, «изображавших все стадии обычной смертной казни в Китае» [Nabokov 1989b: 278]. В своих мемуарах Набоков связывает Дитриха с «правлением Гитлера» [Nabokov 1989b: 279]. Повесить две фотографии из коллекции Дитриха на стену у Себастьяна в 1936 году значит дать историческую характеристику, не повторяя ошибку мистера Гудмэна, который позволял историческому моменту определять искусство [Nabokov 1989b: 278–279][30].

В. описывает одежду Себастьяна до странности детально, надеясь узнать благодаря ей что-то новое о брате:

> В платяном шкафу полдюжины костюмов, почти все старые, и у меня мелькнуло ощущение, что это фигура Себастьяна размножена в окостеневших формах распиленных плеч. Вот в этом коричневом пальто я его однажды видел; я потрогал вялый рукав, но он не отозвался на слабый оклик памяти. Были, конечно, и башмаки: они прошагали много миль и наконец достигли конца путешествия. Навзничь распростерлись сложенные сорочки. Что могли мне рассказать о Себастьяне эти притихшие вещи? [Набоков 2014: 56].

---

[30] Я признательна Сюзанне Фассо, обратившей внимание на эту взаимосвязь.

Как и пустые, бесполезные и совершенно безжизненные ботинки Джейкоба, парализованная одежда Себастьяна в его опустевшем жилище — это конкретизированное воплощение его отсутствия. В обеих сценах задействована мать покойного: одинокий «жестяной флакон из-под талька» в ванной комнате Себастьяна напоминает о его покойной матери-англичанке Вирджинии Найт благодаря фиалкам: это флакон «с фиалками на спине» [Набоков 2014: 57]; в комнате Джейкоба его вдовая мать беспомощно перебирает вещи сына.

В обеих комнатах мебель живее прежних обитателей — кресло Себастьяна, «сложив ручки, снова напускает на себя непроницаемое выражение» [Набоков 2014: 56], а в комнате Джейкоба «слегка поскрипывает что-то в плетеном кресле, хотя в нем никто не сидит» [Woolf 2008: 186]. В. находит две пачки писем, от Клер и от Нины, которые Себастьян попросил сжечь; Бонами находит письма Джейкобу от Сандры.

В. рассматривает вид из окон Себастьянова кабинета: «Отсюда виден сад — или палисадник — позади дома, темнеющее небо, парочка вязов (а не дубов, как обещало название улицы)» [Набоков 2014: 57]; Бонами из окна Джейкоба открывается лондонская уличная жизнь.

> Внезапно вся листва словно взметнулась.
> — Джейкоб! Джейкоб! — крикнул Бонами, стоя у окна. Листья вновь опустились [Woolf 2008: 187].

В «Себастьяне Найте» вопль утраты, который вырвался у Бонами — «Джейкоб! Джейкоб!», — заключен в вид из окна — на парочку вязов, а не дубов: таков набоковский способ подчеркнуть свою собственную метафизическую смерть, изгнание из России и прошлого, из Выры, где «аллея дубов <...> как будто была главной артерией» его детства [Nabokov 1989b: 103][31]. Деревья, видимые из окна, продолжат свой цикл жизни и смерти, хотя адресатов писем, читателей книг и владельцев одежды больше

---

[31] В другом месте он упоминает эти дубки как «ровесников <своей> матери» [Nabokov 1989b: 76].

нет. Пустые комнаты напоминают об ушедших и о боли, с которой живые скорбят по ним.

«Комната Джейкоба» отказывается предоставить читателю психологический портрет. Джейкоб воплощает и дарит бессмертие совокупности драгоценных личностей, погибших в Первую мировую войну. «Себастьян Найт» добавляет «Комнате Джейкоба» русское измерение и одновременно отвергает индивидуальную психологию в угоду более аллегоричной идентичности; Себастьян, к концу книги живя в В. и в своих пяти (или шести?) романах, воплощает утрату страны и языка, порожденную той же войной и русской революцией, этой войной вызванной.

«Волны»

В «Комнате Джейкоба» Вулф показывает историю отдельного человека; в «Волнах» (1931) — уже целую группу людей, прослеживая жизнь семерых друзей от детства до примерно шестидесятилетнего возраста.

Бернард, персонаж-писатель, который, как и Себастьян и сам Набоков, неизбежно подмечает незначительные детали, а не происходящее на переднем плане, отправляется в поездку в Рим, сознавая, что начинает «новую главу» в своей жизни: «Вот я, словно змея, снова меняю кожу, а про меня скажут всего-навсего: "Бернард поехал в Рим дней на десять"» [Woolf 1959: 44]. В «Истинной жизни Себастьяна Найта» мы слышим голос самого писателя Найта лишь единожды, в письме к В., написанном, что значимо, по-русски. В. переводит его на английский: «У меня оскомина от множества мучительных обстоятельств, а пуще всего — от узора покинутой мной, подобно змее, выползины, и ныне я черпаю поэтическую усладу в том обычном и очевидном, мимо чего всю жизнь по той или иной причине проходил мимо» [Набоков 2014: 211][32].

---

[32] В оригинале Набоков применил прием, который впоследствии неоднократно использовал в своих англоязычных книгах: отдельные русские слова он дал в английском тексте в транслитерированном виде; здесь это «osskomina»

Себастьян, как и Бернард, живет в Лондоне, но пишет письмо из Парижа, а не из Рима. Он умирает. Русское слово «выползина» означает «нечто, из чего выползли», пустая шкурка или кожа. Хотя змеи регулярно выползают из старой кожи, в этом слове подразумевается не змея; слово также применимо и к насекомым; существительное «выползень» может также относиться к кому-то, кто выбирается из укрытия или темноты. Возвращаясь перед смертью к родному для него русскому языку и семье, Себастьян, как и Бернард, сбрасывает кожу прошлой жизни, выходит из укрытия в другой мир, и это можно понять как буквально (из физического тела), так и метафорически (из русского в английское).

В финале книги Бернард, теперь уже «пожилой мужчина, грузный, с седыми висками», смотрит из своей «трансцендентности» и обретает новое понимание своей роли в кругу шести друзей, чьи жизни прослеживали он сам и его книга:

> И вот я спрашиваю: «Кто я?» Я говорил о Бернарде, Невилле, Джинни, Сьюзен, Роде и Льюисе. Я — все они? Или я — единственный, отдельный? Не знаю. Вот здесь мы сидели вместе. Но теперь Персиваль умер и Рода умерла; мы разделены; нас здесь больше нет. И все же я не нахожу препятствия, которое нас разделяет. Я не чувствую границы между ними и собой. Говоря все это, я думал: «Я — это вы» [Woolf 1959: 288–289].

Очень похоже на это и осознание, к которому В. приходит в последней фразе «Истинной жизни Себастьяна Найта»: «Я — Себастьян, или Себастьян — это я, а может быть, оба мы — это кто-то, не известный ни ему, ни мне» [Набоков 2014: 232]. За

и «vypolziny». Первое представляется особенно важным, потому что именно его Набоков привел в романе «Подвиг» в числе русских слов, которые невозможно адекватно объяснить носителям английского языка; вторым было принципиально важное для него слово «пошлость»: «Таких слов, таких понятий и образов, какие создала Россия, не было в других странах, — и часто он доходил до косноязычия, до нервного смеха, пытаясь объяснить иноземцу, что такое "оскомина" или "пошлость"» («Подвиг», гл. XL) [Набоков 1999–2000, 3: 216–217]. — *Примеч. пер.*

пределами текста слияние Себастьяна и В. мотивировано желанием Набокова, чтобы его «умершее» писательское русское «я» питало его только что вылупившееся английское «я». Подобно септету друзей в романе Вулф, Себастьян и В. разделили историю жизни, включая книгу, финал которой должен соединить пропасть между живыми и мертвыми.

В первом англоязычном романе Набокова параллель между комнатами в Кембридже и Лондоне, детали жизни-кожи / змеиной кожи в контексте слияния персонажа (персонажей) и рассказчика (рассказчиков) указывают на то, что, работая над «Себастьяном Найтом», Набоков опирался и на произведения Вулф. Он разделяет с Вулф мистический интерес к преодолению границы между живыми и мертвыми, точно так же как и к проблеме жизнеописания: как можно познать, не говоря уж о том, чтобы достоверно передать, жизнь другого человека? Способность В. передать более «истинную» жизнь Себастьяна коренится в эмпатии В. к Себастьяну и его книгам, чьи персонажи сверхъестественным образом следуют за В. в его расследовании. Читатель получает еще больший доступ к их общей реальности, чем сам В., подкрепляя и утверждение Набокова, что реальность — это слово, которое можно использовать лишь в кавычках, и вопрос Вулф в «Своей комнате»: «Что подразумевается под реальностью? Это должно быть нечто очень непостоянное и независимое» [Woolf 2005: 108].

С точки зрения постороннего, преломленной сквозь биографию, написанную мистером Гудмэном, и критические цитаты о Найте, Себастьян — просто писатель, живущий в Лондоне. Более «истинная» жизнь в изложении В. добавляет русскую юность Себастьяна, утрату матери и отца в детстве, смертельно опасное бегство от большевиков, университетское отчуждение и одиночество, круг чтения, взаимосвязь его жизни и искусства. Набоков добавляет новый слой к множественным источникам, из которых черпала Вулф, стараясь создать как можно более достоверную жизнь Джейкоба: этот слой — расследование В., которое само содержит еще один слой — сверхъестественное вмешательство Себастьяна в расследование. В. лишь смутно осознает это вмешательство, когда приходит к выводу, что он и Себастьян — единое целое. В «Волнах» таинственное единство писателя Бернарда с шестью друзьями и то, как Вулф воссоздает комнаты Джейкоба и его смерть, добавляет лирическую эмпатию к генриджеймсовскому сюжету о вмешательстве призраков, что позволяет Набокову передать боль своей утраты, обойдясь без создания слишком интимного автопортрета.

Как «Волны» Вулф, так и «Истинная жизнь Себастьяна Найта» Набокова включают в себя разделенное сознание, которое представляет в преобразованном виде аспекты проблем, занимавших обоих писателей: Набоков в «Найте» заставляет свою русскую личность слиться с новой англоязычной, пытаясь примириться с утратой России и русского языка. Утраты Набокова столь велики, что его произведение всецело посвящено тому, как не позволить боли возобладать над творчеством.

Несмотря на свою неприязнь к писательницам в целом и к Вулф в частности, Набоков, судя по всему, систематически адаптировал сюжетные, а также тематические и структурные составляющие произведений Вулф, чтобы поразмыслить над личностью и методами художника, над соотношениями между авторским «я» и историей, а также над возможностью мистической связи между живыми и мертвыми. Набоков решил скрыть свое отношение к тому важному вкладу, который Вулф внесла в литературу той эпохи, и, возможно, это решение отражает его тщательные усилия преодолеть собственную тоску посредством творчества. Подобно Пнину, который помимо собственной воли прослезился на просмотре советского пропагандистского фильма, Набоков сопротивлялся чувствам, пробуждаемым в нем Вулф, — в том числе безумию и суицидальным настроениям, тесно связанным с ее биографией.

Двух писателей объединяло общее стремление: переплавить и преобразовать личные утраты в искупительное, спасительное произведение искусства; и эта идея воплотилась еще в одном примере парных текстов. Вулф преобразовывает свою скорбь по ушедшей матери в образ Лили Бриско, тоскующей по миссис Рэмзи в романе «На маяк». Душераздирающий скорбный плач по умершему близкому человеку — «Джейкоб! Джейкоб!» — возникает в тексте романа четырежды, и в последний раз — когда Лили, пытаясь смешать в своей живописи «чудо», «счастье» и повседневность, взывает: «Миссис Рэмзи! Миссис Рэмзи!», чувствуя, что «если звать достаточно долго, то миссис Рэмзи возвратится» [Woolf 1955: 268][33].

В «Даре» Набоков создает вариации на тему своей скорби и тоски по убитому отцу; он унимает боль паллиативным воздействием творчества; безумие Александра Чернышевского, потерявшего сына, накладывается на то, как Федор во сне воскрешает своего отца посредством работы над его биографией. Боль удается унять паллиативом искусства. В романе «На маяк» Лили рисует сцену, в которой миссис Рэмзи обычно главенствовала: «И теперь боль утраты и горький гнев постепенно... уменьшились; и от причиненных ими мучений осталось подобие противоядия — облегчение, которое само по себе было целительным бальзамом, а также, что гораздо таинственнее, ощущение чьего-то присутствия» [Woolf 1955: 269]. В «Истинной жизни Себастьяна Найта» Набоков заимствует приемы из «Комнаты Джейкоба» — отстранять голос рассказчика от субъекта повествования, описывать скорее обстановку, декорации, а не отсутствующего персонажа, писать *вымышленную* биографию, — но замещает загробную жизнь пафосом смерти персонажа. Напряжение между биографией и автобиографией, принципиальное для «Истинной жизни Себастьяна Найта», порождает онтологическую переливчатость романа. Произведения Вулф помогли Набокову претворить личную утрату в великую литературу, преобразовать гранит своей жизни в радугу искусства.

---

[33] Лили Бриско представляет себе присутствие миссис Рэмзи после ее смерти, и во многом этот порыв воображения напоминает то, как Федор в «Даре» представляет себе видение Александра Яковлевича, который видит покойного сына Яшу, сидящего на стуле: «Миссис Рэмзи — то было проявление ее совершенной доброты — просто сидела в кресле, поблескивала спицами, вязала красно-коричневый чулок, отбрасывала тень на ступеньку. Вот там она сидела» [Woolf 1955: 300].

Вулф и Набоков показывают сущность своих героев, в то же время настаивая на их непознаваемости. Чтобы передать личность персонажа, Вулф использует артефакты из его жизни, историческую и культурную эпоху, а также отзывы тех, кого персонаж знал. В «Истинной жизни Себастьяна Найта» Себастьян остается тайной, очертания которой очерчены его произведениями. Поскольку они описаны В. и поскольку они сами по себе полны загадок, романы и рассказы Себастьяна невозможно четко интерпретировать, даже приложив усилия. Таким образом, Себастьян непознаваем во множестве смыслов: В. редко с ним виделся, располагает ограниченным материалом, благодаря которому мог бы понять жизнь Себастьяна в Англии, и полагается только на произведения Себастьяна. В. и без того воспринимал Себастьяна отстраненно, что отделяет читателя от Себастьяна дополнительным слоем текста; отрывочные цитаты из произведений Найта служат стимулом для интерпретации, которая открывается из отдельных деталей в неопределимую жизнь. «*Истинная* жизнь» — это оксюморон, указывающий на бесконечность.

Глава 3[1]
Американские подтексты

Готорн — превосходный писатель.

[Nabokov 1990]

К Джеймсу у меня отношение довольно сложное. Я вообще очень его не люблю, но иногда вдруг построение какой-нибудь его фразы, винтовой поворот необычного наречия или эпитета действуют на меня наподобие электрического разряда, словно ко мне от него идет какой-то поток.

В. В. Набоков. Интервью Альфреду Аппелю — мл.
[Набоков 1997–1999, 3: 591]

Не зашифрована ли в письме героя правда о его отношениях с Клэр? Не берусь назвать другого писателя, который так бы умел сбивать с толку своим мастерством — по крайней мере меня, желавшего за автором увидеть человека.

[Набоков 2014: 36]

Литературная и культурная вселенная английской традиции в «Истинной жизни Себастьяна Найта» связана с неопределенностью авторства и зеркальными мирами, эту неопределенность порождающими. Отсылки к американской традиции в романе связаны с призраками, и поэтому, что вполне сообразно теме, почти невидимы. Мир призрачности, неопределенности и волшебства всегда был частью произведений Набокова, начиная с его ранних рассказов, например «Нежити» (1921); для американских

---

1 Ранний вариант второго раздела этой части, «От Натаниэля Готорна к Генри Джеймсу», ранее публиковался под заголовком: Life as Annotation: Sebastian Knight, Nathaniel Hawthorne and Vladimir Nabokov // Third International Conference on Nabokov Studies in Nice / Ed. by M. Couturier // Cycnos. 2008. Vol. 24. № 1. P. 193–202.

вариантов призрачного Набоков вписывает в свои тексты Натаниэля Готорна и Генри Джеймса, которые ввели в американскую литературу европейское (особенно английское и немецкое) сверхъестественное. Из семидесяти девяти новелл Готорна в девятнадцати речь идет о сверхъестественном, и именно их Набоков выбрал, чтобы использовать в «Себастьяне Найте» [Quinn 1910: 12]. Точно так же он использует выраженно сверхъестественные рассказы Джеймса, а не его более реалистические романы. Рассказы Джеймса и Готорна, мерцая, там и сям проступают в тексте Набокова и позволяют читателю заметить отсылки к тому или иному из них. Намеренно ли Набоков вводил в текст эти аллюзии, определить возможно не всегда, но тем не менее духи Готорна и Джеймса вносят свой вклад в общую мерцающую атмосферу набоковского романа.

На книжной полке Себастьяна стоят английские книги традиционно-сверхъестественной тематики, в диапазоне от научно-фантастических, таких как «Странная история доктора Джекила и мистера Хайда» и «Человек-невидимка», до викторианского готического романа, упомянутого в книге самого Себастьяна, — «Женщины в белом» Уилки Коллинза; эти жанры отличаются от историй о привидениях, которые писали Готорн и Джеймс. Единственная американская книга на полке, «Мост короля Людовика Святого» Торнтона Уайлдера, — не история с привидениями. В ней рассказчик, опираясь на расследование монаха, брата Юнипера, описывает жизнь пяти персонажей, погибших, когда в 1714 году обрушился мост: он стремится понять, почему Бог допустил такую трагедию. Подобно исследованию потустороннего, предпринятому Фредериком Майерсом и Уильямом Джеймсом (подробнее об этом в главе четвертой), нарратив Уайлдера использует реалистический подход к задаче; опираясь на записи брата Юнипера, который шесть лет расспрашивал всех, кто был хоть немного знаком с жертвами катастрофы, рассказчик заключает: «Есть земля живых и земля мертвых, и мост между ними — любовь, единственный смысл, единственное спасение» [Уайлдер 2000: 185]. Уайлдер не задается вопросом о потусторонности, и на вопросы брата Юнипера о целях Господа ответ найти невозможно. Рассказчик явно разделяет чувства брата Юнипера: это лучшее, что можно сделать, и такой вывод в романе приведен вместо ответа, который невозможно сформулировать точно[2].

В романе Набокова рассказчик сходным образом пытается реконструировать жизнь покойного брата, основываясь на беседах с его знакомыми и надеясь на откровение. В. тоже обнаруживает, что любовь соединяет берег живых и берег мертвых, но Набоков не согласен с тем, что это единственный смысл и единственное спасение. К любви как средству преодолеть смертный порог Набоков добавляет искусство — и как метод познания, и как путь обретения бессмертия благодаря познанию. Как пишет Гумберт в последней фразе «Лолиты», «спасение в искусстве» — «это единственное бессмертие, которое мы можем с тобой разделить, моя Лолита» [Набоков 1997–1999, 2: 376]. На полке у Себастьяна «Мост короля Людовика Святого» соседствует со «Смертью Артура», и обе эти книги объединяют смерть персонажей и бессмертие, которое они обретают в легенде; Себастьян «живет, посмеиваясь, в пяти своих томах» [Набоков 2014: 73]. Вера в бессмертие благодаря искусству отличает роман Набокова от нарратива В., рассказывающего о расследовании, которое происходит по эту сторону смерти, как и его литературные отсылки. В отличие от вопросов, волнующих В., и от книг на полке Себастьяна, набоковские скрытые подтексты используют заимствования из книг американских писателей, затрагивающих тему потусторонности.

В. — предприниматель, а не литератор, и его считаные литературные отсылки — к «Мертвым душам», Мопассану, Босуэллу, Байрону, «Приключениям Алисы в Стране чудес», «Красной шапочке» — мог бы сделать даже студент; в своей совокупности они шире известны и меньше характеризуют персонаж, чем перечень книг Себастьяна, хотя они тоже в основном английские, с небольшими вкраплениями французской и русской классики.

---

2   Ирена Ронен считает роман Уайлдера подтекстом «Себастьяна Найта», указывая на объединяющую эти книги тему братской любви. См. [Ронен 2014].

Помимо этих книг В. упоминает еще две, которые и явно не относятся к делу, и на удивление изысканны: сожалея о том, как биография Себастьяна, написанная мистером Гудмэном, подействует на будущих читателей, В. пишет:

> Всегда найдется пытливый грамотей, добросовестно карабкающийся по стремянке к тому месту на полках, где «Трагедия Себастьяна Найта» борется с дремотой между «Падением человека» Годфри Гудмэна и «Воспоминаниями о моей жизни» Сэмюела Гудрича [Набоков 2014: 82].

Можно предположить, что В. заглянул в библиотечный каталог, чтобы поместить имя мистера Гудмэна в алфавитном порядке на гипотетической библиотечной полке, поскольку маловероятно, чтобы В. прочитал эти две очень узкоспециализированные книги. Он называет их так точно, потому что они малоизвестны, желая книге Гудмэна такой же участи — быть забытой и покрыться пылью. Дистанция между этими книгами и системой координат персонажа и то, что они явно никак не связаны с расследованием В., — все это указывает на важность Годфри Гудмэна и Сэмюела Гудрича для самого Набокова, который потихоньку создает собственную систему отсылок за спиной у персонажей. Первый из упомянутых писателей — англичанин, второй — американец; вместе они как бы заключают в себе всю религиозную и светскую англо-американскую литературу, проповеди и воспоминания с семнадцатого до девятнадцатого века. Включение их имен в текст указывает на происхождение и охват американской литературы на протяжении двухсот лет, четко отграничивая ее от английской литературы, ассоциирующейся с Себастьяном.

Годфри Гудмэн, епископ Глостерский, и Сэмюел Гудрич, он же Питер Парли

Первая из двух книг, упомянутых В., — это теологический трактат XVII века, а вторая — мемуары, написанные в Новой Англии на рубеже XIX века. Годфри Гудмэн, епископ Глостерский

(1582–1656), был капелланом королевы Анны, жены Якова I. Симпатии Гудмэна к католической вере, которые он высказывает в своем труде «Грехопадение, или О порче человеческой природы, доказанной светом естественного разума» (1616), привели к тому, что он оказался в заключении. То, что он был выпускником Тринити-колледжа (1604), вряд ли может объяснить нам, почему, выбирая фигуру, которая представляла бы страну, эпоху и жанр, Набоков останавливает внимание именно на Гудмэне. Для «Истинной жизни Себастьяна Найта» куда важнее другое: по слухам, призрак епископа объявлялся в Лондоне в 1681 году, чтобы повторить сказанное им в 1653 году, подтверждением чему стала напечатанная в тот же год листовка:

> Первое явление призрака епископа Гудмэна, удивительного видения или привидения, посетившего сей мир, чтобы повторить те же скорбные речи, которые были произнесены им в год 1653 относительно упразднения епископского сана[3], каковые были им произнесены тогда, по случаю, и теперь в год 1681, чтобы служить предостережением и наставлением всем епископам и их клирикам.
>
> Книга, в которой содержится это признание, была написана сим праведным преподобным епископом, доктором Джеффри Гудмэном <...> и собственноручно передана мне, Энтони Сэдлеру.[4]

В этой отсылке ключевую роль играет тема призраков; напоминая о Годфри Гудмэне, Набоков исподволь подкрепляет тринадцать случаев употребления слова «призрак» в своем романе. Но почему именно этот призрак? Энтони Сэдлер, упомянутый в памфлете, сам читал проповеди, воспевающие реставрацию монархии и возвращение на престол Карла II. Чем именно эта история важна для Набокова, позже выяснится в «Бледном пламени», где содержится хитроумная система потайных отсылок к убийству короля Карла I и реставрации монархии в лице его сына; одна из этих отсылок — туманное упоминание другого английского священнослужителя, Уильяма Рэдинга, который

---

[3] Имеется в виду билль об отмене епископата 1642 года. — *Примеч. пер.*

[4] Godfrey Goodman; Anthony Sadler. [London?]: Printed by H. B., 1681.

The First Apparition of

Biſhop Goodman's Ghoſt,

BEING

A New ſtrange Sight, Or: A Late ſtrange Viſion.
Making a wofull Repetition, of his former Confeſſion; in 1653.
Upon the Extirpation of *Biſhops*: in 1642.
Now Occaſionally Revewed, and ſeaſonably Renewed. 1681. For an Adhortatory Admonition to all Biſhops, and their Courts.

I Confeſs, that God would never have permitted us, to have Suffer'd in ſuch a manner, as we have done, had we not provoked Him with our Sins. And that I may be our own Accuſer, I think our greateſt Offence did conſiſt in theſe two things.

1. *Firſt*, That many of Us, did not ſpend our *Church-means* in a Church-like manner; but converted them to our own private *Uſes*: Or otherwiſe, Miſimploy'd them: Therefore, God juſtly take them away; and permits *Sacriledge*: we our Selves having firſt Offended in the ſame kinde. For certainly, Church-means ſhould have relation as well to the *Uſes* as to the *Perſons*: and a Church-man in miſpending them, commits *Sacriledge*.

And whereas many excuſe it, in regard of their Wives, and Children; God forbid, but regard ſhould be had to *Them*: yet ſtill with moderation.

I cannot excuſe the Exceſs of *Apparel*, and ſome other courſes of Expence. Yet, This I muſt teſtifie for a Truth, that ſpeaking privately with ſome Biſhops, they told me, and I believed them; that they laid not up, one Farthing of their Biſhopricks: and This may appear, for many of them, died very Poor: As *Worceſter*, *Hereford*, *Peterborough*, *Briſtol*: and not unlike, but others will do ſo.

2. Another great fault in the Church, was the intollerable Abuſe, of the *Eccleſiaſtical Juriſdiction*: therefore God hath made us now Uncapable of Any *Juriſdiction*.

So juſt and wonderful is God in all his Judgements.

I confeſs, in mine own particular, I did as much deſire, and labour to reform it, as any man could do; yet I could never prevail. Herein a little to excuſe the Church; I have it, and can produce it at this time, under the Kings own Hand, and Seal: wherein he forbids, that any Church-man, or Prieſt in Holy Orders, ſhould be a *Chancellour*: and This was the Occaſion, of all the Corruption, in the *Spiritual Courts*. For the Judges at the *Common Law* have their Penſions, and Allowances: but Chancellours have none at all: They live only upon the *Fees* of the Court: and for Them to Diſmiſs a Cauſe; it was to loſe ſo much blood. Now if they be naught in Themſelves; then they muſt for their own Advantage and Profit, have Inſtruments and Agents accordingly: ſo the *Regiſters*, *Proctors*, *Apparators*; they were ——

Peſſimum genus hominum.

While the *Spiritual Court* was only Govern'd by Church-men and Prieſts; [as it ought to be, and hath ever been ſo heretofore:] they had their Spiritual Benefices, and Dignities to live upon; and did ſcorn the Fees of the Court. Beſides the Holineſs of the Profeſſion, kept them from Bribing, and Corruption.

Little do men think, how much they ſuffer, by this own Poſition; —— That Church-men ſhould not Interpoſe in Civil and Moral Affairs: whereas formerly, Biſhops, and Church-men were only truſted with *Laſt Wills* and *Teſtaments*; and granting out *Adminiſtrations*: —— and certainly, if there be any Honeſty amongſt men; it muſt be ſuppoſed to be rather in them, then in others. But there having been ſuch an *Abuſe*; it muſt be *acknowledged*, that God is moſt Juſt in all his wayes: and what hath befallen us, it is according to the Deſerts of our *Sin*.

The Book in which this Confeſſion is, was by that Right Reverend Biſhop, Dr.
Godfrey Goodman: *late Biſhop of* Gloceſter; *given with his own hand to me*

A N T H O N Y   S A D L E R:

At that time Chaplain to the Right Honourable Letticia Lady Pagett Dowager.

Printed by H. B. in the Year 1681. 15 march.

Явление призрака епископа Гудмэна

прочитал проповедь против казни Карла I[5]. В 1660 году Сэдлер прочитал как минимум две проповеди в поддержку реставрации Карла II: «Проповедь о счастье восстановления Короля на престоле, всем на радость явившегося под священной личиной: с благодарностью представлена Его Священному Величеству» — эта проповедь выдержала 15 переизданий с 1660 по 1953 год; и «Милосердие, явленное чудом, спасение короля и повиновение ему народа. Проповедь, прочитанная в Митчеме, Суррей, 28 июня 1660 года, в ходе торжественного поздравления в честь восстановления Его Величества на королевском престоле. От Энтони Сэдлера, покойного капеллана, достопочтенной Летиции, леди Педжетт, покойной», — которая с 1660 по 1661 год переиздавалась шесть раз. В «Бледном пламени» станет ясно, до какой степени Набоков отождествляет свою историю и историю своего отца с казнью короля Карла I и реставрацией его сына; с помощью «Бледного пламени» можно понять, что набоковская отсылка к монархисту Джеффри Гудмэну ставит биографа Себастьяна мистера Гудмэна на одну доску с будущим цареубийцей Градусом, по ошибке ставшим палачом писателя, любимого Кинботом.

Таким образом, фамилия Себастьянова биографа мистера Гудмэна получает английского двойника; в рассказах Готорна, о которых речь пойдет дальше, у фамилии Гудмэн также есть американский двойник. В отличие от биографа Себастьяна, примитивного материалиста, и английский, и американский Гудмэны вызывают ассоциации с потусторонностью.

Вторая книга на гипотетической полке В. — «Воспоминания о моей жизни» Сэмюела Гудрича. Это мемуары о том, как Гудрич рос в Риджфилде, штат Коннектикут; он вспоминает школьную учебу и традиции общества той эпохи[6]. Гудрич (1793–1860) наиболее известен множеством книг для школьников, причем значительная часть их была написана под псевдонимом Питер Парли.

---

5   См. [Мейер 2007: гл. 5].

6   Дитер Циммер идентифицирует Гудмэна и Гудрича в своих примечаниях к Набокову. См. [Zimmer 1996]. Однако он не упоминает призрак епископа Гудмэна.

исключает внешние отсылки <...>, Набоков мог затронуть свои личные темы: смену языка, похороны прошлого с Ириной Гуаданини» [Boyd 1990: 501][9]. Подтекст показывает, что Набоков облекает свою любовную связь в художественную форму ради единственного читателя, который, как он ожидал, может распознать его намерения, — ради жены. Как отмечает Маликова, облечение факта в художественную форму дает писателю власть над прошлым, памятью и читателями. С помощью отсылок к новеллам Готорна и легенде о смертоносной даме Набоков превращает Гуаданини в мифическое существо, чтобы объяснить свою страсть к ней, уменьшить свою вину и извиниться перед Верой. Слова В. о романах Себастьяна дают нам ключ к этому приему:

> Но проблески его признаний о себе едва отличимы от мерцающих огоньков вымысла. А что еще более удивительно и непонятно: откуда у человека, пишущего о своих истинных чувствах, хватает сил одновременно лепить — из самого предмета своей печали — измышленный, слегка, может быть, даже комический образ? [Набоков 2014: 136].

Стейси Шифф пишет, что Гуаданини «имела репутацию коварной обольстительницы» [Шифф 2010: 133]. Доминик Десанти цитирует, как охарактеризовал отношения Набокова с Гуаданини Л. Л. Слоним: «Ирина Гуаданини — дикое, ослепляющее чувственное увлечение» [Desantis 1994: 36]. М. А. Алданов упоминает о ней как о «femme fatale, разбивательнице сердец» [Шифф 2010: 134]. В «Истинной жизни Себастьяна Найта» Пал Палыч Речной говорит о своей бывшей жене Нине: «...вы это все найдете в любом дешевом романчике: это же типаж, типаж» [Набоков 2014: 169]. «Мне, между прочим, часто думается, что ее просто никогда не было» [Набоков 2014: 170]. Пал Палыч изображает свою бывшую жену как реальную, обычную женщину, но роман Набокова преображает ее в магическое существо, способное на волшебные чары, которое таинственно связано со смертью Себастьяна.

Здесь и далее все цитаты из Бойда даны в переводе В. Полищук. — *Примеч. пер.*

Гудрич и его книги Питера Парли связаны множеством нитей с англоязычной литературой, в особенности с Натаниэлем Готорном и Джеймсом Джойсом — за счет их роли в начальном образовании того времени в Англии и Америке. Среди этих книг «Грамматика современной географии» — иллюстрированные рассказы об античной и современной Греции, Древнем Риме, Англии, Франции и Америке. Пятьдесят лет спустя после смерти Гудрича Джойс ссылается на эти книги; в «Портрете художника в юности» (1916) Стивен Дедал, несправедливо наказанный в школе Клонгоуз, размышляет о великих людях, которые претерпели незаслуженное наказание:

> И в истории, и в рассказах Питера Парли про Грецию и Рим было про этих людей и про их дела. Сам Питер Парли изображен на картинке на первой странице. <...> ...а Питер Парли в широкополой шляпе, как у протестантского пастора, с толстой палкой в руках быстро шагает по дороге в Грецию и в Рим [Джойс 2011: 58][7].

В своих «Воспоминаниях» Сэмюел Гудрич тоже вспоминает о том, как в школе его физически унизил учитель.

Помимо мощного вклада в образование, Гудрич был и влиятельным публицистом. Будучи издателем иллюстрированного ежегодника «Сувенир» («The Token») (1829–1840), он первым отметил и признал талант Готорна. Гудрич выделил великолепные наброски Готорна из потока анонимных рукописей, и в итоге Готорна стали регулярно публиковать в журнале, где впервые увидели свет многие из его «Историй, рассказанных дважды». Гудрич также издавал «Американский журнал полезных и занимательных сведений» и обеспечивал Готорну публикации в 1836 году. Создавая рассказы для журнала, Готорн нередко черпал материал из книг Питера Парли [Cohen 1948: 236–237].

---

[7]   Как история развития сознания писателя «Портрет» служит имплицитным подтекстом биографии Себастьяна, написанной В., даже если сам В. этого не осознает; то, как Набоков рисует Федора в «Даре», тоже являет собой портрет художника в юности и также имплицитно отсылает к роману Джойса. См. [Aronowicz 2002].

Набокову книги Парли, часть которых Гудрич адаптировал для британского читателя и издал в Лондоне, были важны по следующим причинам: они соединяют не только пропасть между Англией и Америкой, но и англо-русскую. Еще одна книга, которая, по выражению Долинина, стоит за «Воспоминаниями» Гудрича, — это «История приключения, или Сибирский охотник на соболей» (1844), где описывается семья польских изгнанников в Тобольске в эпоху правления Николая I. Семье удается «выстоять против сердечной слабости в трудный час» [Goodrich 1844: 12], как и семьям изгнанников Набокова и Себастьяна. В книге Гудрича, опубликованной за пять лет до несостоявшейся казни Достоевского, устроенной императором Николаем I, есть сверхъестественный пророческий эпизод — фальшивая казнь (имитация казни) графа Пинского, которая также совершается в Петербурге. Император Николай (весело) говорит внезапно воскресшему графу: «Я приказал расстрелять вас — но холостыми патронами» [Goodrich 1844: 169]. Эта история фальшивого воскресения добавляет американское и русское историческое измерение к линии Г. Эбсона в романе Себастьяна «Призматическая оправа».

Таким образом, Набоков отбирает библиографические единицы В., чтобы «навести мост над пропастью» не только между «мыслью и выражением», как В. говорит о писательстве Себастьяна [Набоков 2014: 104–105], но и между английской и американской, а также англо-американской и русской литературой — создав сеть потаенных взаимосвязей, более важных для Набокова, чем для кого-либо из его персонажей. В то время как Себастьян избегает русских отсылок, Набоков фильтрует свои через англоязычные источники[8]. Расплывчатость связей во многом затрудняет однозначное толкование отсылок; это еще одно проявление

---

[8] На книжной полке Себастьяна стоит книга Нормана Дугласа, который в 1894–1896 годах служил в Петербурге по дипломатической части, а также книга Г. Дж. Уэллса, который встречал Ленина (в 1920 году) и Сталина (в 1934 году). О связи Уэллса с Набоковым и его семьей и о его рассказах, включающих «галлюцинации поразительного восприятия», в том числе «Неопытном призраке» («The Inexperienced Ghost»), см. [Sisson 1995a: 535].

набоковской тщательно созданной неопределен
не столь заметно указывает на дальнейшие взаі
между англо-американскими текстами и историе
проанализированные выше. Эффект отсылок,
трудом поддающихся проверке, расходится в
охватывая целую эпоху.

Натаниэль Готорн

Роман, который начинается как биография Себ
превращается в автобиографию В., при этом п
является автобиографией Набокова, — Себастьян
менно и Набоков, и не Набоков. Как замечает М
обо всех формах набоковской автобиографии, оі
здает напряжение между вымыслом и реальнос
2002: 12]. Но, как мы уже видели, третий виток с
щает нас к набоковской биографии, несмотря
отрицание. Одна из функций третьего, более иі
вскрывается благодаря подтексту новеллы Нат
«Дочь Рапачини». Новелла построена на легенде с
и некоторые черты этого образа носит последня
Себастьяна, Нина Речная. Нина с самого начала
том расследования В., когда он, исполняя пред
Себастьяна, сжигает две пачки писем, одна из кот
Подобно Г. Эбсону, сбрасывающему маску в кулі
стьяновой «Призматической оправы», Нина сбр
череду масок: француженка мадам Лесерф на пс
ется русской Ниной Речной, в девичестве Нин
следующем витке спирали Готорн помогает нам
тературную маску и увидеть, что ее персонаж так
собой отсылку к парижской возлюбленной Набс
Ирине Гуаданини.

Брайан Бойд пишет, что «Набоков проецирова
стилизованное альтернативное продолжение с
прошлого». Но Бойд говорит, что, поскольку

То, что Себастьян станет жертвой такой колдуньи, предсказано его внезапным (временным) исчезновением в семнадцать лет — поездкой на восток с Алексеем Паном. Греческий бог Пан своей музыкой внушал внезапный страх одиноким путникам в пустынных местах, вызывал вдохновение, сексуальное влечение и панику; лучшим творением Алексея Пана был русский перевод стихотворения Китса «La Belle Dame sans Merci» («Прекрасная жестокосердная дама») [Набоков 2014: 48], в котором колдунья, Озерная дама, соблазняет рыцаря. Именно это Нина и проделывает с Найтом: после того как в 1935 году она наконец отвергает его, Себастьян превращается «в худую, скорбную, безмолвную фигуру» [Набоков 2014: 209], по словам Китса, в рыцаря, который «бродит бледен, одинок, печален, изможден», «навек порабощенный ее чарами» [Keats 1996][10]. Нина, русская сирена, «речная женщина» [Набоков 2014: 181][11], сама переводит Себастьяна, как Алексей Пан перевел стихотворение Китса, из Себастьянова английского мира обратно в его русский, который для него служит эквивалентом потустороннего.

Себастьян становится особенно податлив для колдовских чар после того, как ему диагностируют «болезнь Лемана». Альфред Георг Людвиг Леман (1858–1921) был датским психологом из Копенгагенского университета, автором трактата по оккультным наукам, озаглавленного «Aberglaube und Zauberei: von den ältesten Zeiten an bis die Gegenwart» («Суеверия и магия, от древних времен до наших дней»), в котором речь идет о магии, колдовстве, снах, спиритизме и цветном слухе [Lehmann 1898]. Таким образом, его фамилия намекает на сверхъестественный аспект болезни Себа-

---

[10] Подстрочный перевод В. Полищук.

[11] Стандартная английская конструкция «the Rechnoy woman» в сочетании с говорящей русской фамилией порождает двуязычный оборот, который буквально читается как «речная женщина, женщина реки», то есть русалка, сирена. В русском переводе Горянина — Мейлаха этот смысловой оттенок частично сохранен: «— Одну я повидал, — сказал я, — и с меня хватило. — Которую? — заходясь от смеха, спросила она. — Которую? Речную?» Интересно также, что в этом пассаже мадам Речная трижды восклицает «прелесть, прелесть» (в оригинале «charming, charming»), то есть нагнетаются слова со значением «чары, прельщение». — *Примеч. пер.*

стьяна; только после постановки точного диагноза в его жизни начинают возникать намеки на присутствие волшебного народца из нескольких национальных традиций. Себастьян возвращается от берлинского врача, чтобы встретиться с Клер на немецком приморском курорте, где обоим, независимо друг от друга, приходит в голову, что в буковой роще можно встретить «немецкого гнома» — его представляет себе Клер [Набоков 2014: 109] — или «эльфов», которых воображает Себастьян [Набоков 2014: 110]. С этого момента Себастьян становится одержим «острым ощущением смертности» [Набоков 2014: 126]. В., твердо отрицая, что у беспокойства Себастьяна могла быть сексуальная подоплека, предполагает, что «не удовлетворенный всем на свете, он мог быть не удовлетворен и какими-то оттенками своей любви» [Набоков 2014: 127]. Врач Себастьяна отправляет его в Блауберг, где тот впервые встречает Нину. В сцене обеда с В. в русском ресторане в Париже у Себастьяна на шее сзади фурункул, заклеенный розовым пластырем [Набоков 2014: 129], что намекает на физическое проявление его неверности Клер, аналогичное псориазу, который поразил Набокова из-за стресса, вызванного романом с Ириной Гуаданини [Boyd 1990: 434].

Персидская царевна

Хотя Нина наделена атрибутами русалки — «речной» фамилией и холодными руками, — но сама она называет иной источник своего колдовского могущества. У себя в загородном доме Нина говорит: «...стоит мне дотронуться до каких-нибудь цветов, кроме гвоздик и нарциссов, как они вянут. <...> Была когда-то персидская царевна вроде меня. Она сгубила весь дворцовый сад» [Набоков 2014: 191]. Начиная с главы четвертой мы задавались вопросом, что делает на книжной полке Себастьяна англо-персидский словарь [Набоков 2014: 61]; спустя пять глав мы узнали, что Клер в пору встречи с Себастьяном «<изучала> — кто бы мог подумать — восточные языки» [Набоков 2014: 103], и поэтому решили, будто словарь принадлежит ей. Но словарь ведет от английского

Гудрич и его книги Питера Парли связаны множеством нитей с англоязычной литературой, в особенности с Натаниэлем Готорном и Джеймсом Джойсом — за счет их роли в начальном образовании того времени в Англии и Америке. Среди этих книг «Грамматика современной географии» — иллюстрированные рассказы об античной и современной Греции, Древнем Риме, Англии, Франции и Америке. Пятьдесят лет спустя после смерти Гудрича Джойс ссылается на эти книги; в «Портрете художника в юности» (1916) Стивен Дедал, несправедливо наказанный в школе Клонгоуз, размышляет о великих людях, которые претерпели незаслуженное наказание:

> И в истории, и в рассказах Питера Парли про Грецию и Рим было про этих людей и про их дела. Сам Питер Парли изображен на картинке на первой странице. <...> ...а Питер Парли в широкополой шляпе, как у протестантского пастора, с толстой палкой в руках быстро шагает по дороге в Грецию и в Рим [Джойс 2011: 58][7].

В своих «Воспоминаниях» Сэмюел Гудрич тоже вспоминает о том, как в школе его физически унизил учитель.

Помимо мощного вклада в образование, Гудрич был и влиятельным публицистом. Будучи издателем иллюстрированного ежегодника «Сувенир» («The Token») (1829–1840), он первым отметил и признал талант Готорна. Гудрич выделил великолепные наброски Готорна из потока анонимных рукописей, и в итоге Готорна стали регулярно публиковать в журнале, где впервые увидели свет многие из его «Историй, рассказанных дважды». Гудрич также издавал «Американский журнал полезных и занимательных сведений» и обеспечивал Готорну публикации в 1836 году. Создавая рассказы для журнала, Готорн нередко черпал материал из книг Питера Парли [Cohen 1948: 236–237].

---

[7] Как история развития сознания писателя «Потрет» служит имплицитным подтекстом биографии Себастьяна, написанной В., даже если сам В. этого не осознает; то, как Набоков рисует Федора в «Даре», тоже являет собой портрет художника в юности и также имплицитно отсылает к роману Джойса. См. [Aronowicz 2002].

Набокову книги Парли, часть которых Гудрич адаптировал для британского читателя и издал в Лондоне, были важны по следующим причинам: они соединяют не только пропасть между Англией и Америкой, но и англо-русскую. Еще одна книга, которая, по выражению Долинина, стоит за «Воспоминаниями» Гудрича, — это «История приключения, или Сибирский охотник на соболей» (1844), где описывается семья польских изгнанников в Тобольске в эпоху правления Николая I. Семье удается «выстоять против сердечной слабости в трудный час» [Goodrich 1844: 12], как и семьям изгнанников Набокова и Себастьяна. В книге Гудрича, опубликованной за пять лет до несостоявшейся казни Достоевского, устроенной императором Николаем I, есть сверхъестественный пророческий эпизод — фальшивая казнь (имитация казни) графа Пинского, которая также совершается в Петербурге. Император Николай (весело) говорит внезапно воскресшему графу: «Я приказал расстрелять вас — но холостыми патронами» [Goodrich 1844: 169]. Эта история фальшивого воскресения добавляет американское и русское историческое измерение к линии Г. Эбсона в романе Себастьяна «Призматическая оправа».

Таким образом, Набоков отбирает библиографические единицы В., чтобы «навести мост над пропастью» не только между «мыслью и выражением», как В. говорит о писательстве Себастьяна [Набоков 2014: 104–105], но и между английской и американской, а также англо-американской и русской литературой — создав сеть потаенных взаимосвязей, более важных для Набокова, чем для кого-либо из его персонажей. В то время как Себастьян избегает русских отсылок, Набоков фильтрует свои через англоязычные источники[8]. Расплывчатость связей во многом затрудняет однозначное толкование отсылок; это еще одно проявление

---

[8] На книжной полке Себастьяна стоит книга Нормана Дугласа, который в 1894–1896 годах служил в Петербурге по дипломатической части, а также книга Г. Дж. Уэллса, который встречал Ленина (в 1920 году) и Сталина (в 1934 году). О связи Уэллса с Набоковым и его семьей и о его рассказах, включающих «галлюцинации поразительного восприятия», в том числе «Неопытном призраке» («The Inexperienced Ghost»), см. [Sisson 1995a: 535].

«исключает внешние отсылки <...>, Набоков мог затронуть свои личные темы: смену языка, похороны прошлого с Ириной Гуаданини» [Boyd 1990: 501][9]. Подтекст показывает, что Набоков облекает свою любовную связь в художественную форму ради единственного читателя, который, как он ожидал, может распознать его намерения, — ради жены. Как отмечает Маликова, облечение факта в художественную форму дает писателю власть над прошлым, памятью и читателями. С помощью отсылок к новеллам Готорна и легенде о смертоносной даме Набоков превращает Гуаданини в мифическое существо, чтобы объяснить свою страсть к ней, уменьшить свою вину и извиниться перед Верой. Слова В. о романах Себастьяна дают нам ключ к этому приему:

> Но проблески его признаний о себе едва отличимы от мерцающих огоньков вымысла. А что еще более удивительно и непонятно: откуда у человека, пишущего о своих истинных чувствах, хватает сил одновременно лепить — из самого предмета своей печали — измышленный, слегка, может быть, даже комический образ? [Набоков 2014: 136].

Стейси Шифф пишет, что Гуаданини «имела репутацию коварной обольстительницы» [Шифф 2010: 133]. Доминик Десанти цитирует, как охарактеризовал отношения Набокова с Гуаданини М. Л. Слоним: «Ирина Гуаданини — дикое, ослепляющее чувственное увлечение» [Desantis 1994: 36]. М. А. Алданов упоминает о ней как о «femme fatale, разбивательнице сердец» [Шифф 2010: 134]. В «Истинной жизни Себастьяна Найта» Пал Палыч Речной говорит о своей бывшей жене Нине: «...вы это все найдете в любом дешевом романчике: это же типаж, типаж» [Набоков 2014: 169]. «Мне, между прочим, часто думается, что ее просто никогда не было» [Набоков 2014: 170]. Пал Палыч изображает свою бывшую жену как реальную, обычную женщину, но роман Набокова преображает ее в магическое существо, способное на волшебные чары, которое таинственно связано со смертью Себастьяна.

---

[9] Здесь и далее все цитаты из Бойда даны в переводе В. Полищук. — *Примеч. пер.*

набоковской тщательно созданной неопределенности, которая не столь заметно указывает на дальнейшие взаимоотношения между англо-американскими текстами и историей, как отсылки, проанализированные выше. Эффект отсылок, все с бо́льшим трудом поддающихся проверке, расходится волнами вовне, охватывая целую эпоху.

Натаниэль Готорн

Роман, который начинается как биография Себастьяна Найта, превращается в автобиографию В., при этом подчеркнуто не является автобиографией Набокова, — Себастьян Найт одновременно и Набоков, и не Набоков. Как замечает Мария Маликова обо всех формах набоковской автобиографии, он тщательно создает напряжение между вымыслом и реальностью [Маликова 2002: 12]. Но, как мы уже видели, третий виток спирали возвращает нас к набоковской биографии, несмотря на изначальное отрицание. Одна из функций третьего, более истинного витка вскрывается благодаря подтексту новеллы Натаниэля Готорна «Дочь Рапачини». Новелла построена на легенде о ядовитой даме, и некоторые черты этого образа носит последняя возлюбленная Себастьяна, Нина Речная. Нина с самого начала является объектом расследования В., когда он, исполняя предсмертную волю Себастьяна, сжигает две пачки писем, одна из которых на русском. Подобно Г. Эбсону, сбрасывающему маску в кульминации Себастьяновой «Призматической оправы», Нина сбрасывает целую череду масок: француженка мадам Лесерф на поверку оказывается русской Ниной Речной, в девичестве Ниной Туровец. На следующем витке спирали Готорн помогает нам снять с нее литературную маску и увидеть, что ее персонаж также представляет собой отсылку к парижской возлюбленной Набокова — русской Ирине Гуаданини.

Брайан Бойд пишет, что «Набоков проецировал на Себастьяна стилизованное альтернативное продолжение своего недавнего прошлого». Но Бойд говорит, что, поскольку роман, похоже, к персидскому, без пути в обратную сторону (персидско-английского словаря на полке нет). Возможно, он потребуется Себастьяну, чтобы прокладывать путь вперед, в неведомое — в прерванное путешествие с Алексеем Паном, которое наконец воплощается в погоне Себастьяна за персидской царевной.

Нина как персидская царевна отсылает к топосу смертоносной дамы. Востоковед Николас Пензер, чье эссе о смертоносных дамах было впервые опубликовано в 1952 году, прослеживает корни легенды вплоть до «Secretum Secretorum», сборника, призванного собрать послания Аристотеля Александру Македонскому, который был переведен с арабского на латынь и иврит в XII и XIII веках соответственно и широко известен в эпоху Средневековья[12]. В наиболее известном варианте истории Аристотель предупреждает Александра:

> Помни, что случилось, когда царь индийский послал три богатых дара, и в их числе прекрасную деву, которую кормили ядом, пока она не сделалась подобием ядовитой змеи, и <...> если бы я не нашел достоверного доказательства, что она убьет тебя своими объятиями и по́том, она бы неминуемо убила тебя [Penzer 2002: 20].[13]

В некоторых версиях легенд о смертоносной ядовитой даме смертельно опасен даже единственный взгляд на нее; она способна убить поцелуем, укусом или дыханием. Пензер записывает персидский вариант легенды в «Бурцо-намех». В историях о смертоносном взгляде из-за ошибок в переводе возникает путаница между дамами, имевшими вместо глаз драгоценные камни («gemmam»), и теми, которые имели двойной зрачок («geminam») [Penzer 2002: 22, 29, 17 (note), 37–38].

---

[12] Н. М. Пензер в [Penzer 2002: 18–21] цитирует эту книгу — перевод «Океана сказаний» кашмирского поэта Сомадевы, выполненный Ч. Г. Тауни и изданный со вступлением, новыми пояснительными сносками и заключением. См.: Somadeva Bhatta, 11th century; trans. (Tawney, Charles Henry, ed. Penzer, Norman Mosley. London, Priv. Print. for subscribers only by C. J. Sawyer, 1924–1928, 10 vols., v. 5), 18–21.

[13] Пер. В. Полищук.

Нина наделена обоими атрибутами дамы, способной причинить вред своим взглядом, — и опасным драгоценным камнем, и необычными зрачками. Поскольку Нина сознает, что она — смертоносная ядовитая дама, то постоянно смотрит на рот В. и никогда — ему в глаза: «У нее была странная манера пристально на вас глядеть, но не в глаза, а ниже» [Набоков 2014: 179]. У нее необычные глаза: «странно бархатные глаза — раек чуть выше обычного» [Набоков 2014: 197]; и она предупреждает В. о «большом остром [сапфировом] кольце на среднем пальце» [Набоков 2014: 176, 178]. Все эти атрибуты ядовитой дамы могут преждевременно сгубить жертву, прежде чем красавица успеет ее соблазнить. То, что Нина — собирательный образ чувственно прельстительных сирен, объясняет панику, которую испытывает В., когда она хочет включить музыку:

> — Умоляю, только не это! — воскликнул я.
> — Вот как? — сказала она. — А я думала, музыка вас умиротворит [Набоков 2014: 182].

Итак, в числе источников колдовского очарования Нины — греческие (Пан), английские («Прекрасная дама» Китса), русские (русалка-наяда) и персидские, опосредованные Европой (ядовитая дама). Эти аллюзии добавляют новое измерение к характеристике, которую дал Нине муж, назвав ее обыкновенной кокеткой — таков набоковский вариант таинственной роковой женщины. Персидской темой объясняется упоминание жасмина, цветка ближневосточного происхождения, из которого добывают эфирное масло, используемое в парфюмерии[14]. Нектар некоторых видов жасмина ядовит, хотя сушеные корни растения применяются в медицинских целях как успокоительное. Цветок возникает в телефонном номере доктора Старова: «Жасмин 61–93» [Набоков 2014: 222] наряду с цифрами, составляющими год смерти Себастьяна, в котором шестерка переставлена с конца в начало. Персидское название жасмина, «yassaman», означает

---

[14] В «Память, говори» жасмин у Набокова ассоциируется с его первой любовью, Валентиной Шульгиной; мотив жасмина в дальнейшем ассоциируется с эротикой и в «Аде». См. [Meyer 2007].

«неувядаемый» или «вечно живой». Прикосновение Нины убивает цветы и представляет собой часть путешествия Себастьяна к смерти, но он, как и жасмин, будет вечно жить в своих книгах. После смерти в 1936 году он продолжает жить не только в своих пяти томах, но и перевоплощается в В., которому удается устоять перед русалочьими чарами Нины. Точно так же, как Г. Эбсон, в начале «Призматической оправы» мертвый, воскрешен как Носбэг к концу книги, последняя шестерка Себастьяна становится первой, обращая физическую смерть вспять.

Очень кстати для возникшей у Набокова потребности в англоязычной системе координат топос ядовитой дамы возникает и в американском источнике: Набоков заимствует кое-что у героини новеллы Готорна «Дочь Рапачини», чтобы охарактеризовать Нину, как продемонстрировано в неопубликованной диссертации Бретона Леон-Квика [Leone-Quick 1997].

«Дочь Рапачини»

В данной новелле Готорна прикосновение главной героини, Беатриче, как выясняется, смертоносно для цветов, — то же самое Нина говорит о себе в «Истинной жизни Себастьяна Найта». У Готорна юный Джованни Гуасконти приезжает в Падую учиться и снимает комнату, которая выходит в сад ботаника Рапачини. Джованни завораживает красота хозяйской дочери Беатриче. Друг ее отца, Бальони, профессор Падуанскогоуниверситета и соперник Рапачини в науке, предупреждает Джованни насчет Беатриче, рассказав ему сказку «об индийском принце, пославшем в дар Александру Македонскому прекрасную женщину. <...> Но что особенно отличало ее — это аромат ее дыхания, еще более упоительный, чем запах персидских роз» [Готорн 1965: 289]. Страстно увлеченный Беатриче, Джованни убеждается, что она постепенно отравляет его своим дыханием.

Напряжение в новелле возникает благодаря ореолу неопределенности, окружающему Беатриче: невинны ее чары или опасны? Джованни спрашивает себя: «Кто это существо? Прекрасная женщина или чудовище?» [Готорн 1965: 267]. Рассказчик лишь сообщает: «Обладала ли Беатриче ужасными свойствами, которые наблюдал Джованни, — смертоносным дыханием и таинственным сродством с прекрасными, но губительными цветами, — так или иначе, она отравила все его существо неуловимым, но жестоким ядом» [Готорн 1965: 270]. Джованни придумывает проверку, чтобы определить, не заразился ли и он ядовитостью от прекрасной девушки. Он выдыхает на паука, который ткал паутину в его комнате, и паук мгновенно умирает.

Точно такое же напряжение характеризует и отношения В. с Ниной. В. находит ее обольстительной и едва не повторяет путь Себастьяна, который был ею фатально увлечен. С точки зрения В., Нина — «капризная ветреница, порушающая жизнь глупца», тогда как утрата Клер приводит Себастьяна к упадку и смерти [Набоков 2014: 172]. Но все же после того, как ее волосы касаются его щеки, В. подумывает «с ней переспать» [Набоков 2014: 193]. Нина говорит о себе, что она «совсем не та заурядная женщина, какой он [Себастьян] ее считал, это абсолютно другой случай. Она о людях, о жизни и смерти знает капельку больше, чем он, по его убеждению, знал сам» [Набоков 2014: 184]. Что бы это ни было, оно позволяет ей ввести В. в искушение и заставить задуматься о любовной связи, которая, похоже, стала бы первой в его скучной жизни, и он мог бы пойти путем брата, если бы вовремя не вспомнил важную деталь из болтовни Пала Палыча о бывшей жене.

Когда Нина случайной фразой ненамеренно раскрывает свое опасное истинное лицо, В. тоже быстро придумывает проверку, в которой задействован паук, но в данном случае лишь на словах. Он говорит по-русски так, чтобы Нина услышала: «А у ней на шейке паук», — и когда она реагирует, схватившись за шею, то тем самым выдает фальшивость своей французской личины, с помощью которой манипулировала В. — эта личина скрывала ее русскую сущность.

У Готорна и у Набокова мужчины обнаруживают, что имеют дело с ядовитыми дамами, при помощи паука: Гуасконти — заразившись ядовитостью, а В. — едва не подпав под чары Нины, открыв ее подлинную сущность — рокового увлечения Себастьяна. Набоков подчеркивает образ паука, когда В. представляет, как говорит Нине: «вы <...> попались с поличным» [Набоков 2014: 199][15]. Здесь окончание сказок разнится: у Готорна Беатриче умирает от противоядия, которое составил Бальони и дал ей Джованни. В. находит противоядие для ее личины, но Нине явно удается уцелеть, и она будет жить, соблазняя следующие жертвы. Тем не менее и Джованни, и В. с успехом используют паука, чтобы освободиться от чувственных чар таинственной женщины, поработившей их.

Беатриче отождествляется с пышными, чувственными, но ядовитыми растениями в отцовском саду. Она «показалась ему сестрой этих растений, еще одним цветком этого сада, только принявшим человеческий облик, таким же прекрасным — нет, даже более прекрасным, чем самый роскошный из них, но цветком, приблизиться к которому можно было лишь с маской на лице, а прикоснуться — лишь рукой в перчатке» [Готорн 1965: 270]. Ее отец уподоблен тому, кто «находился среди враждебных ему существ, диких зверей, ядовитых змей или злых духов, которые, предоставь он им возможность, причинили бы ему непоправимое зло» [Готорн 1965: 269]. Работая в саду, он «защищал руки парой плотных перчаток». Нина описывает, как Себастьян «...придет à l'improviste, плюхнется на пуф, руки положит на набалдашник трости, даже перчаток не снимет» [Набоков 2014: 184]. Мотив перчаток вновь возникнет в связи с «Алой буквой»; в обоих произведениях Готорна и в романе Набокова перчатки служат защитой от смертоносных чувственных чар.

Роскошь жутковатого сада Рапачини, о котором рассказчик говорит: «клочок земли с такой пышной и ласкающей глаз растительностью», «великолепие [которой] казалось ему неистовым,

---

[15] В оригинале: «now you've spilled the curds and whey» [Nabokov 1992: 171]. Здесь скрыта отсылка к английскому детскому стишку про мисс Моффет и паука: «Little Miss Muffet / Sat on a tuffet / eating her curds and whey. / Along came a spider / and sat down beside her / and frightened Miss Moffet away». — «Малютка мисс Бумби / Сидела на тумбе, / Хлебала свою простоквашку. / Но выглянул вдруг / Свирепый паук / И спугнул нашу Бумби, бедняжку» (пер. О. А. Седаковой) [Mother Goose Rhymes 2002: 211].

чрезмерным и даже неестественным» [Готорн 1965: 272], представляет собой противоположность до странности тусклому саду при загородном доме Нины:

> Десятка два старых больших деревьев исполняли обязанности парка. С одной стороны подступали поля, с другой — увенчанный фабрикой холм. Все почему-то имело какой-то пыльный, усталый, обносившийся вид; потом, когда я узнал, что дому всего лет тридцать с небольшим, я еще более подивился его старообразности [Набоков 2014: 189].

Но связь с садом Рапачини подкрепляется названием фильма, в котором, по мнению В., возможно, снималась в эпизоде Нина, потому что Себастьян посмотрел его трижды, а В. один раз — «Зачарованный сад» [Набоков 2014: 210]. Фильм демонстрирует роскошь вымышленного заколдованного сада, а загородный дом Нины и его тусклый фон говорят о том, что колдовство Нины по своей природе иллюзорно.

За счет включения образа ядовитой дамы и его варианта, созданного в девятнадцатом веке в «Дочери Рапачини», Набоков мифологизирует хищную соблазнительность Гуаданини: он представляет Нину как вечную, универсальную, необоримую женскую силу, пробуждающую сексуальное желание в жертвах-мужчинах. Поскольку иначе мотивация печальной судьбы Себастьяна в сюжетной линии романа была бы неясна, Набоков подкрепляет ее мифологической и литературной основой, — метафорическую участь, которая поджидала бы его самого, если бы он не отверг Ирину.

Этому метафикциональному автобиографическому аспекту набоковского романа соответствует странное вступление Готорна к новелле «Дочь Рапачини» — с подзаголовком «Из сочинений Обепэна». На первых двух страницах Готорн знакомит читателя с вымышленным им французским писателем Обепэном («aubepine» по-французски означает «боярышник», как и фамилия самого Готорна) и приводит названия своих произведений, но на французском. Обепэна он характеризует с кокетливым самоумалением: «В целом он довольствуется тем, что лишь слегка обрисовывает внешнее, — создает лишь самую слабую иллюзию истинной жизни, — и стремится вызвать интерес какой-то менее очевидной особенностью своего предмета изображения» [Hawthorne 2005: 106].

Перечислив названия произведений на французском, Готорн продолжает:

> Наше несколько утомительное чтение этого поразительного перечня книг оставило после себя некоторую личную приязнь и симпатию, хотя никак не восхищение мсье де л'Обепэном; и мы будем рады сделать все, что в наших силах, дабы в лучшем свете представить его американской публике. Нижеследующая история — это перевод его «Беатриче, или прекрасной отравительницы» («Beatrice; ou la Belle Empoisonneuse») [Hawthorne 2005: 107].

Готорн изображает, будто знакомит американских читателей с Обепэном, на самом деле представляя им себя под маской французского писателя, которого он перевел на английский. Точно так же Набоков представляет себя англоязычному миру, переводя свою личность русского писателя на английский в «Себастьяне Найте» и маскируя личный опыт под художественный вымысел. У Готорна «оригинальное» французское заглавие «Дочери Рапачини» — «Беатриче, или Прекрасная отравительница»; новелла «Мастер красоты» на французском называется «L'Artiste du Beau; ou le Papillon Mécanique» («Мастер красоты, или Механическая бабочка»). В обоих случаях французские варианты заглавий раскрывают секрет новеллы, в отличие от английских.

Леона Токер — одна из немногих исследователей, кто рассматривал связь произведений Набокова и Готорна. Она отмечает множество родственных черт между Готорном и произведениями Набокова американского периода; одна из них — тема вины, которую Токер понимает как вину выжившего [Toker 1987: 347–349]. Однако отсылки Набокова всегда совершенно конкретны и точны; то, какие именно произведения Готорна, помимо «Дочери Рапачини», выбрал Набоков, определяет тема сексуальной вины или несправедливого обращения с возлюбленной: это рассказы, в которых речь идет о тайных прегрешениях мужчин и об их дурном обращении с женами и возлюбленными, и особенно это относится к роману Готорна «Алая буква» (1850) о супружеской измене. Рассказы образуют совокупный готорновский подтекст, включающий и «Дочь Рапачини», и четыре рассказа, написанных в промежутке с 1836 по 1844 год; все они, кроме одного, собраны в двух томах «Мхи из старого дома» (1846). Первый том включает рассказы «Молодой Браун» (1835)[16], «Черная вуаль пастора» (1836), «Родимое пятнышко» (1843) и «Дочь Рапачини» (1844). Во второй том входит «Эготизм, или Змея на груди» (1843). Вместе эти рассказы о сексуальных прегрешениях мужчины и его попытках скрыть их или избавиться от них, взятые в контексте оставления Себастьяном Клер ради Нины, показывают, что, ссылаясь на них, Набоков говорит о собственной измене Вере.

«Алая буква»

Отсылка к любому произведению Готорна приводит на память его роман «Алая буква». Роман Готорна с «Истинной жизнью Себастьяна Найта» связывают тема вины мужчины за прелюбодеяние, ассоциирующаяся с образом черной перчатки, и его попытки признаться в своем грехе. Гестер Принн носит нашитую на одежду букву «А»[17], обозначающую прелюбодеяние, ставшее очевидным после рождения ею дочери; она публично опозорена на плахе перед всеми горожанами, но вина преподобного Димсдейла в этом грехе так и остается тайной.

Священник так терзается тем, что не признался в прелюбодеянии, что чахнет и умирает: «Его нервы, несомненно, были совсем расшатаны, воля стала слаба, как у ребенка. Он был совершенно беспомощен, хотя рассудок его сохранял прежнюю силу, а возможно, и приобрел какую-то болезненную энергию, которую мог придать ему только недуг» (гл. 13. «Еще раз Гестер») [Готорн 1957: 144].

---

16 В оригинале новелла называется «Young Goodman Brown». — *Примеч. пер.*

17 «А» — *англ.* «adultery» («прелюбодеяние»). — *Примеч. пер.*

Физически его вина проявляется так: «Ему казалось, что весь мир смотрит на него не отрываясь и видит на его обнаженной груди прямо над сердцем алый знак. Действительно, в этом месте уже давно таилась грызущая боль, подтачивая своим ядом его здоровье» (гл. 12 «Пастор не спит») [Готорн 1957: 136]. Незадолго до смерти Димсдейл выходит из дому в полночь, терзаемый муками совести, и встает у позорного столба, намереваясь покаяться в своем грехе, но так и не решившись на это. На следующий день церковный сторож приносит преподобному черную перчатку: «Ее нашли утром <...> на помосте, где ставят преступников к позорному столбу. Наверно, сатана занес ее туда, намереваясь сыграть с вашим преподобием непристойную шутку. <...> Безгрешной руке незачем скрываться под перчаткой!» (гл. 12 «Пастор не спит») [Готорн 1957: 143]. В этом контексте ужас Себастьяновой «черной перчатки» и фальшивой руки во сне, который видит В., намекает не только на сверхъестественное возвращение Себастьяна, но и на вину самого Набокова [Набоков 2014: 214]. Необычайный образ из сна сочетает в себе черную перчатку из романа Готорна с крошечной алой рукой из «Родимого пятна», где мотив руки снова оказывается связан с виной мужчины перед женщиной.

«Родимое пятно»

В рассказе «Родимое пятно» алхимику Эйлмеру не дает покоя один изъян, который он находит в своей прекрасной и ангелоподобной жене Джорджиане: это алое родимое пятнышко в форме крошечной руки у нее на левой щеке. Он видит в родинке «символ того, что его супруга подвержена грехам, печалям, увяданию и смерти» [Hawthorne 2005: 90], и она соглашается, чтобы муж попробовал удалить пятнышко. Муж запирает Джорджиану и подвергает ее различным алхимическим процедурам, а ход лечения проверяет, давая ей цветок, который умирает от прикосновения Джорджианы. Наконец алхимик изготавливает эликсир, из-за которого родинка выцветает до едва заметного розового, но сама женщина умирает. Перед смертью она говорит

Эйлмеру: «Ты отверг лучшее, что могла предложить тебе земля» [Hawthorne 2005: 105]. Родинка, «призрачная ручка, напоминавшая о бренности» [Hawthorne 2005: 91], соединяет земную, смертную жизнь с небесной, и алхимику «не удалось обрести в настоящем идеальное будущее» [Hawthorne 2005: 105].

Руки и родинки связывают рассказ Готорна с романом Набокова. В «Себастьяне Найте» встречаются две призрачных руки; в обоих случаях они принадлежат Себастьяну: белая пишущая рука (правая), которую В. представляет, когда наведывается в квартиру покойного брата [Набоков 2014: 57], а в пару к ней — левая рука Себастьяна в черной перчатке, которая возникает в «на диво неприятном сне» В. [Набоков 2014: 214]. Когда Себастьян, расстегнув, снимает эту перчатку, «...из нее вываливается содержимое — лавина крошечных рук, вроде передних лапок мыши, сиренево-розовых и мягких» [Набоков 2014: 215].

Связь крошечных ручек с рассказом Готорна подкрепляется «крохотной бледной родинкой на бледной щеке» [Набоков 2014: 197] Нины, — В. замечает эту родинку, когда узнает Нину благодаря ее фразе о том, как она поцеловала мужчину, потому что он умел расписываться вверх тормашками. Эта родинка и открывает то, что мадам Лесерф — на самом деле роковая женщина, описанная Палом Палычем, и связывает ее с Себастьяном: у него была «родинка над просвечивающим пунцовым ухом» [Набоков 2014: 35]. Эти образы соединяют писательское бессмертие Себастьяна (белая рука — это его пишущая рука) с его физической смертью в сновидении В. — фальшивой рукой в черной перчатке. На личном уровне, адресованном Вере, черная перчатка, наполненная крошечными розовыми ручками, сочетает образ родинки в форме руки и черной перчатки преподобного Димсдейла: образ пугающий, потому что он говорит и о судьбе Себастьяна после того, как тот предпочел Нину Клер, и о супружеской измене самого Набокова. Этот образ указывает на то, что Набоков понимает: подобно Эйлмеру, ему и самому Себастьяну не удалось по достоинству оценить лучшее, что могла даровать земля.

В «Родимом пятне» Готорн описывает эксперименты алхимика Эйлмера: «Его сверкающие бриллианты были лишь простой галькой <...> в сравнении с бесценными самоцветами, скрытыми от него и недостижимыми» [Hawthorne 2005: 99]. Такую же метафору использует и Набоков, но переворачивает ее. Пробудившись, В. пишет: «Я знаю — простая галька, оставшаяся на ладони после того, как рука, нырнув в воду по плечо, ухватила сиявший на бледном песке драгоценный камень, и есть тот желанный самоцвет, хоть он и превратился в гальку, обсохнув на солнце повседневности» [Набоков 2014: 216]. Эйлмер в поисках совершенства для своей жены идет неверным путем; Набоков косвенно заявляет, что совершенство находится рядом с ним.

«Молодой Браун» и «Эготизм, или Змея в груди»

Есть и другие детали, которые связывают рассказы Готорна с потаенным покаянием Набокова перед Верой: герой рассказа «Молодой Браун» отправляется ночью в лесную чащу, покинув новобрачную Веру[18], умоляющую его остаться. «Бедная моя Вера! — подумал он, и сердце у него дрогнуло. — Не злодей ли я, что покидаю ее ради такого дела?» [Готорн 2001: 423]. Слова эти как нельзя лучше подходят к поездке Набокова в Париж. В рассказе Готорна описывается, как молодой Браун терзается из-за того, что утратил веру вследствие собственного отчуждения — и не только от жены, но и от религии; отсылка Набокова к его собственной неверности также говорит о том, что он некрепок в вере.

Еще один рассказ Готорна, повлиявший на «Истинную жизнь Себастьяна Найта», — это «Эготизм, или Змея в груди». Его главный герой, безумец Родерик Эллистон, некогда «блестящий молодой человек», бросил жену, потому что стал одержим змеей (своим грехом) в своей груди и в груди окружающих — ему мерещится, что и у других людей в груди змеи. Через четыре года разлуки жена приезжает из Англии в Америку, чтобы отыскать его; при виде ее змея покидает Родерика, и он восклицает: «Прости меня! Прости!»

---

[18] В оригинале имя героини — Faith, *букв.* «вера». — *Примеч. пер.*

Жена отвечает: «Эта змея была лишь мрачным видением. <...> Хоть прошлое и кажется нам мрачным, оно не может омрачить грядущее. <...> мы должны думать о нем, помня, что это лишь эпизод в нашей вечной жизни» [Hawthorne 2003: 224]. Благодаря прощению жены Родерик избавляется от змеи. Себастьян пишет: «У меня оскомина <...> от узора покинутой мной, подобно змее, выползины» [Набоков 2014: 211]; он хочет вернуться к «обычному и очевидному» и просит В. сжечь пачку писем, которые, как мы позже понимаем, были письмами Нины. Выбираясь из выползины своей змеиной кожи — супружеской измены и своих переживаний о ней, — Набоков, возможно, и вернул себе прежнюю «обычную» жизнь и укрепил свою «блистательность», что не удается Родерику.

За счет отсылки к «Эготизму» Набоков и признает природу своей вины, и выражает Вере благодарность за то, что она, простив, тем самым спасла его и исцелила семью, чтобы жить вместе долго и счастливо. «Истинная жизнь Себастьяна Найта» — это воображаемый вариант неизбранной дороги: к концу романа Себастьян мертв, а Клер «подстерегала смерть от кровотечения у пустой колыбели» [Набоков 2014: 123]. Яркие, пронзительные образы руки, сброшенной змеиной кожи и гибели Клер передают весь ужас Набокова при мысли о том, что он мог покинуть и тем самым погубить жену и двухлетнего сына.

Применение Набоковым мифологического образа ядовитой дамы выставляет Нину в виде агрессора, мифической разрушительницы мужчины посредством похоти, смертоносной силы, которая уводит Себастьяна от духовной союзницы, подруги и музы. Позже Набоков, возможно, заметил, что, представив смерть Себастьяна как гибель от колдовских чар, он попытался снять с себя ответственность за измену. Это просматривается в «Лолите», где он выбирает темой тот же ход: Гумберт винит в своей одержимости «смертоносного маленького демона в облике нимфетки». В довершение аналогии Гумберт, подстраиваясь под новых американских читателей и говоря, что очарован «Аннабел Ли», строит свое признание-исповедь на стихотворении Эдгара Аллана По.

Готорновский подтекст «Истинной жизни Себастьяна Найта» прочерчивает путь от тайного греха через признание к прощению, шаг за шагом показывая, как развивалось увлечение Набокова и его извинения перед Верой. Знание биографии Набокова предоставляет нам доступ к другой, еще более истинной и подлинной жизни — скорее автора, чем главного героя, но и она не абсолютно определенна. Мы двигаемся от художественного вымысла к биографии и обратно по широкой петле спирали к вымыслу. Связь темы и образа, которую Набоков устанавливает между этими историями, заставляет нас читать Готорна глазами Набокова, тем самым вызывая своего рода манию упоминания, которая охватывает набоковских читателей: мы начинаем видеть следы повсюду.

И если первый комплекс подтекстов довольно конкретен, расследование приводит нас к дальнейшим перекличкам, которые менее прямолинейны. В другом рассказе Готорна из сборника «Мхи старого дома» — «Мастер красоты» (1844) — часовщик создает чудесную механическую бабочку, которая со временем предстает как символ красоты:

> Ловля бабочек была как бы символом его погони за неким идеалом, погони, на которую он убил столько драгоценных часов. Но вот поймает ли он когда-нибудь свою прекрасную мечту, как удавалось поймать ее эмблему — бабочку? Что говорить, эти дни были чудесны и услаждали мастера. Они изобиловали блистательными замыслами, и те сверкали в его душе наподобие бабочек в воздухе, и ему казалось, что он уже воплотил их в реальность, воплотил без труда и сомнений и множества разочарований, неизменно сопутствующих попыткам показать идею обыкновенному человеческому глазу [Готорн 1982: 282].

Его работа коренится в любви «к прекрасному, свойствен<ной> и поэту, и живописцу, и ваятелю, столь же чуждой низменной полезности, сколь чуждо этой последней любое искусство» [Готорн 1982: 276]. Однако мастеру постоянно препятствует «грубый мир», который не ценит его искусство, и мастер пристращается к выпивке. Его спасает появление бабочки:

Как тут было не подумать, что пестрая бабочка, подобно посланнице нездешних стран впорхнувшая в комнату, где Оуэн сидел за столом с беспутными собутыльниками, была и впрямь отправлена к нему, дабы воротить к возвышенно-чистой жизни, наложившей на него печать беспримерной духовности. Как было не подумать, что он непрестанно ищет эту посланницу в ее солнечном жилище, ибо, по рассказам, мастер все лето гонялся за бабочками, и стоило летунье присесть — подкрадывался к ней и подолгу созерцал. И когда она взлетала, провожал ее глазами, словно воздушный путь крылатого создания указывал дорогу в небеса [Готорн 1982: 286].

Что касается его ремесла часовщика, мастер «то ли забывал, то ли пренебрежительно отвергал главную цель этого дела и так нерадиво относился к измерению времени, точно оно растворялось в вечности» [Готорн 1982: 277].

Бабочки Готорна и антиутилитарных радостей, разумеется, недостаточно, чтобы провести какие бы то ни было параллели с произведениями Набокова. Но часовщик напоминает нам о ключевом моменте в эпизоде, где В. раскрыл обман Нины: успех его разоблачения зависел от едва обрисованной фигуры безымянного русского гостя за обедом:

На веранде стоял стол и несколько стульев. За столом сидел давешний светловолосый молчун и исследовал механизм своих часов. Садясь, я неловко задел его локоть, и он уронил какой-то винтик.

— Бога ради, — сказал он по-русски в ответ на мои извинения [Набоков 2014: 198].

Почему этот персонаж чинит часы? Почему он говорит «Бога ради», выбирая именно эту формулировку вместо других вариантов вежливого извинения[19]? Вероятная связь с «Мастером красоты» на эти вопросы ответа не дает, но заставляет нас подметить эти детали. Случайны ли они? Служат ли частью готор-

---

[19] В оригинале Набоков снова обращается к своему излюбленному приему: дает транслитерированную русскую фразу и ее английский перевод в скобках: «"Boga radi", he said (don't mention it)». — *Примеч. пер.*

новской системы? Получится ли у нас это узнать? Таким образом, набоковское сложное и продуманное наслаивание и переплетение подтекстов ведет вовне, во вселенную неопределенных источников, выводя читателя из состояния уверенности и погружая во всевозрастающую непознаваемость. Набоков не может ссылаться на все произведения какого-то автора или эпохи, но может отправить читателя изучать их, заново снарядив его комплектом образов и тем.

Работая над своим первым англоязычным романом, Набоков еще не ведал о том, куда отправит его новая судьба в англоязычном мире — в Англию или в Соединенные Штаты. Оценивая две литературные традиции, он ссылается именно на их основателей, Шекспира и Готорна, и на двусмысленных призраков, которых те вызывают.

Генри Джеймс

В 1879 году Генри Джеймс назвал Готорна самым достойным образцом американского гения, «самым прекрасным и выдающимся представителем литературы» [Norman 2005]. Джеймс оплакивал смерть Готорна в 1864 году, а шестнадцать лет спустя написал его биографию [Lustig 1994: 50]. Связь литературной родословной Джеймса с Готорном особенно явно проступает в их размышлениях о том, как включить сверхъестественное в реалистическую историю; Джеймс писал, что «хорошая история с привидениями должна быть связана сотней нитей с обыденными явлениями жизни»[20]. Рассказчица Джеймса в новелле «Так уж получилось» (1896) воспринимает опыт встречи с привидением как «редкостное продление бытия». Сам Джеймс в позднем эссе «Есть ли жизнь после смерти?» (1910) говорит о материи как о «простой оболочке» духа [James 1910: 231]. Он не столько верит в загробную жизнь, сколько желает ее, питая «надежду на благоприятное», которая дает ему «великолепную иллюзию», будто он

---

[20] Цит. по: [Lustig 1994: 1].

«что-то предпринимает для своей собственной возможности
бессмертия» [James 1910: 232]. Далее Джеймс пишет:

> И как только зарождается и укрепляется подобное умственное
> настроение к этому вопросу, кто сумеет сказать, над какими
> областями опыта, прошлого и нынешнего, и над какими неохват-
> ными просторами восприятия и стремления оно, это настроение,
> не раскинет свои крылья? Нет, нет, нет — я достигаю дальше
> лабораторного мозга [James 1910: 233].

Размышления Джеймса перекликаются с «оптимистицизмом»
Набокова. Хотя рассказчик в «Сестрах Вэйн» называет разговоры
Синтии о неустойчивых аурах «джеймсовыми отступлениями»[21],
в «Себастьяне Найте» Набоков использует некоторые из рассказов Джеймса о привидениях. Уилл Норман показал, как «Набоков
использовал самого знаменитого автора рассказов о привидениях в своем первом английском романе», и раскрыл значимость
двух рассказов Джеймса для «Истинной жизни Себастьяна
Найта». В «Подлинных образцах» тень автора отговаривает молодого биографа от написания его биографии [Norman 2005].
В «Письмах Асперна» также звучит тема призраков. Рассказчик,
в поисках любовных писем любимого поэта, под фальшивым
именем снимает жилище в венецианском палаццо былой возлюбленной поэта, теперь уже немолодой, и пытается оправдаться
перед собой за собственный обман: «Я вызвал его [Асперна] из
небытия, и он явился; я беспрестанно видел его перед собой,
казалось, его лучезарная тень вновь сошла на землю заверить
меня в том, что мое предприятие он считает в равной мере и своим
и что мы вкупе и влюбе доведем его до благополучного конца»
[Джеймс 1983: 340][22].

В рассказе Джеймса «Фигура на ковре», сходство которого
с «Истинной жизнью Себастьяна Найта» в данном контексте
отмечает Нил Корнуэлл, умерший уносит с собой в могилу предмет яростных поисков рассказчика — ключ к его искусству;

---

21 Набоков В. В. Сестры Вэйн / Пер. С. Б. Ильина [Набоков 1997–1999, 3: 281].

22 Пер. Е. Д. Калашниковой.

уносит прежде, чем ищущий успевает его заполучить[23]. В другом месте Корнуэлл пишет о том, как связан с Набоковым «Поворот винта», туманная и таинственная история об одержимости духами, указывая, что Набокова и Джеймса «объединяли интерес к возможностям обоюдной коммуникации с мертвыми и феномен "призрачности"» [Cornwell 2002: 100–101].

Как и в случае с рассказами Готорна, Набоков отсылает к комплексу рассказов Джеймса, которые в разной мере связаны с «Себастьяном Найтом». «Веселый уголок» (1908), еще один из числа рассказов о привидениях, — это история о двойнике, тема которой не лишена сходства с «Себастьяном Найтом». После тридцати трех лет отсутствия Спенсер Брайдон возвращается из Европы в свой любимый нью-йоркский дом детства (название рассказа относится к дому) и спрашивает себя,

> <...> чем он сам лично мог бы здесь стать, какую бы вел жизнь и что бы из него вышло, если б он не бросил все в самом начале. И, признаваясь впервые в своей поглощенности этими нелепыми рассуждениями <...>, он тем самым подтверждал свою неспособность заинтересоваться чем-либо другим, ответить на призыв какой-либо объективной реальности.
> — Что она, эта здешняя жизнь, сделала бы из меня, что она сделала бы из меня? — твержу я все время по-идиотски. Как будто это можно знать! Я вижу, что она сделала с десятками людей, с которыми я встречаюсь, и что-то прямо болит у меня внутри, прямо нестерпимо меня мучит при мысли, что из меня тоже могли что-то сделать. Только я не знаю что, и тревога и маленькая ярость от любопытства, которое ничем нельзя утишить, опять приводят мне на память то, что я испытал раз или два, когда решал — по разным причинам — сжечь важное письмо нераспечатанным. Как я потом жалел, как ненавидел себя — да, и я так никогда и не узнал, что было в письме [Джеймс 1983: 637][24].

---

[23] «"Ultima Thule" можно считать набоковским аналогом "Фигуры на ковре" Генри Джеймса. В традиции "Себастьяна Найта", она подвергает читателя танталовым мукам жизненно важного, но так и не раскрытого секрета» [Cornwell 2005: 165].

[24] Пер. О. П. Холмской.

То, что в рассказе Джеймса лишь уподобление, для В. становится мотивацией всего его пути; весь роман он пытается выяснить, что было в письмах, сожженных им в самом начале. Что касается исходного допущения Джеймса — неизбранной дороги, — то оно косвенным образом поднимает мучительный вопрос: как сложились бы жизнь и творчество Набокова, получись у него остаться в России?

Спенсер Брайдон навещает опустевший дом ночью, пытаясь магическими способами вызвать своего двойника. Когда ему это наконец удается, он видит, что у привидения недостает двух пальцев:

> ...Ибо он мог только дивиться на свое другое «я» в его новой позиции. <...> Разве не были доказательством эти великолепные руки, закрывающие лицо, сильные и плотно к лицу прижатые? Так решительно и так плотно прижатые, что, несмотря даже на одну особую истину, одну маленькую реальность, погашающую все остальное, — именно на тот факт, что на одной из этих рук не хватало двух пальцев, как бы случайно отстреленных и тем сведенных всего лишь к коротеньким обрубкам, — несмотря даже на это, лицо было все же надежно укрыто и спасено [Джеймс 1983: 625].

Существование двойника затем подтверждается: Алиса, возлюбленная Брайдона, тоже видела его, и упоминает красноречивую деталь:

> А его бедная правая рука!..
> — Ах! — Брайдона передернуло — то ли из-за доказанного теперь их тождества, то ли от сокрушенья о потерянных пальцах [Джеймс 1983: 671].

Темы сомнения в существовании двойника и объективного подтверждения сверхъестественному явлению возникают в романе Набокова; такая подробность, как увечная рука привидения, приводит на ум сон В. и увечную руку Себастьяна. Оба видения указывают на каким-то образом усеченную жизнь.

Связь между этими двумя текстами просматривается не так явно, как между другими, но тем не менее она заставляет задуматься. Она дополняет совокупность историй Джеймса о появлении призраков в гуще обыденной жизни — дополняет в стиле, намеренно отличающемся от Эдгара Аллана По, который сохраняет близость к европейской готике. Веселый уголок в деловой части Нью-Йорка — это не дом Ашеров.

Зачарованность Джеймса призраками развилась в беседах с его братом Уильямом Джеймсом, а также близким другом Уильяма Фредериком Майерсом и другими членами Общества психических исследований, особенно с Эндрю Лангом, автором «Книги снов и привидений» (1897), и Чарльзом Кингсли, — оба они косвенно упоминаются в «Бледном пламени». Об этих исследователях потустороннего будет подробно рассказано в следующей главе. Набоковские отсылки к ним отражают развитие мистического жанра от европейской к американской литературе. В то же время они подчеркивают призрачное содержимое «Истинной жизни Себастьяна Найта» и подводят к главному вопросу романа, заданному еще Генри Джеймсом: «Есть ли жизнь после смерти?» Роман Набокова дает свой ответ на вопрос, волновавший всех писателей, к которым он отсылает.

Луи Менан называет «Улисса» Джойса «своего рода трехмерным кроссвордом-головоломкой. Вам иногда нужна помощь с определениями, но все фрагменты встают на свои места» [Menand 2016]. В четырехмерном романе Набокова не каждый фрагмент можно заставить аккуратно встать на место, поскольку каждый фрагмент определяется множеством различных способов. Подтексты точно определяют набор тем, национальных литератур и языков, задействованных в романе, выстраивая в его вселенной множественные измерения, но акцент в подтекстах смещается с обнаружением каждой новой отсылки. Чем больше их изучаешь, тем точнее и в то же время туманнее становится их присутствие и смысл. Лепидоптеролог может анатомировать внутренние органы бабочки, чтобы точно установить ее подвид, но может лишь строить гипотезы о том, какое историческое развитие привело к их формированию, не говоря о том, кто мог быть их Творцом.

Часть III

ЖИЗНЬ / СМЕРТЬ[1]

---

¹ Ранний вариант раздела первого этой части, «Спиритизм: из Америки в Россию», был опубликован под заголовком: Anglophonia and Optimysticism: *Sebastian Knight*'s Bookshelves // Russian Literature and the West: A Tribute for David M. Bethea / Ed. by A. Dolinin, L. Fleishman, L. Livak. Stanford Slavic Studies. 2008. Vol. 36. Part II. Stanford: Stanford UP, 2008. P. 212–226.
Ранний вариант раздела второго, «"Лолита" и "Бледное пламя": Долорес Гейз, Гэзель Шейд», был опубликован под заголовком: Nabokov and the Spirits: Dolorous Haze — Hazel Shade // Nabokov's World / Ed. by J. Grayson, P. Meyer, and A. McMillin. Vol. 1. P. 88–103. London: Palgrave, 2002. Воспроизводится с разрешения «Palgrave Macmillan».

Глава 4

Непознаваемое

Вы нас уверили, поэты,
Что тени легкою толпой
От берегов холодной Леты
Слетаются на брег земной.

А. С. Пушкин, 1826

Спиритизм: из Америки в Россию

Как показал Дон Бартон Джонсон, Набоков интересовался сверхъестественным всю свою жизнь[2], но «Истинная жизнь Себастьяна Найта» была далеко не сразу воспринята как история о призраке Себастьяна. Четверть века спустя Набоков сделал вмешательство духов дорогих ушедших в повседневный мир одной из центральных тем «Бледного пламени».

Спиритизм «Бледного пламени» контрастирует с предыдущим романом Набокова, «Лолитой», который отчетливо укоренен в обыденности реалистически воссозданной Америки 1950-х годов. Точно так же, как ранее Набоков составил пару из «Отчаяния» и «Себастьяна Найта» (см. главу первую), он выстраивает диалог между «Лолитой» и «Бледным пламенем», чтобы обсудить с самим собой, как душе удается уцелеть после смерти тела. Две пары романов выстроены следующим образом: тезис — материальное существование; антитезис — художественное и духовное измерение; синтез — интеграция двух состояний бытия.

---

[2] Дон Бартон Джонсон пишет, что «больше чем в половине рассказов Набокова, написанных до 1925 года, напрямую говорится о сверхъестественном» [Johnson 2002: 86].

Обе пары романов указывают на возможный синтез материального и духовного, который Набоков комически обыгрывает в «Сестрах Вэйн» и более серьезно — в «Бледном пламени». В «Истинной жизни Себастьяна Найта» обыденное и духовное становятся последовательными раскрытиями одного и того же нарратива, причем незаметно переплетаются. В «Бледном пламени» обсуждение распадается на два отдельных нарратива: Шейд и Кинбот по-разному смотрят на существование Бога и загробной жизни, и лишь читатель осознает присутствие духов умерших близких Шейда. «Истинная жизнь Себастьяна Найта» — ключ к пониманию того, как Набоков структурирует свои произведения вокруг темы спиритизма.

На протяжении всей своей творческой жизни Набоков и проявляет, и в то же время скрывает свой интерес к мистицизму, вживляя само это слово в тексты как напрямую, так и в замаскированной форме. В трех романах и одном рассказе, «Сестрах Вэйн», персонажи Набокова произносят слово «мистический». В каждом из романов это слово и присутствует, и отсутствует: в «Отчаянии» «забытая палка» («missed stick») — это фатальный промах в плане убийства, составленном Германом; само отчаяние Германа возникает вследствие комбинации: он и слеп к реальности, и отвергает трансцендентное. В «Истинной жизни Себастьяна Найта» набоковский неологизм «оптимистицизм» возникает при двойном отстранении от автора: это цитата, приведенная В. из «Двусмысленного асфоделя», романа Себастьяна, к тому же приписываемая до сих пор не идентифицированному «декану Парку»; она обозначает оптимистичную, хотя и колеблемую сомнениями веру в то, что душа способна пережить смерть тела и каким-то образом общаться с живыми[3]. Роман строится на этой надежде — надежде на то, что самая истинная и подлинная жизнь Себастьяна Найта продолжится в потустороннем мире, а не только в его книгах, навечно связывающих его с земным миром.

В «Сестрах Вэйн» излагается история американского спиритизма в форме описания известных случаев, когда сверхъесте-

___

3   Жерар де Врис предполагает, что декан Парк, возможно, является отсылкой к Джону Донну [de Vries 2016: 164].

ственные явления на поверку оказывались шарлатанством, — и все это в скептическом изложении рассказчика. Он использует эти рациональные объяснения на первый взгляд потусторонних явлений, чтобы преодолеть собственные страхи перед призраком Синтии Вэйн. Но в последнем абзаце рассказа читатель видит активную попытку покойных сестер связаться с земным миром — она принимает форму акростиха; Набоков показывает мистическое измерение в игровой манере и тем самым, явив яркое присутствие сестер Вэйн в земном мире, опровергает неверие несимпатичного рассказчика. Неоднозначное «да / нет», представленное диалогами между двумя парами романов («Отчаяние» / «Себастьян Найт» и «Лолита» / «Бледное пламя»), здесь объединено в одном рассказе.

Этот тематический и лингвистический контекст позволяет говорить о том, что примечание Чарльза Кинбота в «Бледном пламени», где он комментирует слово «мускат» в поэме Шейда «Священное дерево», скрывает аллюзию на древнегреческий корень слова «мистицизм» — «mus». Кинбот пишет: «...но во второй строке наличествует игра в кошки-мышки» [Набоков 1997–1999, 3: 361][4]. Его примечание можно прочитать как прямую аллюзию на англосаксонские корни («mus» — «mouse» (мышь), «catt» — «cat» (кошка)), которая вписывается в кинботовскую систему северных культурных и лингвистических отсылок. Однако в древнегреческом «mus» также означает «скрывать» и служит корнем слова «мистический» («mystical»), и эта тема замаскирована *набоковской* игрой в кошки-мышки, игрой во множество языковых и текстовых слоев, о которой нас и предупреждает более, чем обычно, капризное примечание Кинбота. Лингвистический контекст «Бледного пламени» подчеркивает напряжение между англосаксонским и славянским, ключевое для мира Набокова, настолько, что сам древнегреческий источник оказывается скрыт. Союз мистического и игры в кошки-мышки представлен чеширской голубой кошкой, принадлежащей бывшему кембриджскому преподавателю Себастьяна, в которой, возможно, дух Себастьяна нашел временное пристанище.

---

[4] Набоков В. В. Бледное пламя / Пер. С. Б. Ильина, А. В. Глебовской.

С тех пор как в 1979 году Вера Набокова определила потусторонность как набоковский «водяной знак» [Набокова 1979], много анализировалось проявление потусторонности в текстах Набокова, особенно В. Е. Александровым, который пишет, что у него была «интуиция к трансцендентной области» [Alexandrov 1991: 3] и он называл человеческую жизнь «всего лишь первым воплощением серий возрождения души». Набоков верил в «сохранность индивидуального секрета вопреки истлеванию плоти»[5]. В своих произведениях Набоков намекает, что доступ к трансцендентной области, возможно, обеспечивают духи, которые появляются в неожиданных формах в качестве посланцев из иного мира. Хотя Набоков и потешается над спиритическими сеансами, он допускает, что духи способны связываться с теми из живых, кто им дорог.

В своих личных заметках Набоков размышляет о существовании загробного мира. В дневнике за 1951 год он пишет: «Потусторонний мир получает прекрасное доказательство в последовательности: 1. Время без сознания. 2. Время с сознанием. 3. Сознание без Времени»[6]. Шесть лет спустя, в первой каталожной карточке, относящейся к «Бледному пламени», Набоков явно впопыхах нацарапал карандашную заметку самому себе, которую даже не исправлял:

> Чудесный пункт в доказательство того, что какая-то потусторонность существует: когда сознание как детскую нелепицу отвергает парадиз с ангелами-музыкантами или абстрактными колоннадами, где Гораций и Мильтон в тогах прогуливаются и беседуют в вечных сумерках, или растянутые до бесконечности блаженства восточной или какой иной вечности — например той, где есть дьяволы и дикобразы, — мы забываем, что, если бы смогли вообразить жизнь до жизни, она показалась бы еще неправдоподобнее всех вариантов загробной жизни[7].

---

[5] Набоков В. В. Искусство литературы и здравый смысл / Пер. Г. М. Дашевского [Набоков 2010: 498–499].

[6] Набоков. Запись в дневнике за 16 февраля 1951 года. Архив Владимира Набокова, Монтрё. Цит. по: [Raguet-Bouvart 1995: 27].

[7] Набоков В. В. Библиотека Конгресса, отдел рукописей, коллекция Владимира Набокова. *Pale Fire*, первая черновая карточка. Цит. по: [Meyer, Hoffman 1997: 219].

Эти мысли и образы Набоков передает Джону Шейду, который исследует потусторонность в поисках своей умершей дочери Гэзель[8]. Судя по всему, в своей поэме Шейд разделяет оптимизм Набокова:

> Так впору ли, со смехом низкопробным,
> Глумиться над незнаемым загробным:
> Над стоном лир, беседой неспешливой
> С Сократом или Прустом под оливой,
> Над серафимом розовокрылатым,
> Турецкой сластью и фламандским адом?
> Не то беда, что слишком страшен сон,
> А то, что он уж слишком приземлен:
> Не претворить нам мира неземного
> В картинку помудреней домового
> [Набоков 1997–1999, 3: 317][9].

---

[8]   Имя дочери Шейда, Hazel, Гейзель, и графически, и фонетически рифмуется со словом «haze» — «дымка», а также с фамилией Долорес Гейз (Haze), однако в переводе С. Б. Ильина и А. В. Глебовской предложено написание Гэзель. — *Примеч. пер.*

[9]   В русском переводе исчезли те самые «дикобразы», которые объединяют дневниковую запись Набокова и поэму Шейда: «And Flemish hells with porcupines and things?» Буквально: «Фламандские ады с дикобразами и другими тварями». Последняя строка «...for the most / We can think up is a domestic ghost» буквально переводится: «Самое большее, что мы можем придумать, — это домашнее привидение». В контексте набоковского спиритизма замена оригинального «привидения» на «домового» представляется существенной смысловой потерей. Приведем оригинал этой строфы:

> Why
> Scorn a hereafter none can verify:
> The Turk's delight, the future lyres, the talks
> With Socrates and Proust in cypress walks,
> The seraph with his six flamingo wings,
> And Flemish hells with porcupines and things?
> It isn't that we dream too wild a dream:
> The trouble is we do not make it seem
> Sufficiently unlikely; for the most
> We can think up is a domestic ghost.

Однако Шейд не воспринимает «домашнее привидение», когда с ним пытается пообщаться призрак тетушки Мод; он также ошибается, когда отчаивается в возможности пообщаться с духом Гэзель:

> Я знал — уж ничего не будет: в ночь
> Не отстучит дощечками сухими
> Забредший дух ее родное имя...
> [Набоков 1997–1999, 3: 330].

В «Бледном пламени» Набоков, возможно, соглашается с Шейдом, отвергая доску для спиритических сеансов и самозваных медиумов-шарлатанов, но не отрицает возможности контакта с духами. Тетушка Мод пытается вступить в контакт с Гэзель, появляясь в виде светового пятна и предупреждая, чтобы сам Шейд не шел к судье Голсуорту, а непосредственно перед убийством Шейда в доме судьи поэта пытается предупредить об опасности бабочка ванесса аталанта, в которой воплотился дух дорогих ему умерших (или умершей).

Интерес Набокова к феномену спиритизма очевиден и в «Истинной жизни Себастьяна Найта». Сердечное заболевание, которое уносит жизнь Себастьяна, «болезнь Лемана», отсылает к паранормальному феномену, который исследуется в книге Лемана, уже упоминавшейся ранее. В ней процитированы те же мистики, которых цитирует и Набоков: А. Р. Уоллес, Ф. В. Х. Майерс, а также Общество психических исследований (Society for Psychical Research).

Набоков ссылается на этих писателей и других авторов, всерьез рассматривавших возможность загробной жизни, на спиритизм и феномен ясновидения в попытках связаться со своим дорогим умершим. Тема спиритизма в «Истинной жизни Себастьяна Найта», «Сестрах Вэйн» и «Бледном пламени» развивается путем аллюзий на Акселя Мунта, Фредерика Майерса, Генри Джеймса, Уильяма Джеймса, Роберта Дейла Оуэна, Джеймса Коутса, Альфреда Расселла Уоллеса, Чарльза Кингсли, Эндрю Лэнга и Артура Конан Дойла. И комически, и серьезно ссылаясь на то, как эти серьезные ученые, философы и художники исследовали возможность жизни за пределами познаваемого, Набоков показывает целый спектр способов, позволяющих подтвердить его собственные оптимистические поиски.

Себастьян — первый в череде набоковских художников, которые страдают от неопределенного сердечного заболевания, и каждая смерть, физическая или метафорическая, ассоциируется с набором из трех мотивов: 1) вариациями на тему перехода от 999 к 1000; 2) озером или морем; 3) указаниями на сверхъестественное. Когда Себастьяну ставят диагноз, он и Клер независимо друг от друга ощущают присутствие гнома и эльфа и призрачность немецкого букового леса на берегу «серого как сталь моря» [Набоков 2014: 109]. Роман начинается с рождения Себастьяна 31 декабря 1899 года, на грани между числами 1899 и 1900, когда девятки моментально сменятся на ноли; вместе с записью о погоде, сделанной Ольгой Олеговной Орловой, переход от девяток к нолям указывает на мистическую версию традиционных для биографии дат рождения и смерти — вход и выход в потустороннее, эмблема, которая еще больше подчеркнута в «Бледном пламени» (см. главу пятую). Таким образом, болезнь Лемана можно истолковать как боль, связанную с иным миром, где будет восполнено то, что было утрачено. Первый английский роман Набокова изобилует аллюзиями на потустороннее, которые выходят далеко за пределы присутствия духа Себастьяна в мире В. Обзор конкретных материалов, связанных с интересом Набокова к истории спиритизма, позволяет по-новому прочитать его романы.

Спиритическое движение: из Америки в Россию

Корни русского спиритизма тянутся из Америки. Его зарождение, обычно датирующееся 1848 годом, приписывается сестрам Фокс из Хайдсвилля — их Набоков упоминает в «Сестрах Вэйн». Интересу к спиритизму способствовали труды их современника Эндрю Джексона Дэвиса, американского спирита, известного как «ясновидящий из Покипси». Именно лекции Дэвиса по месмеризму легли в основу новеллы Эдгара Аллана По «Правда о том, что случилось с мсье Вальдемаром» (1845). В книге Дэвиса «Фонтан со струями нового смысла» (1870) («The Fountain with Jets of New Meanings») описывается случай видения, послужившего источником вдохновения для книги: рассказчик поднимается на гору, где «в уединении на просторах горы <…> внезапно, посреди прекрасного пейзажа, неподалеку от подножия горы возникает ФОНТАН!» — он-то и становится источником указанных струй смысла — и, возможно, прототипом «вулкана / фонтана» у Джона Шейда в «Бледном пламени» [Davis 1911: iii][10]. От книги Дэвиса тянется ниточка в русский девятнадцатый век: его автобиография «The Magic Staff» (1957) в 1868 году была переведена на русский А. Н. Аксаковым, русским писателем, переводчиком, журналистом, издателем и государственным деятелем, а также исследователем потусторонних явлений, которому приписывают авторство термина «телекинез»[11].

Из Америки спиритическое движение распространилось в Англию и Францию, а оттуда в 1850-е годы в Россию; оно достигло пика, но еще не закончилось в 1870-е годы, когда Толстой написал на него сатиру в «Анне Карениной», на которую Набоков, в свою очередь, написал сатиру в «Аде»[12]. В России и Америке спиритическое движение развивалось по параллельным сценариям. Спиритизм распространялся за счет сеансов и лекций самих спиритов, и в качестве реакций стали возникать комиссии, изучающие этот феномен. В 1854 году в Сенате США обсуждалась петиция по изучению спиритизма; в России химик Д. И. Менделеев, создавший периодическую таблицу элементов, организовал

---

[10] В оригинале в поэме Шейда, как и в книге Дэвиса, это рифмующаяся пара слов «mountain / fountain». — *Примеч. пер.*

[11] Aksakov. URL: https://en.wikipedia.org/wiki/Alexandr_Aksakov (дата обращения: 22.08.2020).

[12] Донна Орвин анализирует воззрения Толстого на «феномен спиритизма» в [Orwin 2004]. Рейчел Траусдейл прослеживает связь между спиритизмом и электричеством в [Trousdale 2003].

похожую комиссию для изучения медиумистических явлений при Русском психическом обществе и в 1876 году провел серию антиспиритических лекций в Москве. В обеих странах в дискуссию втянулись известные писатели и интеллектуалы. В 1850-е годы в США Уильям Каллен Брайант и Джеймс Фенимор Купер стали поборниками спиритизма, тогда как Ральф Уолдо Эмерсон отвергал его, называя «крысиным откровением» [Rawson 1978: 2].

В России спиритизмом интересовались Н. П. Вагнер, А. М. Бутлеров, В. И. Даль, А. Н. Аксаков, Ф. М. Достоевский, Л. Н. Толстой, Н. С. Лесков — кто-то примкнул к его адептам, а кто-то отнесся скептически, в то время как Пушкин и Гоголь стали героями историй о привидениях [Vinitsky 2009b][13]. Илья Виницкий приводит рассказ В. И. Даля о пережитом на спиритическом сеансе:

> Любопытна история о явлении Жуковского после смерти В. И. Далю, приведенная в мемуаре Н. Берга:
> Как-то раз стучавшая сила — на вопрос: «кто стучит?» — дала ответ: «дух Жуковского». Даль сказал ему: «Если ты действительно дух Жуковского, расскажи что-нибудь такое, что знают двое: я и Жуковский!»
> — Хорошо, — отвечал дух, — в проезде Государя Наследника (ныне благополучно царствующего Императора) через Оренбург, в 1837 году, мы с тобою встретились в первый раз. Ты, еще молодой и горячий мечтатель, принес мне тетрадь стихов и спрашивал моего мнения: годятся ли они на что-нибудь и есть ли в тебе поэтический талант? Я, пробежав тетрадку, сказал тебе, что поэтом тебе не быть, брось лучше всего стихи и примись за прозу!
> Этот случай в самом деле был с Далем [Vinitsky 2009b: 17–18].

Достоевский посвятил обсуждению деятельности спиритов статью в двух частях в «Дневнике писателя»: «Спиритизм. Нечто о чертях. Чрезвычайная хитрость чертей, если только это черти» (январь 1876 года) и «Опять только одно словцо о спиритизме»

---

[13] Большая часть дальнейшего материала взята из указанной книги Виницкого. См. также [Виницкий 2006].

(апрель 1876 года)[14]. Насчет рассказа о том, как у некоего молодого человека кресло запрыгало по комнате, и о других рассказах о чертях в доме Достоевский говорит:

> Гоголь пишет в Москву с того света утвердительно, что это черти. Я читал письмо, слог его. Убеждает не вызывать чертей, не вертеть столов, не связываться: «Не дразните чертей, не якшайтесь, грех дразнить чертей...» Поговаривали также, что Гоголь якобы диктовал второй том «Мертвых душ» с того света, и книга эта будто бы имела хождение в списках в Петербурге[15].

В январской статье Достоевский потешается над созданной Менделеевым комиссией, которая упустила более важные последствия энтузиазма по поводу спиритизма. Когда в 1875–1876 годах А. Н. Аксаков пригласил в Петербург английского медиума «мадам Клер», чтобы провести перед этой комиссией спиритические сеансы, Менделеев прочитал публичные лекции о том, что спиритизм — шарлатанство и фальшивка [Gordin 2004, ch. 4]. Во время визита мадам Клер сам Достоевский (из любопытства) посетил сеанс, который она давала на квартире у Аксакова, вместе с П. Д. Боборыкиным и Н. С. Лесковым; все трое опубликовали описания этого сеанса. Отчет Достоевского появился в его апрельской статье из «Дневника писателя», в которой он объяснял, что не только не верит в спиритизм, но и не хочет верить [Достоевский 1981: 127].

Настоящее имя мадам Клер было Мэри Маршалл (урожденная Броуди, 1842–1884). Она проводила сеансы вместе с мужем и свекровью, знаменитым медиумом миссис Маршалл. Виницкий пишет, что «ее специальность состояла в демонстрации спиритических явлений при дневном свете — особенно "левитации стола и других предметов с контактом и без контакта, изменений в весе предметов, стуков по столу, полу и в других частях комна-

---

[14] Достоевский Ф. М. Спиритизм. Нечто о чертях. Чрезвычайная хитрость чертей, если только это черти [Достоевский 1981: 32–37]; Опять только одно словцо о спиритизме [Достоевский 1981: 126–132].

[15] Достоевский ссылается на этот слух в [Достоевский 1981: 32].

ты" и "спонтанных" звуков из аккордеона» [Vinitsky 2009b: 27]. В 1860-е годы в Англии Чарльз Диккенс в журнале «All the Year Round» («Круглый год») назвал ее сеансы бессовестным шарлатанством (статья «Современная магия»), а более сочувственный отчет о сеансах («Больше чем наука») появился в журнале Теккерея «Cornhill» («Хлебный холм») [Vinitsky 2009b: 27]. Летающие аккордеоны упоминаются в перечне медиумистических обманов, который приводит рассказчик в «Сестрах Вэйн», и это позволяет утверждать, что Набокову данная история была известна в подробностях [Набоков 1997–1999, 3: 288].

Первый русский спиритический журнал «Ребус» (1881–1917) печатал медиумистические стихи Жуковского, Пушкина, Лермонтова и других прославленных поэтов, в которых тень поэта навещает его здравствующих друзей в снах или видениях, становясь посредником между небесным и земным миром (для романтиков поэт по определению служит посредником между мирами) [Carlson 1997: 138; Vinitsky 2009b: 79]. Тема загробного существования Пушкина возникла в русской литературе вскоре после его смерти — в местах, где он когда-то жил, теперь видели его призрак; проводились спиритические сеансы, чтобы вызвать его дух; он диктовал новые сочинения из потустороннего мира. Считалось, что исследователи Пушкина контактируют с покойным поэтом, состязаясь в способностях медиума, чтобы «уловить мысли Пушкина» [Анненков 2007: 79]. К столетию рождения Пушкина «Ребус» опубликовал «Загробное стихотворение Пушкина», которое сестра поэта, О. С. Павлищева, получила на спиритическом сеансе в 1850-е годы [Vinitsky 2009b: 66][16].

Традиция продолжилась и в двадцатом веке. В России «Ребус» в 1906 году финансировал московский конгресс Общества русских спиритов; к 1914 году в Петербурге существовало уже более тридцати пяти официально зарегистрированных оккультных групп [Gordin 2004: 109]. В 1926 году в эмиграции друг Набокова М. А. Алданов внес свою лепту в шквал рассказов о загробных

---

[16] В список работ о пушкинском мифе входят: [Levitt 1989; Paperno 1994; Horowitz 1996; Debreczeny 1997; Sandler 2004 (notes 69–83)].

произведениях Пушкина в эссе «Неопубликованные произведения Пушкина: в связи со спиритическим конгрессом», в котором упоминал, что спирит Чарльз Дорино записал два рассказа, «Adieu» и «L'Histoire Russe», которые Пушкин надиктовал ему из загробного мира по-французски [Алданов 1995: 32]. В том же году дух Пушкина, вызванный сэром Артуром Конан Дойлом, явился в Париже, и Саша Черный написал рассказ «Пушкин в Париже», где появление духа Пушкина использовано для пародии на эмигрантское общество [Черный 1996][17]. В том же году в России барнаульский епископ и два священника были приговорены к тюремному заключению за то, что, по их утверждению, видели окровавленный призрак Пушкина у колодца в Пиканском [Vinitsky 2009b: 84].

Сам Пушкин в своей поэзии использует то, что С. Я. Сендерович называет «мифом-тенью» [Senderovich 1980]. Тени у него принимают облик возлюбленной или возлюбленного, героя (Наполеона, Кутузова), поэта (Овидия, Байрона) или душ дорогих ушедших, которые являются как посланцы из загробного мира, как мост между живыми и мертвыми, а также между повседневным и вечным измерением искусства. Тени владеют тайным знанием о жизни и смерти, и потому поэт, который общается с ними, становится медиумом для тени. «Тень — главный фактор <...> в переходе от реальности к поэзии» [Senderovich 1980: 108] и в поэтическом творческом процессе, и в топосе бессмертия его произведения, где другие поэты прочтут и перепишут это произведение. «Нет, весь я не умру» — вот пушкинская версия державинского «Памятника» (1796), который сам по себе является переложением оды Горация «Exegi monumentum» (23 г. до н. э.).

> Нет, весь я не умру — душа в заветной лире
> Мой прах переживет и тленья убежит —
> И славен буду я, доколь в подлунном мире
> Жив будет хоть один пиит (1836) [Пушкин 1963].

---

[17] Впервые опубликовано в журнале «Иллюстрированная Россия». 1926. № 24. С. 1–2, 4.

«Истинная жизнь Себастьяна Найта» вписана в эту традицию; исподволь ссылаясь на многих своих предшественников, роман пересматривает историю этого движения и скрывает свои спиритические предпосылки. Движение спиритического поветрия с Запада на Восток представляет собой зеркальное отражение этой темы в романе Набокова, который в замаскированном виде описывает движение автора из русскоязычного в англоязычный мир. Менее заметная в переходном романе, написанном в Париже в 1938 году, тема спиритизма (поданная в комическом ключе) становится более отчетливо видна в американском рассказе «Сестры Вэйн» (1951). В обоих случаях духи служат агентами художественного зрения, которым они вознаграждают самых неожиданных и ничего не подозревающих получателей.

«Сестры Вэйн»

В этом рассказе присутствие духов умерших заявлено отчетливо. Сибил и Синтия Вэйн мертвы с самого начала рассказа, действие которого происходит в университетском городке, напоминающем Итаку в штате Нью-Йорк. Рассказчик, надменный преподаватель французской литературы в «женском колледже», был другом Синтии. Он осмеивает ее «теорию о вмешательстве потусторонних веяний, или "аур", в нашу жизнь», согласно которой покойные друзья Синтии направляли ее жизнь из загробного мира [Набоков 1997–1999, 3: 281]. В последнем абзаце рассказа содержится акростих, в котором духи сестер Вэйн объясняют рассказчику, что именно они вдохновили это его видение:

Сознание выпутывало единичные, темные и лукаво емкие детали. Казалось, исчезающий смысл туманных излияний Цинтии, изменчивой набожности, томной изысканности искусственных акростихов смазывался чем-то едучим, тусклым, чужим и корявым. Все аукалось, мельтешило, облекалось туманом, мрело еле намеченной явью, — смутное, изнуренное, бестолково истраченное, лишнее [Набоков 1997–1999, 3: 289].[18]

---

[18] В переводе С. Б. Ильина имя Синтия передано как Цинтия. — *Примеч. пер.*

Акростих читается как: «Сосульки от Цинтии. Счетчик от меня, Сибил» (в переводе: «Свет и лед кисти Цинтии, а счетчик вам от меня, Сибил»). Но хотя рассказчик видит сновидения, которые «почему-то заполнила Цинтия» [Набоков 1997–1999, 3: 289], и пытается «открыть в [них] хоть что-то схожее с Цинтией» [Набоков 1997–1999, 3: 289], он так и не замечает послания от мертвых сестер.

В ночь, когда рассказчик узнает о смерти Синтии, он пытается сопротивляться ее призраку, засыпая и перебирая случаи шарлатанства медиумов в истории спиритизма с самого его зарождения:

> Мысленно я обозрел современную эру перестуков и призраков, начиная с колотьбы 1848-го года в деревушке Хайдесвилль, штат Нью-Йорк, и кончая гротесками в Кембридже, Массачусетс; я припомнил щиколотки и иные анатомические кастаньеты сестер Фокс <...>; таинственную одинаковость нежных подростков в холодном Эпворте или Тедворте, излучающих такие же помехи, как в древнем Перу; <...> старого Альфреда Русселя Уоллеса, наивного натуралиста, не желающего поверить, что белая фигура, стоящая перед ним босиком <...>, вполне может быть чопорной мисс Кук, которую он только что видел спящей за занавеской в ее углу <...>; еще двух исследователей, <...> руками и ногами вцепившихся в Эусапию, женщину крупную, дебелую, немолодую, провонявшую чесноком и все же сумевшую их облапошить; и скептичного, смущенного фокусника, которого «контролер» очаровательной юной Марджери наставляет, чтобы <...> он продвигался левым чулком вверх, пока не достигнет голого бедра, — на теплой коже которого он обнаружил «телепластическую» массу, наощупь чрезвычайно схожую с холодной сырой печенкой [Набоков 1997–1999, 3: 288].

Каждая личность или место, упомянутые в этом занятном перечне, имеют своих исторических прототипов: случаи полтергейста в семье Уэлсли в Эпсворте, в Англии (1716–1717); «тедвортский барабанщик»; и хорошо известные медиумы-телекинетики — итальянка Эусапия Палладино и знаменитый медиум миссис Мина Крэндон, руководившая «прелестной юной Марджери»[19]. «Деревушка Хайдесвилль» отсылает к родине сестер

---

[19] URL: https://en.wikipedia.org/wiki/Mina_Crandon (дата обращения: 22.08.2020).

Фокс, Маргарет и Кэтрин, четырнадцати и одиннадцати лет, которые жили в двухкомнатном фермерском домике в Гайдсвилле, в штате Нью-Йорк. Позже сестры сознались, что использовали яблоко на веревочке, чтобы производить стуки, а для коммуникации во время сеансов — соприкасались лодыжками. Но, в отличие от сестер Фокс, послания сестер Вэйн из потустороннего мира подлинные, не фальшивые, и в рассказе никто из живых этих посланий так и не замечает. Читатель тоже может запросто не заметить эти послания, если его не предупредить, чтобы он искал акростих в последнем абзаце рассказа. Такой способ передать послание для Синтии и Сибил очень уместен: спириты считали, что духи связываются с живыми через анаграммы, акростихи, фразы, написанные задом наперед, и другие словесные загадки[20]. Заставив Синтию и Сибил в самом начале послать рассказчику непривычно живое и яркое восприятие повседневности, а потом, в заключении рассказа, поведать, что именно они это сделали, Набоков тем самым переписывает шарлатанский поступок сестер Фокс и превращает его в сообщение сестер Вэйн о том, что душе и личности после смерти удается уцелеть. Ведь для Набокова, как и для Пушкина, тени способны служить передатчиками художественного видения, связывая нас с трансцендентным и потусторонним.

«Истинная жизнь Себастьяна Найта»: Нина и Аксель Мунте

> Помни, что все, что тебе говорится, по сути, тройственно: истолковано рассказчиком, перетолковано слушателем, утаено от обоих покойным героем рассказа.
>
> *«Истинная жизнь Себастьяна Найта»*, гл. 6
> *[Набоков 2014: 73]*

Потусторонние силы в «Себастьяне Найте» действуют через Нину Речную, образ которой составлен из элементов волшебной сказки и мифа, о чем уже говорилось в главе третьей, и у этого

---

[20] См. [Rider 1909: 330].

персонажа есть своя «книжная полка». В квартире Нины В. видит «несколько французских романов, не совсем новых и в большинстве увенчанных литературными премиями, а также изрядно почитанный "Сан-Микеле" д-ра Акселя Мунте» [Набоков 2014: 177]. «История Сан-Микеле» (1929) вписывается в потустороннюю характеристику Нины, созданную Набоковым: в книге шведского доктора Мунте смерть и сверхъестественное рассматриваются как часть повседневной жизни. В частности, на уровне подтекста в ней запрятан «покойный герой рассказа», если воспользоваться формулировкой В., приведенной выше: фигура, которую не называет не только Набоков, но и сам Мунте, хотя она и занимает центральное положение в обеих книгах. В своих мемуарах Мунте рассказывает, как его позвали к смертному одру «автора "Человеческой личности и переживания ею телесной смерти"» [Munthe 1947: 360]. Мунте нигде не называет автора этой книги по имени, но это Фредерик Майерс. То, что этот неназванный автор контрабандой провезен в «Себастьяна Найта» внутри мемуаров Мунте, как своего рода человек-невидимка, предлагает нам еще одну версию потусторонности с точки зрения «оптимистицизма». Фредерик Майерс, подобно душе в русской волшебной сказке о колдуне Кощее Бессмертном, спрятан в ларце внутри ларца (в книге внутри книги) в тридевятом царстве[21]. Отношение Мунте к смерти предоставляет обоснование для этой шалости.

Написать воспоминания о своей необыкновенной жизни Акселя Мунте надоумил не кто иной, как его друг Генри Джеймс. Название книги подразумевает дом, который Мунте откопал и восстановил на руинах одной из вилл Тиберия в Анакапри. Пример мистического впечатления Мунте, одного из тех, которые он сам не мог объяснить, — пережитое им видение: сфинкс в клетке среди руин виллы Нерона под домом Мунте; позже он обнаружил именно такую скульптуру, какая ему и привиделась, извлек ее на поверхность и поместил в нишу — нарочно приготовленную им для видения, ставшего реальным.

---

[21] Присутствие Кощея в произведениях Набокова было отмечено командой Эдварда Уэйсбанда; см. [Waysband 2002].

Поразительно деятельный и практичный человек, врач, который на два года поехал в Неаполь, чтобы лечить местное население от холеры, Мунте тем не менее испытывал мистическое отношение к смерти. Как врач он часто сталкивался со смертью, всегда надеясь «вырвать у нее ее ужасную тайну» [Munthe 1947: 319]. В своих воспоминаниях Мунте отвергает саму идеи смерти. Он описывает, как во сне ему привиделся гоблин, который не ведал смерти: «Смерть, — хихикнул [гоблин]. — Ну, знаете ли! Ничего более смешного не слышал! Какие слепые дураки, а? <...> Скажут тоже, смерть! Никогда не слыхивал такой ерунды!» [Munthe 1947: 147]. Также на страницах этой книги Мунте пишет о том, что душе после смерти тело уже ни к чему. В главе под названием «Сопроводитель трупов» он рассказывает, как, едучи в поезде из Гейдельберга, он перепутал гроб с телом молодого шведа, которого вез хоронить, с другим гробом — русского генерала, героя Крымской войны, которого везли в Петербург. Мунте осознал ошибку слишком поздно, и на похоронах русского генерала в Швеции (путаница так и осталась для всех тайной) он размышляет:

> Что вам за разница, чья это могила? <...> Ведь вы не слышите голоса живых над головой, так какая разница, на каком наречии они говорят? Вы лежите не среди чужих, а бок о бок с близкими. Точно так же упокоился и шведский юноша, похороненный в самом сердце России. <...> У царства смерти нет границ, у могилы нет национальности. Все вы теперь единый народ [Munthe 1947: 204].

Духовная общность, которую описывает Мунте, преодолевает физические границы, и к такому же пониманию приходит В. в финале «Истинной жизни Себастьяна Найта». Когда он прибывает в Сен-Дамье поздно ночью, надеясь застать брата в живых, то заспанный ночной служитель-француз в больнице по ошибке отправляет В. в затемненную палату английского пациента, некоего мистера Кигана. После бдения у смертного одра мистера Кигана В. понимает, что принял незнакомого англичанина за своего брата, и заключает: «Наше посмертное существование —

это, быть может, ничем не ограниченная способность осознанно поселяться в любой душе по выбору, в любом числе душ, нечувствительных к смене отяжеляющих ее взаимозаменяемых постояльцев» [Набоков 2014: 231]. В. обнаруживает, что грань между телом и духом и даже между двумя душами размыта, неоднозначна, неопределенна; его расследование вознаграждается обретенной способностью принимать эту открытость вовне и ее бесконечность. Как указал Г. А. Барабтарло, фамилия «Киган» — это фонетическая анаграмма русского слова «книга»; в больнице в Сен-Дамье человек и книга сливаются воедино, как и говорится в последнем романе Себастьяна «Двусмысленный асфодель» об умирающем:

> Человек умирает, и он — герой повести; но если другие персонажи живут в ней по вполне реалистическим (в найтовском, по крайней мере, смысле) меркам, то читателя продолжают держать в неведении, кто этот умирающий. <...> Он — сама книга; и книга умирает в конвульсиях, подтягивая призрачное колено [Набоков 2014: 201].

«Двусмысленный асфодель» Себастьяна описывает его собственную смерть, и роман Набокова реализует самоописание персонажа, самую подлинную жизнь Себастьяна Найта, какую только можно познать по эту сторону смерти: человек и есть сама книга. Тело, оставленное позади, — не граница. Личность находится в некоем неопределяемом и бесконечном пространстве.

Фредерик Майерс

В 1882 году Фредерик Майерс (1843–1901) стал одним из основателей Общества психических исследований, которое и в наши дни остается центром деятельности спиритов в Англии. Майерс верил в возможность существования духа после смерти, что и пытается продемонстрировать в своей книге, опираясь на методы, настолько близкие к науке, насколько это возможно. Уильям Джеймс описывал эту книгу как «первую попытку рассмотреть феномен галлюцинации, гипнотизма, автоматизма, двойной личности и медиумичности как взаимосвязанных частей единого целого»[22].

Майерс был выпускником и сотрудником Тринити-колледжа в Кембридже; в 1919 году, когда в Кембридж прибыл Набоков, было выпущено сокращенное издание двухтомного труда Майерса. Его работы по спиритизму включают «Фантазмы жизни» (1886) и «Науку и будущую жизнь» (1893). Книга «Человеческая личность и ее существование после смерти тела» была впервые составлена и издана посмертно в 1903 году.

Набоков ссылается на Майерса по крайней мере в двух своих произведениях, «Под знаком незаконнорожденных» (1947) и «Сестрах Вэйн»; в последних рассказчик посещает с Синтией спиритический сеанс, на котором Майерс «отбарабанил стишок», — к нему мы еще вернемся [Набоков 1997–1999, 3: 284].

«Человеческая личность и ее существование после смерти» утверждает подход в духе «оптимистицизма» и рассказывает о других сверхъестественных явлениях, которые могли представлять для Набокова интерес; в третьей части сокращенного издания, озаглавленной «Гений», Майерс пишет о феномене

«мальчика-вычислителя» или «арифметического чуда», как правило, совсем юных лет, способного практически мгновенно решать «в голове» задачи, для которых обычному человеку необходимы карандаш, бумага и куда больше времени. <...> Этот дар вычисления, с нашей точки зрения, напоминает другие проявления подсознательных способностей, например способность видеть галлюцинаторные фигуры. <...> Обычно он проявляется в раннем детстве и, как правило, позже исчезает [Myers 1992: 47–48].

Набоков в своих мемуарах описывает собственные переживания, связанные с обладанием обеими способностями; в раннем детстве он некоторое время был арифметическим вундеркиндом, а также в приступе ясновидения наблюдал, как его

---

22   Цит. по: «Frederic Myers» [Encyclopedia Britannica, xvi, 41–42 (42)]. См. также «Psychical Research» [Encyclopedia Britannica, xviii: 668–672]; [Stashower 1999].

мать покупает карандаш на Невском проспекте, в то время как сам мальчик лежал в постели дома, оправляясь от тяжелой болезни. Майерс называет феномен такого рода «психической экскурсией», и она нередко сопровождает болезнь [Myers 1992: 134–135]. То, как точно Майерс описывает поразительный опыт самого Набокова, помогает понять, почему этот автор был так важен для писателя.

Майерс приводит именно такие примеры коммуникации между живыми и недавно умершими, которые описаны в «Сестрах Вэйн» и которые сам Майерс пытался подтвердить с помощью Уильяма Джеймса. Мунте «много лет восхищался [Майерсом] и любил его, как и все, кто когда-либо его встречал» [Munthe 1947: 360]. 26 августа 1910 года Мунте пригласили лечить умирающего Майерса в Риме:

> [Майерс] напомнил мне о нашей последней встрече в Лондоне, когда мы с ним ужинали в Обществе психических исследований и весь вечер напролет беседовали о смерти и загробном мире <...>. Пока мы разговаривали, в спальню вошел профессор Уильям Джеймс, знаменитый философ и ближайший друг больного. <...> Джеймс поведал мне о важном уговоре, который друзья заключили между собой: тот, кто умрет первым, клянется послать оставшемуся весточку сразу же, как перейдет в область неизведанного. Они оба верили, что подобная связь возможна. Джеймса так одолевала скорбь, что он даже не вошел в комнату, а рухнул на стул у открытой двери, с тетрадью в руках, приготовившись, с присущей ему методичной точностью, записать послание из загробного мира. <...>
> — Я готов, я не боюсь. Наконец я все узнаю. Передайте Уильяму Джеймсу, скажите ему...
> Грудь Майерса поднималась и опускалась, и замерла на страшный миг, когда жизнь еще теплилась в нем.
> — Вы меня слышите? — я склонился над умирающим. — Вы страдаете?
> — Нет, — тихонько произнес он. — Я устал и очень счастлив.
> И это были его последние слова.
> Когда я уходил, Уильям Джеймс все так же сидел, откинувшись на спинку стула <...>, и все так же держал наготове тетрадь.
> Страница была пуста [Munthe 1947: 361–362].

Хотя Майерсу и не удалось связаться с Джеймсом, в эпилоге его «Человеческой личности» утверждается, что существует «некое братство духов, которое служит основой телепатического закона <...>; душа человека — вот что связывает его с другими душами <...>; наши духи — это системы сил, которые постоянно вибрируют в ответ на притягательную силу другой души. <...> Мир духов не закрыт» [Myers 1992: 278].

Среди множества случаев, описанных Майерсом, он приводит два, в которых брат или сестра видят сон о несчастном случае с братом. Первый случай — история каноника Уорбертона, который задремал в кресле, пока ждал брата в его лондонском доме. Он проснулся, увидев во сне, как брат споткнулся о ковер и упал вниз головой на лестнице незнакомого дома; через полчаса брат вбежал в комнату и сообщил, что, когда он выходил со званого вечера в чужом доме, именно это с ним и приключилось. Майерс считает, что «впечатление <...> такое, будто тончайшее звено, соединявшее братьев, получило какой-то резкий толчок» [Myers 1992: 81]. Сходный случай произошел с некоей миссис Сторри: она проснулась от кошмарного сна, в котором некий человек, постепенно оказавшийся ее братом Уильямом, попал под поезд. О своем сне она рассказала так: «Кто-то сказал <...>: "Теперь я пойду". <...> Я вздрогнула и мгновенно увидела рядом с собой Уильяма, со спины. Он наискось приложил к лицу правую руку <...>, вид у него был строгий и серьезный. <...> Я испугалась и окликнула его: "Ты сердишься?" — "О нет". — "Ты уходишь?"» [Myers 1992: 83]. Неделю спустя миссис Сторри узнала, что в ту ночь «дорогой Уилли умер» [Myers 1992: 84] именно при тех самых обстоятельствах, которые были в ее подробном сне, — и погиб он в то самое время, когда его сестра этот сон видела. Майерс комментирует: «В некоторых отдельных случаях обстоятельства смерти как будто символически показываются сновидцу, словно их ему показывает умерший или какой-то разум, связанный с умершим» [Myers 1992: 81].

Когда В. получает от Себастьяна письмо с просьбой приехать навестить его, то еще не понимает, что Себастьян при смерти. Однако письмо вызывает у В. «на диво неприятный сон» [Набо-

ков 2014: 213], который можно понимать как пророческое видение об умирающем Себастьяне. В нем В. и его мать ждут возвращения Себастьяна из какого-то долгого путешествия. Себастьян
«медленно спускается по ненадежной лестнице прямо вниз и <…>
оступается и съезжает на спину. <…> …но я чувствую, он чего-то
стыдится. Он бледен и небрит <…> оттенок жути в его облике,
во всей атмосфере его возвращения. <…> Я поворачиваюсь и уже
нащупываю щеколду, но сзади раздается голос Себастьяна»
[Набоков 2014: 214]. Ретроспективно В. узнает «ошеломляющее
откровение» [Набоков 2014: 216] этого сна. Ощущение сверхъестественной жути было во сне, но это не была весть от Себастьяна, посланная в момент его смерти — В. получает его
письмо, написанное по меньшей мере днем раньше, в четверг,
а телеграмма доктора Старова «Состояние Себастьяна безна-
дежно» [Набоков 2014: 217] приходит в полдень в пятницу;
в Сен-Дамье В. поспевает в субботу вечером и узнает, что Себастьян умер за день до этого. Атмосфера напоминает случаи,
описываемые Майерсом; более того, выводы Майерса совпадают
с выводами В.:

> По мере того как наша связь с другими духами крепнет, по мере
> того как жизнь организма все более полно изливается через
> отдельную клетку, мы неизбежно ощутим все более сильную
> любовь, глубокую мудрость, яркую радость; мы поймем, что
> органическое единство Души, формирующее внутренний аспект
> телепатического закона — само по себе уже Космический Поря-
> док, Суммирование Вещей. Подобная преданность, возможно,
> максимально выразится вовсе не в напрасном самопожертвова-
> нии, не в затворничестве и уединении, но скорее во всеобъем-
> лющем экстазе, который уже доступен избранным; в Видении,
> которое на некоторое время растворяет физическую тюрьму
> тела, «полет от Одного к Другому» [Myers 1992: 289].

Хотя В. и не удалось застать Себастьяна в живых, он понимает,
что «всякая душа станет твоей, если уловить ее биение и в него
вписаться. Наше посмертное существование — это, быть может,
ничем не ограниченная способность осознанно поселяться
в любой душе по выбору» [Набоков 2014: 231].

Книга Майерса предоставляет способ, позволяющий русскому духу Набокова поселиться в англоязычной физической вселенной, поддерживая надежду, что «никто никогда не умрет» [Nabokov 1989b: 77]. Майерс понимает гений как «силу использовать способности, данные всем нам в той или иной степени, более широко, чем их умеют использовать другие люди; силу присвоить результаты подсознательного мышления, чтобы содействовать сознательному потоку мысли» [Myers 1992: 42]. Набоков надеется, что он сам наделен этой силой; он пытается заглянуть в потустороннее и вживить этот дар в свое творчество, независимо от языка. Майерс верит, что «любовь — это разновидность экзальтированной, но не конкретизированной телепатии» [Myers 1992: 277][23]. В. достигает этой экзальтации, покинув смертный одр мистера Кигана.

Исподволь вводя в текст Майерса, роман Набокова поддерживает веру В. в возможность общения с мертвыми, даже несмотря на то, что неопределенность нарратива неизбежно оставляет нас в недоумении и колебаниях. Этот эффект усилен благодаря тому, что Набоков вводит в текст и других известных авторов, которые относились к возможности общения с загробным миром так же серьезно, как Майерс.

Уильям Джеймс

Уильям Джеймс объяснял причины, побудившие его написать «Разновидности религиозного опыта»: «Ни одно описание вселенной нельзя считать завершенным и полным, если оно пренебрегает этими иными формами сознания» [James 1994: 422].

Как и Фредерик Майерс в книге «Человеческая личность и ее существование после смерти», Джеймс пишет о религии и мистицизме в объективной манере научного исследования, приводя рассказы разных очевидцев религиозного, сверхъестественного и мистического опыта из разных стран. По его мнению, у всех этих примеров разнообразного опыта есть нечто общее, объединяющее их, — чувство высшего слияния со вселенной (или

---

[23] Джонсон в [Johnson 2002: 83] также ссылается на рассказ миссис Сторри.

Богом), которое открывает доступ к истинам другого порядка. В религиях и в «неоплатонизме <...> и уитманизме мы обнаруживаем все ту же повторяющуюся ноту, так что в вопросе о мистических высказываниях существует вечное единодушие» [James 1994: 457]. По личному опыту Джеймса, «противоположности мира <...> слились в единство <...>, [создав] монистическое озарение, в котором *иное* в своих разнообразных формах впитывается в Единое» [James 1994: 423]. Джеймс определяет мистицизм как обладающий четырьмя основными качествами:

1. Невыразимость: субъект не может описать свой опыт словами.
2. Интеллектуальное качество: мистические состояния кажутся тем, кто их испытал, также и состояниями познания.
3. Мимолетность: мистические состояния невозможно удержать надолго, они продолжаются от получаса до двух часов, хотя могут возобновиться.
4. Пассивность: мистик чувствует себя так, словно его воля подчиняется чьей-то чужой [James 1994: 380–381].

Джеймс приходит к выводу, что

<...> мир нашего нынешнего сознания — лишь один из множества существующих миров сознания, и в этих иных мирах должен содержаться разнообразный опыт, который имеет смысл и для нашей жизни; и хотя в основном тот опыт и опыт этого мира остаются обособленными друг от друга, но оба в некоторых точках становятся длительными, и в них проникают высшие энергии [James 1994: 563].

Подобно Набокову, который надеется, что, хотя существуют нелепые представления о рае и аде, это необязательно означает, будто потусторонность не существует, Джеймс пишет: «Хотя наши предки и совершили множество фактических ошибок и перемешали их со своей религией, из этого вовсе не следует, будто мы должны оставить всякую религиозность» [James 1994: 544]. Джеймс подчеркивает оптимизм мистического спектра сознания: «Супернатурализм и оптимизм, к которым нас подталкивают [мистические состояния], может, будучи истолкован тем или иным способом, в конечном итоге оказаться самым истинным из откровений относительно смысла земной жизни» [James 1994: 467]. Произведения Набокова разделяют оптимизм Джеймса.

Роберт Дейл Оуэн: «Сестры Вэйн» и «Бледное пламя»

В «Сестрах Вэйн» рассказчик встречает Синтию Вэйн, когда та выходит из библиотеки, неся под мышкой книгу Роберта Дейла Оуэна «Шаги на границе иного мира» (1860) [Owen 1860: 234]. Книга Оуэна, подобно трудам Майерса и Джеймса, представляет из себя собрание множества историй о том, как призраки умерших являлись своим близким в самый миг своей смерти. Точно так же, как отсылка к Мунте связана с Ниной, книга Оуэна вводится через фигуру Синтии; обе женщины — агенты сверхъестественного, проникающего в «реальное» измерение романа.

Но в рассказе тайна, ассоциировавшаяся с Ниной Речной как агентом сверхъестественного, инвертирована. Мужчина-рассказчик не симпатизирует Синтии и описывает ее с натуралистическими подробностями:

> Грубая ткань кожи казалась почти мужской, и в ослепительном ламповом свете ее мастерской различались поры на тридцатидвухлетнем лице, которое таращилось на вас так, словно оно принадлежало какой-то аквариумной твари. <...> ...спутанную штриховку темных волос, которая с ученой четкостью придавленного стеклом препарата проступала на бледных голенях под нейлоном чулок [Набоков 1997–1999, 3: 278–279].

Она — неухоженная американка, которая сидит на полу в позе «выбравшейся на отмель русалки» [Набоков 1997–1999, 3: 285], устраивая тихую домашнюю вечеринку. Нина — элегантная парижанка и русская русалка, которая заманивает мужчин на верную погибель.

Несмотря на то что рассказчик описывает внешность героинь как отталкивающе непривлекательную (как и Гэзель Шейд), Синтия и Сибил все же возвращаются из мертвых, чтобы повлиять на его день и ввести акростих в последнюю фразу рассказа. И их спиритический сеанс посещает сам Лев Толстой. Чтобы подтвердить, что это он и есть, дух передает им описание «каких-то образцов русского деревянного зодчества»: «фигуры на досках: человек, лошадь, петух, человек, лошадь, петух» [Набоков 1997–1999, 3: 284]. Это описание можно подтвердить с помощью фотографии, снятой в Ясной Поляне; Толстой сидит на крыльце, на деревянных перилах которого вырезаны именно такие фигуры (см. фото)[24]. В рассказе три фигуры, одна из которых историческая, подтверждают присутствие своих духов в реальности рассказчика.

Размышления Роберта Оуэна насчет подтверждений существования потустороннего представлены в поэме Джона Шейда «Бледное пламя»: Шейд читает «в журнале», что некто, находясь на грани смерти, как и он сам, видел фонтан. Эта новость подкрепляет убежденность Шейда в том, что ему удалось заглянуть в потусторонний мир:

> Вот безымянный остров. Шкипер Шмидт
> На нем находит неизвестный вид
> Животного. Чуть позже шкипер Смит
> Привозит шкуру. Всякий заключит,
> Тот остров — не фантом. Фонтан, итак,
> Был верной метой на пути во мрак [Набоков 1997–1999, 3: 333].

Роберт Оуэн использует сходную идею, чтобы подкрепить истинность необыкновенных посещений призраками, которые описывает: «Это различение большой практической значимости. Если два человека в одно и то же время столкнулись с одним и тем же феноменом, можно заключить, что этот феномен — объективная реальность, и, в той или иной фазе, существует на самом деле» [Owen 1860: 310]. Скептически настроенный рассказчик в «Сестрах Вэйн» упускает посланный сестрами акростих, а надежда Шейда подтвердить существование потусторонности разбивается об опечатку (о чем подробнее ниже), но читатель обнаруживает акростих и расшифровывает послание тети Мод из иного мира: этот феномен является *объективной реальностью* в текстах.

---

[24] Пост Мередит Броснан на сайте NABOKV–Llistserve. URL: https://listserv.ucsb.edu/lsv-cgi-bin/wa? (в настоящее время ссылка недоступна).

Лев Толстой на крыльце в Ясной Поляне

Набоков анализирует свою жажду потустороннего: он составляет перечень свидетельств о сверхъестественных переживаниях, собранных серьезными, выдающимися учеными в их признанных трудах. «Истинная жизнь Себастьяна Найта» позволяет прочитать (и отмести) сверхъестественную отгадку как простую метафору, показывающую, как набоковский русский мир помогает его английскому миру; в «Сестрах Вэйн» существование потусторонности подтверждается почти незримыми способами; в «Бледном пламени» «призрачная надежда» Джона Шейда [Набоков 1997–1999, 3: 335][25] на существование загробного мира оказывается разрушена тем, как он по ошибке отверг полтергейсты Гэзель; протестантская землянская вера Кинбота в божественное подкошена его безумием; но бабочка ванесса аталанта, которая пытается защитить Шейда как раз перед тем, как его застрелят, — это изображенная Набоковым драгоценная для него самого возможность.

Что бы Набоков ни подразумевал своей фразой о существовании Бога: «Я знаю больше, чем могу выразить словами», они относятся к тому, что он, судя по всему, считал своим даром ясно-

25 Букв.: «слабая надежда», в оригинале — «faint hope». — Примеч. пер.

видения [Nabokov 1990: 45][26]. В «Истинной жизни Себастьяна Найта» Набоков дарует В. прозрение о том, что существует измерение жизни духа — измерение, которое, как надеется сам Набоков, поможет ему преобразить свой русский гений в английский. В. достигает этого единства благодаря своей крепкой любви к Себастьяну; Набоков тоже сумеет преодолеть утрату с помощью любви — любви к традиции, которую ему пришлось покинуть, и к традиции, в которую он надеется войти этим романом.

«Лолита» и «Бледное пламя»: Долорес Гейз, Гэзель Шейд[27]

От книги к книге Набоков продолжал спор с самим собой, отвечая на отрицательные варианты собственных идей положительными. Скептический материализм противопоставляется вере в загробное существование личности. Как в случае с «Отчаянием» и «Себастьяном Найтом», отрицание обычно предшествует утверждению. Имена девочек (Гейз / Гэзель) в «Лолите» и «Бледном пламени» сигнализируют об отрицательной и положительной репрезентации потустороннего; в то время как феи и духи в «Лолите» являются лишь частью романтического солипсизма Гумберта, в «Бледном пламени» они выступают как активные силы.

«Лолита»

Гумберт, несостоявшийся художник, проецирует литературные образы из волшебных сказок о феях на вполне реальную Долорес Гейз, но поэту Джону Шейду не удается разглядеть фею в дочери

---

[26] Когда Д. В. Набокова спросили, был ли у его отца какой-то сверхъестественный опыт, сын ответил, что ничего подобного ему не известно.

[27] Имеется в виду рифма фамилии Haze и имени Hazel, а также параллель между фамилиями Haze («туман») и Shade («тень»). — *Примеч. пер.*

Гэзель, и вместо этого он жалуется на ее физическую оболочку[28]. Литературные модели играют в судьбе девочек универсальную роль: психосексуальное извращение Гумберта заставляет его проецировать образ Аннабель Ли, героини По, на Долорес Гейз; он видит в ней не ребенка, а свою версию стихотворения. Родители Гэзель Шейд слепы к точности собственной аллюзии на «Деву озера» сэра Вальтера Скотта (см. ниже), огорчены из-за своей дочери, но не воспринимают и не распознают ее оккультный пророческий потенциал. Сюжет также перевернут: Лолита теряет родителей и похищена насильником; Шейды теряют дочь, которая умирает девственницей.

В «Лолите» мотивы, в других романах Набокова указывающие на сверхъестественный перенос в иной мир, для Гумберта означают физическую смерть, поскольку его мемуары материалистичны: его сердечная болезнь ассоциируется с алкоголизмом и нервным срывом, а не со способностью заглянуть в потусторонний мир. Он использует мифологию и чары, чтобы сублимировать свою одержимость сексуальной стороной Лолиты («очарованное путешествие» — вот эвфемизм Гумберта для сексуального соития), и проецирует их на повседневные объекты. О магазине одежды, где он покупает Ло обновки, Гумберт говорит:

> Есть что-то мифическое, колдовское в этих больших магазинах, где, если верить объявлениям, конторская девица может одеться на все случаи дня — от утреннего прихода на службу до вечернего выхода с кавалером — и где ее сестренка может полюбоваться шерстяным свитером, мечтая о том дне, когда она, надев его в школу, заставит биться сердца отсталых гимназистов [Набоков 1997–1999, 2: 135].

Этот прием управляет всем его повествованием, — аналогичным образом он называет нормальную американскую девочку

---

[28] Связь между Долорес Гейз и Гэзель Шейд отмечают и другие исследователи: Кнапп пишет: «И Гэзель, и маленькая Гейз показаны глазами безумцев (Кинбота и Гумберта) и художников (Шейда и Куильти)» [Knapp 1987 109–110]. Чарльз Николь показывает, что семьи героинь представляют собой полные противоположности. См. [Nicol 1996]. Выражаю автору признательность за то, что он прислал мне текст этой работы.

Долли Гейз ребенком-феей за ее нимфеточное обаяние, а не за связь с волшебным миром фей.

Значение имени Долорес отчасти раскрыто в стихотворении, которое дух Фредерика Майерса барабанит в рассказе «Сестры Вэйн»:

> What is this — a conjurer's rabbit,
> Or a flawy but genuine gleam —
> Which can check the perilous habit
> And dispel the *dolorous dream*?
> [Nabokov 1981: 231].

> Надувательство иль точно
> Свет? — Изъяна не лишен,
> Он исправит нрав порочный
> И развеет скорбный сон
> [Набоков 1997–1999, 3: 284].

Мэтью Рот обнаружил источник стихотворения в пассаже, который Майерс написал о гипнозе в седьмом томе «Протоколов общества психических исследований»:

> Что это за сила, — скажет он, — от которой не освободиться и не ускользнуть никакому органу или мысли? Которая способна чарами отогнать боль деторождения и навеять сон под ножом хирурга? Что это, способное вызвать выделения, или замедлить пульс, или остановить дыхание? *Способное исправить порочный нрав и развеять скорбный сон*? Способное превратить отвращение и отторжение в желание и незримой властью поколебать самый прибой человеческого сердца? [Myers 1892: 348].

Набоков придает словам Майерса иной смысл: «скорбный сон», который надлежит развеять, в набоковском стихотворении — это жизнь, а не просто одна из ее скорбей. Долорес живет по эту, будничную, сторону тумана. Нарратив Гумберта пытается превратить отвращение читателя в желание.

«Лолиту» и «Бледное пламя» объединяет мотив озера. Для Гумберта Очковое озеро — это не потенциальный вход в потусторонний мир, но место, подходящее, чтобы утопить «посредственную русалку» Шарлотту и таким образом заполучить «фею» Лолиту. Вместо того чтобы вынырнуть из воды в этот мир, как обычно проделывают мифические русалки, Шарлотта воспринимается Гумбертом в реальном мире как русалка фальшивая, которая погибнет, если вступит в иной мир с обыденной стороны озерной поверхности. И снова, сосредоточившись на этом мире, Гумберт дарит Долорес Гейз «Русалочку» Андерсена, надеясь превратить обычную реальную девочку в мифическое существо в собственном мире, а не в андерсеновскую бестелесную «дочь воздуха».

Неподалеку от лагеря Лолиты располагаются три озера, названия которых заканчиваются на «-кс»: Оникс, Эрикс и Климакс. Озера Лолиты ассоциируются с сексуальностью. Эрикс отсылает к горе на Сицилии, где стоял храм Венеры; Лолита лишается девственности с проказливым фавненком Чарли Хольмсом на озере Климакс. Но три озера в «Бледном пламени» (Омега, Озеро и Зеро) начинаются или заканчиваются на «о», через которое Гэзель переходит в бесконечность потустороннего мира.

Сдвоенные мотивы, гласной и согласной, создают из двух наборов озер противоположности, обозначая телесный аспект материального мира в «Лолите» и тайну потустороннего мира в «Бледном пламени».

Лесной царь

Когда Гумберт приезжает в лагерь Ку, то слышит, как Чарли играет в подковы; это начало похищения Лолиты в духе «Лесного царя». Гумберт назначает самого себя на роль лесного царя, умыкая Лолиту за тысячу миль от Касбима в Эльфинстон, и в то же время, везя Лолиту к доктору Блю в эльфинстонскую больницу, он чувствует, что его преследует «лесной царь, как в Гетевском "Короле Эльфов" (но на сей раз любитель не мальчиков, а девочек)» [Набоков 1997–1999, 2: 295].

Здесь Гумберт подвергает балладу Гёте психосексуальному анализу: в том, как лесной царь посредством волшебной силы завладел маленьким мальчиком, он видит гомосексуальное похищение, по модели своего гетеросексуального похищения Лолиты. Характеристика Куильти как «злого двойника» открывает нам правду, которую Гумберт пытается скрыть при помощи баллады Гёте, — точно так же, как Гумберт уже скрыл свою похоть к Лолите с помощью стихотворения По.

В отеле «Зачарованные охотники», предвкушая первое обладание Лолитой, Гумберт отождествляет с гётевским лесным царем самого себя; он пишет, что «к девяти часам вечера <...> она будет спать мертвым сном у него в объятиях» [Набоков 1997–1999, 2: 145] — а это последняя строчка баллады Гёте: «Ребенок был мертв на руках у него» (пер. Афанасия Фета)[29]. Во время второго путешествия по Соединенным Штатам Лолита восклицает, что все девятки на одометре «превращаются в следующую тысячу» [Набоков 1997–1999, 2: 269]. Сверхъестественный мотив «девятка переходит в ноль» здесь призван показать, что Гумберт — это травестия волшебного, невидимого повелителя эльфов. Будучи насильником, а не зачарованным охотником, Гумберт убивает в Лолите ребенка и вероятную нимфу, сводя все в ее жизни в плоскость физического.

В «Бледном пламени» тему «Лесного царя» используют и Шейд, и Кинбот — она сопровождает переходы в потусторонность; Шейд вплетает отзвуки «Лесного царя» в описание того, как Гэзель утопилась, пока ее родители смотрели телевизор, а Кинбот твердит стихотворение Гёте, когда перебирается через перевал Бера и бежит из Земблы в зазеркальный мир изгнания. Это одна из немногих отсылок в романе, объединяющих Кинбота и Шейда. Кинбот отождествляется с Гэзель как с гротескным изгоем в Нью-Вае и, возможно, с иной, чем Шейд, целью цитирует Гёте: описывая свой побег из Земблы, Кинбот представляет его как бегство из смерти в жизнь, зеркальную противоположность движению Гэзель из жизни в смерть. Гэзель и Кинбот переходят в потусторонность по своей воле, заманиваемые невидимыми лесными

---

[29] В оригинале «Лолиты» цитата из Гёте более точная: «by nine <...> she would be dead in his arms» [Nabokov 1991: 116]. — *Примеч. пер.*

царями. В противоположность им Долорес Гейз хорошо приспособлена к обыденному миру, и в ее похитителе нет ничего сверхъестественного.

То, как во всех трех романах постепенно проступает персонаж «Старовер Блю», еще сильнее подчеркивает противопоставление «Лолиты» и «Бледного пламени», соединяя последнее с «Истинной жизнью Себастьяна Найта». Русский доктор Себастьяна, Старов, служит сигналом о том, что процесс умирания Себастьяна включает и его возвращение к своему русскому «я», переход на другой берег. В «Лолите» доктор Блю, утихомирив Гумберта в эльфинстонской больнице, восклицает: «Ну, кто тут теперь невротик, я вас спрашиваю?» [Набоков 1997–1999, 2: 303] — подчеркивая психическую нестабильность Гумберта, усиленную утратой его жертвы в этом мире. То, как Блю произносит слово «невротик» через «в», подчеркивает его русское происхождение, — так же как имя «Севастьян», написанное доктором Старовым на русский манер [Набоков 2014: 217][30].

В «Бледном пламени» доктор Старов из «Найта» и доктор Блю из «Лолиты» соединяются в образе астронома Староувера Блю. Кинбот сообщает, что дедушка астронома был из староверов. Так русский старообрядческий смысл слова «старовер» наконец-то открывается читателю, не владеющему русским и с 1938 до 1962 года ждавшему просветления. Мать Блю зовут Стелла Лазурчик [Набоков 1997–1999, 3: 480], и таким образом возникает любопытный русско-латинско-английский каламбур: английское «star», «звезда», омонимично русскому «стар», обозначающему возраст, а «stella» — «звезда»по-латыни. Звезда и лазурь — эмблемы иного мира[31]; такое имя намекает, что вера староверов связана с самим раем, и показывает набоковское сочетание России с потусторонностью.

---

[30] В русском переводе «Лолиты» этот нюанс с происхождением доктора Блю утрачен; ср. в оригинале: «Now who is nevrotic, I ask?» — *Примеч. пер.*

[31] Тамми в [Tammi 1995: 188] связывает лазурь и бессмертие. Ср. с замечанием Набокова о том, что землянские королевские сокровища спрятаны в Кобальтане. См. Интервью Альфреду Аппелю: [Набоков 1997–1999, 3: 621].

«Бледное пламя»

В «Бледном пламени» поиск потустороннего автором и персонажами построен на целой паутине отсылок к спиритизму, которые появляются и в тексте поэмы Шейда, и в тексте Кинбота. В «Бледном пламени» Набоков отсылает к плеяде викторианцев, интересовавшихся спиритизмом: Джеймсу Коутсу, А. Р. Уоллесу (1823–1913), Чарльзу Кингсли (1819–1895), Эндрю Лэнгу (1844–1912) и Артуру Конан Дойлу (1832–1893).

Джеймс Коутс
Джеймс Коутс — автор книги о том, как фотографировать духов: «Фотографируя невидимое: практические занятия по спиритической фотографии, портреты духов и другие редкие, но родственные явления» (1911)[32]. В «Бледном пламени» Набоков дает это имя репортеру Джиму Коутсу, берущему интервью у миссис З., к которой отправился Шейд, потому что ей в предсмертном видении якобы привиделся фонтан. В своей поэме Шейд рассказывает, что когда Коутс проверил статью, то сообщил: «Есть опечатка — но из несерьезных: “Вулкан”, а не “фонтан”. М-да, грандиозно!» [Набоков 1997–1999, 3: 334]. Используя имя исторического лица, Джеймса Коутса, Набоков показывает, что вымышленный журналист Коутс напрасно так поспешно отметает видение загробной жизни, описанное миссис З., и опечатку, превратившую это видение из «вулкана» в «фонтан». Вымышленный Коутс сообщает, что перепутал заметки, — мы не знаем, что в точности сказала миссис З. Для Шейда же эта опечатка разрушила надежду (довольно буквальную) на возможность подтвердить существование загробной жизни.

---

[32] Об истории фотографий духов см. [Tucker 2005], а также [Glendinning 1894]. Я признательна Хильде Бижур, куратору выставки «The Case for Spirit Photography» (Neikrug Gallery, New York, December 1987) за материалы, которыми она со мной поделилась и которые включают фотографию духа, сделанную сэром Артуром Конан Дойлом, а также переписку с американским и английским отделениями Общества психических исследований.

А. Р. Уоллес

Альфред Рассел Уоллес, «наивный натуралист», упомянутый в «Сестрах Вэйн», сформулировал теорию о выживании наиболее приспособленных одновременно с Чарльзом Дарвином. Уоллес интересовался лепидоптерологией и отвергал дарвиновское материалистическое понимание человеческого развития — что роднит его с Набоковым[33].

Уоллес был частым посетителем спиритических сеансов. Вера в существование загробного мира утверждается в его книгах «Научный аспект сверхъестественного» (1866) и «Чудеса и современный спиритизм: в защиту современного спиритизма» (1874). В «Бледном пламени» королева Бленда, мать Карла Возлюбленного, вызывает дух Уоллеса во время спиритического сеанса с помощью планшетки и беседует с ним. Чтобы уравновесить этот потенциально интересный случай связи с духами, Набоков приводит и отрицательный пример: после смерти королевы графиня де Файлер с помощью спиритической планшетки пытается убедить Карла жениться на ее дочери Флер, внушая ему: «Карл прими прими лелей любовь цветок цветок цветок» [Набоков 1997–1999, 3: 375]. Любопытная история славного натуралиста Уоллеса противопоставляется злоупотреблениям мистическим общением с духами ради тривиальных пропагандистских целей.

Чарльз Кингсли

Чарльз Кингсли, английский священник, поэт и прозаик, капеллан королевы Виктории и кембриджский наставник ее старшего сына, принца Уэльского, по истории, был тайно введен в «Бледное пламя» благодаря имени английского шофера Сильвии О'Доннелл, «слуги старого и преданного», который подбирает короля Карла, когда тот приземляется в Америке на парашюте [Набоков 1997–1999, 3: 489]. Историк, одновременно отстаивавший в своих трудах существование волшебного мира, Кингсли — отличный выбор на роль в истории бегства землянского короля из Земблы в Америку, — истории, которая также во многом основана на бегстве короля Карла II из Англии при Кромвеле.

---

[33] Подробнее о А. Р. Уоллесе и «Бледном пламени» см. [Мейер 2007].

Хотя бюст Кингсли стоит в Вестминстерском аббатстве в капелле поэтов второго ряда, большинству он известен как автор детской книги «Дети воды» (1862). Главный герой книги, бедный маленький трубочист Том, утопился с горя, в результате чего «с него смыло всю скорлупу и оболочку» и феи превратили его в водяное дитя [Kingsley 1966: 76]. Том забывает все тяжкие горести своей земной жизни. «И тут нечему дивиться, ибо <...>, когда ты пришел в этот мир и стал земным ребенком, ты ничего не помнил. Вот и Том все забыл, когда превратился в водяное дитя» [Kingsley 1966: 84]. Кингсли обращается к своему читателю (книгу он написал для младшего сына):

> <...> пока ты не узнаешь о природе намного больше, чем известно профессорам Оуэну и Хаксли, вместе взятым, не говори мне, чего не может быть на свете, и не думай, будто в мире не бывает чудес, потому что они слишком удивительны, чтобы и правда существовать. «Мы созданы пугающе и удивительно», — сказал старик Давид, и был совершенно прав: таково все вокруг нас, даже вот этот сосновый стол [Kingsley 1966: 76].

Далее Кингсли пишет:

> Самое чудесное и мощное в мире — <...> то, что никому не видимо <...>, и потому на свете могут водиться феи [Kingsley 1966: 59–60].
> Мудрецы древности утверждали, что у всего на земле есть свои водяные двойники [Kingsley 1966: 73].
> Разве все мы, приходя в этот мир, не переживали столь же чудесное преображение, что и морской еж или бабочка? И разве разум и сходство, наряду со Священным Писанием, не подсказывают нам, что преображение это не последнее? Хотя мы пока не знаем, кем нам суждено сделаться потом, но на земле мы всего лишь ползучая гусеница, а в загробном мире станем совершенной бабочкой [Kingsley 1966: 75].

Перемещение Кинбота из Земблы в Америку при помощи шофера Кингсли представляет собой вывернутый наизнанку аналог перемещения трубочиста Тома с земли в воду; в «Пнине» наземный отец Виктора (Винд) и водяной (Пнин) также представляют области реального и идеального. Земблянская фантазия Кинбота — его волшебный мир, позволяющий ему «[стряхнуть] бесцветную шелуху невеселого прошлого», как выражается Шейд [Набоков 1997–1999, 3: 481].

Кроме того, Кингсли объединяют с Кинботом некоторые личные черты; он был эксцентричен и в университете не пользовался популярностью, был высок, худощав, совершенно не от мира сего, болезненно чувствителен к нередко враждебным нападкам критиков, подвержен нервным припадкам. В Тринити-колледже, где он в течение девяти лет (1860–1869) довольно нестандартно преподавал историю, Кингсли был изгоем. Современник писал о нем: «Несмотря на грубый голос и энергичные манеры, в своих предпочтениях и антипатиях, порывах и предрассудках он был <...> женственным»; он также заключил, что в натуре Кингсли было непропорционально много женского [Pope-Hennessy 1949: 3–4].

Кингсли был страстным натуралистом, вел долгие беседы со своим «дорогим и почитаемым наставником» [Pope-Hennessy 1949: 243] Дарвином и изучал труды А. Р. Уоллеса. Каждое научное открытие Кингсли воспринимал как Божье послание и, в отличие от большинства современников, безо всякого труда смог примирить Священное Писание с теорией эволюции. Он писал, что не может «отказаться от <...> заключения, к которому пришел за двадцать пять лет изучения геологии, и поверить, что Господь написал на скалах невероятную и ненужную ложь»[34]. Своими глазами увидев масштабный метеоритный поток, Кингсли произнес проповедь о «безжалостных законах природы»:

> Научный аспект Природы окажется ужасен для человека с трезвым разумом, если простая абстракция под названием «закон» оказывается единственным, что управляет вселенной, если вместо Божественного ока на нас будет яростно смотреть пустая, черная, бездонная глазница. Есть ли во вселенной Живой Бог или нет? Вот важнейший из вопросов[35].

---

[34] Цит. по: [Pope-Hennessy 1949: 184].

[35] Цит. по: [Pope-Hennessy 1949: 242–243].

Чарльз Кинбот, будучи пламенным землянским протестантом, излагает сходные идеи: «...стоит нам отвергнуть Высший Разум, что полагает нашу личную потустороннюю жизнь и направляет ее, как нам придется принять невыносимо страшное представление о Случайности, распространенной на вечность» [Набоков 1997–1999, 3: 471]. То, как Кингсли принимает и фантастическое, и религиозное, а также слово «король»[36] в его фамилии, превращает его в как нельзя более подобающую фигуру, чтобы встретить землянского короля Карла, когда тот спускается на землю на парашюте, «входя в этот мир» и «проходя преображение столь же чудесное, что и <...> у бабочки» [Kingsley 1966: 75].

Эндрю Лэнг

Шотландский писатель-романтик Эндрю Лэнг в наши дни больше всего известен своими книгами сказок — «Синей», «Красной», «Зеленой» и «Желтой», однако он много писал о мифологии, религии и фольклоре и выпустил ряд работ по истории Шотландии и Франции, а также сочинял стихи и переводил с древнегреческого и французского; «Словарь национальной биографии» назвал его «величайшим книжником своего века»[37]. Как и Кингсли, чьи литературные произведения Лэнг читал в детстве, он был человеком очень чувствительным и застенчивым. Это делало его несколько ершистым, как показывает, например, случай в библиотеке Палаты лордов, где Лэнг навещал своего друга-библиотекаря:

> Тут вошел герцог Нортумберлендский и, узнав Лэнга, кивнул и улыбнулся. Лэнг сверкнул на него глазами сквозь очки, точно василиск, и герцог, смутившись, тотчас вышел. Я сказал: «Герцог поклонился вам». — «Какой герцог?» — спросил Лэнг. — «Герцог Нортумберлендский». — «О, так это был он? Вечно никого не узнаю» [Green 1946: 190].

---

[36] В фамилии Kingsley содержится слово «king» — «король». — *Примеч. пер.*

[37] Цит. по: «Andrew Lang» [Encyclopedia Britannica, 1946, 13: 691].

Этот анекдот напоминает фразу Альфина Туманного «Какой император?» из землянских преданий Кинбота, а фамилия Лэнг возникает в поэме Шейда, когда тот, обращаясь к своей жене Сибил, вспоминает: «Ланг сделал твой портрет» [Набоков 1997–1999, 3: 331]. Сибил, то есть сивилла, посредница между этим и иным миром, — самая подходящая модель для портрета кисти Лэнга[38]. Однако в комментарии Кинбота Сибил Шейд играет антисверхъестественную роль, насмехаясь над попытками Гэзель пообщаться с духами, и Шейд остается материалистом, хотя не лишенным «призрачной надежды» на будущую жизнь в своей поэме. Как и в случае с Джимом Коутсом, Набоков называет персонажа, невосприимчивого к потустороннему (Сибил), именем, ассоциирующимся с исследованием потустороннего мира.

Лэнга интересовали спиритические явления: «Я твердо верю, что существуют человеческие способности, пока что не получившие объяснения и пока что несовместимые с популярным научным материализмом» [Green 1946: 72]. Исследования спиритических явлений Лэнг соединял со своими антропологическими исследованиями и написал на эту тему сборник эссе, «Кокл Лейн и здравый смысл» (1894), а также «Книгу о снах и призраках» (1897), антологию историй о духах и привидениях с древних времен до наших дней. Он состоял в рядах Общества психических исследований, в 1911 году стал его президентом и написал статью о полтергейсте для девятого издания «Британской энциклопедии». Как и Набоков, Лэнг чувствовал, что несомненное шарлатанство отдельных случаев вовсе не отменяет возможность существования необъяснимой области — потустороннего мира. Шейду и его жене скорее следовало устроить так, чтобы Лэнг писал портрет не Сибил, а Гэзель, однако портрет передает внешнюю привлекательность Сибил, а не таинственные способности Гэзель. Лэнг у Шейда, похоже, напоминает своего исторического прототипа, сказавшего: «Вечно никого не узнаю».

---

[38] «Sybil» в английском и имя собственное, и «сивилла». — *Примеч. пер.*

Артур Конан Дойл

К Лэнгу неприязненно относились более утонченные его современники, такие как Генри Джеймс, Джордж Мур, Макс Бирбом, однако у других он пользовался симпатией за то, как щедро помогал молодым писателям, в том числе Конан Дойлу, чьи ранние произведения поощрял и продвигал. Сэр Артур был известным спиритом и тридцать шесть лет состоял в Обществе психических исследований. Свой интерес к оккультному он унаследовал от отца, Чарльза Атламонта Дойла (1832–1893), алкоголика, скончавшегося в психиатрической лечебнице, и от дяди Ричарда (Дики) Дойла (1824–1883), художника, прославившегося картинами и иллюстрациями на тему волшебства и волшебного мира[39]. Артур Конан Дойл в поэме Шейда упоминается только как автор рассказов о Шерлоке Холмсе, но в 1920-е годы Дойл совершил турне по США и Южной Африке, по собственной инициативе выступая перед тысячами человек в качестве проповедника спиритизма. Они с женой регулярно участвовали в спиритических сеансах и неоднократно беседовали с духом покойного сына, погибшего в Первую мировую войну; кстати, его также звали Кингсли. В 1918 году Дойл написал двухстраничную газетную статью «Жизнь после смерти» [Doyle 1918], и о его деятельности как спирита много говорили в английской прессе как раз в те годы, когда Набоков учился в Кембридже. Особый фурор произвела история о феях в Коттингли: две девочки в графстве Йоркшир сфотографировались с гномом и компанией фей. На Дойла это произвело такое сильное впечатление, что он поехал познакомиться с девочками, отвез пластины с фотоснимками в «Кодак» подтвердить их подлинность и написал книгу «Пришествие фей» [Doyle 1922], в которой настаивал на том, что фотографии — не подделка. Но, как заметил один из биографов, «вскоре появились пространные статьи, которые указали на подозрительное сходство между феями из Коттингли и картинками в объявлении, рекламировавшем марку ночников»

---

[39] См. [Martineau 1997], особенно «Richard Doyle», 126–134, и «Charles Doyle», 138–139.

[Stashower 1999: 356][40]. В поэме Шейда описывается подобный популярный образ феи в телевизионной рекламе мыла, — и это единственная разновидность фей, которую Шейд признает[41].

Тем не менее, согласно свидетельству в поэме Шейда и куда более сочувственному толкованию этого случая Кинботом в комментариях, Гэзель Шейд оказывается медиумом, воспринимающим полтергейст и способным на общение с духами. Ее имя взято из «Девы озера» Вальтера Скотта, где действие разворачивается в шотландских горах «в тени орешника в далеком Гленартни» (Canto First, 1) [Scott 1894: 123][42] и где появляется «охотник, возникнув из тени орешника» (Canto First, XX) [Scott 1894: 128][43]. Охотник, встретив героиню, Эллен Дуглас, восклицает: «Я встретил фею в стране фей!» (Canto First, XXII) [Scott 1894: 128]. Он становится благодетелем героини и в развязке истории раскрывает свою тайну — он не кто иной, как король Шотландии инкогнито. Землянский король инкогнито не может стать благодетелем Гэзель, поскольку она в ином мире, но он сочувствует ей. Он — единственный в «Бледном пламени», кто способен испытывать «elfobos»[44], что на землянском означает «неодолимый страх, насылаемый эльфами» [Набоков 1997–1999, 3: 403]; безумие Кинбота позволяет ему чувствовать и постигать то, что недоступно большинству, и помещает его на границу между двумя мирами.

---

[40] Десятилетия спустя сестры признались в подлоге. См. [Fox 2010].

[41] В переводе С. Б. Ильина и А. В. Глебовской строфа звучит так: «Там нимфа в пируэте, свой весенний / Обряд свершает, преклонив колени / Пред алтарем в лесу, на коем в ряд / Предметы туалетные стоят» [Набоков 1997–1999, 3: 323]. — *Примеч. пер.*

[42] Мэри Маккарти была первой, кто установил этот источник в [McCarthy 1962]. Другие исследователи подхватили и развили тему, анализируя то, насколько Гэзель далека от героини Скотта. См., например, [Galef 1985: 421; Knapp 1987: 110].

[43] В имеющихся литературных переводах словосочетание «тень орешника» не передано. В оригинале: «in lone Glenartneys' hazel shade» и «advancing from the hazel shade»; «Hazel Shade», «тень орешника», и есть имя дочери Шейда. — *Примеч. пер.*

[44] В оригинале «alfear» — слово на вымышленном землянском языке без греческого корня. — *Примеч. пер.*

В «Бледном пламени» Гэзель Шейд становится девой озера, поскольку именно озеро выбирает для того, чтобы покончить с собой мартовской ночью[45]. Как персонаж она располагается на границе между миром людей и миром духов, а также между человеком и стихотворением. Точно так же, как и «дымку», Набоков использует «пелену» («haze») как мотив, указывающий на границу между двумя мирами: в поэме Шейда миссис З. различает свой вулкан-фонтан за «пеленой» [Набоков 1997–1999, 3: 334][46], а в комментарии Кинбота, когда он описывает бегство через хребет Бера, видит далекие кряжи «в нежной дымке» [Набоков 1997–1999, 3: 403][47].

Гэзель уходит в одно из трех соединенных между собой озер (Омегу, Озеро или Зеро)[48]. Три «о» в названии озер отображают, во-первых, алфавит («омега» — последняя буква греческого алфавита, говорящая о конце); во-вторых, слово «озеро» на русском; в-третьих, число, которое стоит между зеркальными системами плюса и минуса. Вместе три названия благодаря самоубийству Гэзель указывают на границу между этим миром и потусторонним, на бесконечность и непознаваемость этого мира, а также на то, что для Набокова он связан с Россией. Объяснение Кинбота, что названия озер — это «индейские имена, искалеченные первыми поселенцами», маскирует их как американские искажения слов неизвестного происхождения [Набоков 1997–1999, 3: 359]. Подхлестнутый самоубийством Гэзель, Шейд пишет поэму в 999 строк, пытаясь найти подтверждение тому, что загробная жизнь существует, — но терпит неудачу. Только Кинбот соединяет два мира: он пишет комментарий к ненаписанной тысячной строке Шейда, описывающей его переход из этого

---

[45] Галеф выдвигает это наблюдение в рамках психологического анализа Гэзель, но отмечает, что она «наконец стала духом» [Galef 1985: 426]. Кнапп видит в ней колдунью [Knapp 1987: 110].

[46] В оригинале «hazy orchard», букв. «сад в дымке». — *Примеч. пер.*

[47] В переводе А. В. Глебовской и С. Б. Ильина «haze» передано как «дымка» или «пелена». См. также прим. 8 главы четвертой.

[48] Кнапп проводит связь между Гэзель, дымкой и загробной жизнью, опираясь на строки 580 и 756 поэмы Шейда, и заключает: «Гэзель — это магия» [Knapp 1987: 110–111].

мира в иной, и тем самым выполняет то, что оказалось пророческой строкой поэта в Песни четвертой: «Жизнь человека — комментарий к темной / Поэме без конца» [Набоков 1997–1999, 3: 338]. Любой комментарий к строке 1000 будет описывать то, чего Шейд знать не может, поскольку передал «жезл жизни» Кинботу. Последний не может знать наверняка, стали ли бы несуществующей строкой Шейда слова «Я тень, я свиристель, убитый влет», — не больше, чем мы можем знать, удастся ли Шейду встретить Гэзель в потустороннем мире.

В стихотворении Шейда «О природе электричества» есть шутка насчет существования духов, построенная на числе 999:

> Есть номера у фонарей
> И тот, с девяткой троекратной,
> Лучист и зелен средь ветвей, —
> Возможно, друг мой невозвратный
> [Набоков 1997–1999, 3: 444].

Шейдовское расследование потусторонности как «I.P.H.» (аббревиатура пародирует «Общество психических исследований») оставляет ему слабую надежду на жизнь после смерти, но, несмотря на свое искусство, он материалист[49] и так и не заинтересовался спиритическими способностями Гэзель. Он оплакивает то, что ей не удалось стать нормальной привлекательной девушкой здесь и сейчас:

> Но скажем честно: в школьной пантомиме
> Другие плыли эльфами лесными
> По сцене, что украсила она,
> А наша дочь была обряжена
> В Старуху-время, вид нелепый, вздорный
> [Набоков 1997–1999, 3: 320].

---

[49] Монро в своей работе соглашается: «Шейд погружается в материальный мир» [Monroe 1991: 388]. «"Бледное пламя" — это перчатка, провокативно и с улыбкой отважной ярости брошенная в лицо материалистам всех сортов» [Monroe 1991: 380].

Гэзель не может нарядиться в диснеевскую нимфу-фею из телевизионной рекламы, но она — нечто подлинное, медиум, способный соприкасаться с иными миром. Она возвращается в мир, откуда явилась, войдя в тройное «О», в естественную среду обитания духов. Возможно, из гадкого утенка, каким она была в этом мире, на другом берегу она превратится в прекрасного лебедя. Но Шейд будет «отвергать вечность», если она не содержит черт земной жизни — «Резинка, что свивается, упав, / Поверженной восьмеркой, и стопа / Вот этих самых карточек» [Набоков 1997–1999, 3: 326]. Он «знает», что никакой дух не простучит имя Гэзель на спиритической планшетке [Набоков 1997–1999, 3: 330], и распоряжается снести сарай Гентцнера из-за шумихи, начавшейся вокруг полтергейста в нем. Шейд хочет, чтобы загробный мир напоминал земной, и отвергает любую возможность коммуникации с потусторонностью. Однако Кинбот сообщает нам, что Гэзель получила послание от духа тети Мод. Подобно Кинботу, Гэзель «вертеть слова любила» [Набоков 1997–1999, 3: 321]: оба они явились из другого мира; оба — зеркальные варианты своего идеального «я», которое в нашем мире принимает гротескный вид. Им необходимо зеркало потустороннего мира, чтобы показать их идеальное обличье, то самое, которое не удается распознать обычным смертным.

В «Бледном пламени» Набоков проявляет глубокий интерес к спиритизму. Гумберт прав в одном, во всяком случае в категориях набоковского гегельянского юмористического синтеза: нужно быть и поэтом, и одновременно безумцем, чтобы распознать нимфетку. Шейд, поэт, или Кинбот, безумец, поодиночке неспособны распознать в Гэзель дух; это по силам только читателю и автору книги, имеющим доступ к обоим вариантам видения, у которых нет прочного синтеза. Глядя с точки зрения Шейда, мы оказываемся слепы к потустороннему в Гэзель и видим лишь трагедию; глядя с точки зрения Кинбота, мы оказываемся бесчувственны и невосприимчивы к нормальной человеческой семейной любви. Роман необходимо читать с трех точек зрения одновременно, и поэтому он пребывает в постоянном состоянии интерпретационного движения.

Интерес Набокова к проявлениям присутствия и посланиям умерших близких из загробного мира подогревается надеждой когда-нибудь встретиться со своими близкими, особенно с отцом, как у Федора в «Даре». В творчестве Набокова его надежда на возможность бессмертия души различима лишь исподволь; можно ее предполагать, но никогда не утверждать напрямую. Положительный ответ следует взвешивать так же старательно, как и отрицательный. Значительное число художников и философов, которые признавали мистический опыт, позволило Набокову снова и снова воображать возможность доступа к непознаваемому, к дальнейшему существованию человеческой души после смерти. Вездесущее мерцание неопределенности его романов вызывает у набоковских читателей дрожь «эльфобоса».

Часть IV

РАЗРУШЕННЫЕ БИНАРНЫЕ ОППОЗИЦИИ[1]

---

1   Ранний вариант раздела первого был опубликован под заголовком: *Lolita* and the Genre of Literary Doubles: Does Quilty Exist? // Lolita: From Nabokov to Kubrick and Lyne — Capes-Agrégation / Ed. by E. Martiny. Paris: Sedes, 2009. P. 73–83. Воспроизводится с разрешения Dunod Editeur, 11, rue Paul Bert, 92247 Malakoff.

Глава 5
Неопределенность

Набоков поселяет неопределенность в своих рассказчиках. Как и в случае с «Себастьяном Найтом», исследователи «Бледного пламени» утверждают, что один из персонажей или выдумал другого, или сам выдуман другим, однако подобное прочтение преуменьшает сложность обоих романов. Пожертвовать кем-то из очень разных персонажей с их непересекающимися системами координат невозможно; это мешает процессу открытия других измерений и, что важнее, ограничивает категории романа одной или другой стороной простой бинарной оппозиции, подразумеваемой вариантом «единственный автор». Набоков создает эту неоднозначность структуры отчасти для того, чтобы привлечь внимание к проблематичности самой природы «реальности». Он также использует традиции сюжета о двойнике, чтобы усложнить загадку авторства повествования, применяя и пародируя приемы жанра, одновременно модифицируя имплицитную платоновскую философию жанра и расширяя ее последствия.

Топос литературного двойника структурирует «Лолиту» тем, как его использует рассказчик Гумберт Гумберт. Эта ключевая черта, с одной стороны, обеспечивает четкую мотивацию для множества стилистических черт, но, с другой стороны, затрудняет толкование событий в романе. Набоков создает в своих романах «кротовые норы», которые не позволяют определить, что именно произошло в, казалось бы, очевидных и ясных сюжетных линиях, поэтому, как и в случае с «Себастьяном Найтом» и «Бледным пламенем», чем больше мы перечитываем, тем слабее наша уверенность.

«Лолита» и жанр литературных двойников:
существует ли Куильти?

Роман «Лолита» соткан из слоев удвоений, созданных подлинным автором Набоковым и вымышленным автором Гумбертом. Именно Гумберт, а не Набоков изобретает историю о том, как Куильти похитил Лолиту, и использует при этом жанр литературных двойников; и у Набокова, и у Гумберта удвоения пародируют этот жанр[2], неразрешимая неопределенность которого создает неустойчивость романного сюжета и самого повествования.

То, как Гумберт создает свою собственную историю о двойнике (и как автор, и как протагонист), соответствует подробному описанию жанра, данному Эндрю Дж. Уэббером:

1. Двойник — одновременно и «замещающий другого агент, и раздражающий узурпатор удовольствий героя», он выдает себя за своего хозяина, что неизбежно связано с сексуальностью и включает продолжительную игру во власть между двумя «я». Нимфолепт Гумберт состязается за обладание Лолитой с порнографом Куильти.

2. Двойник навязчиво возвращается — и внутри текста хозяина, и интертекстуально из одного текста в другой: в исповеди Гумберта Куильти возникает тридцать шесть раз; помимо «Странной истории доктора Джекила и мистера Хайда» и «Вильяма Вильсона» [Nabokov 1991: 349, lx–lxiii], Гумберт косвенно отсылает к «Франкенштейну» Мэри Шелли: доктор Франкенштейн, преследуя свое творение до Арктики, постоянно называет его дьяволом; Гумберт называет Куильти дьяволом восемь раз[3].

3. История о двойнике «представляет прочную взаимозависимость реального и фантастического миров, невероятным образом присутствующих одновременно в момент встречи с двойником»,

---

[2]   Роберт Алтер определяет пародию как «литературный модус, в котором творчество сплавлено с критикой». Цит. по: [Frosch 1987: 93].

[3]   Подсчет дан по английскому варианту «Лолиты». В русском варианте «дьявол» чередуется с «бесом», особенно в главе 23, где Гумберт изучает записи в гостиничных книгах регистрации в поисках глумливых посланий от соперника. — *Примеч. пер.*

и «отходит от традиций жанра, порождая сцены, которые могут быть как пародийной игрой, так и совершенно серьезными». Финальное столкновение Гумберта со своим двойником в сцене, которая разворачивается в Павор-Маноре на улице Гримма[4], сочетает в себе волшебную сказку, американский вестерн и готическую новеллу (например, «Падение дома Ашеров» Э. А. По), так что убийство Куильти выглядит комически-фантастическим. В середине погони Куильти садится за фортепиано и берет «несколько уродливо-сильных, в сущности, истерических, громовых аккордов» [Набоков 1997–1999, 2: 368], прежде чем Гумберт «каким-то двойным, тройным, кенгуровым прыжком» следует за ним через холл [Набоков 1997–1999, 2: 369] и Куильти невероятным образом выдерживает несколько выстрелов из пистолета.

4. «Скользкий двойной агент, двойник ускользает от криминального или психологического преследования. Даже если существование двойника отрицают, он требует, чтобы его признали как проекцию сильной тревоги героя». Куильти обращает обвинения, полученные от Гумберта, против него самого: «Я спас ее от извращенного негодяя» [Набоков 1997–1999, 2: 363] — и насмехается над стихами, которые Гумберт ему читает: «Прямо великолепно!», «Чуточку повторяетесь, а?», «Так-с, первая сальность» [Набоков 1997–1999, 2: 365].

5. Двойник, как правило, «передразнивает, повторяет, искажает, пародирует, навязывает, мешает или заглушает речь своего хозяина»: Куильти внезапно начинает говорить с «нарочито британским произношением» [Набоков 1997–1999, 2: 369] или поначалу заводит речь на шуточном искаженном французском: «Вы француз, мистер? Вулэ-ву-буар?» [Набоков 1997–1999, 2: 362], а затем переходит на превосходный идиоматический французский: «Vous voila dans de beaux draps, mon vieux» [Набоков 1997–1999, 2: 363]. В криптограмматической игре в догонялки он присваивает и пародирует литературную систему координат Гумберта и оставляет потешные записи в гостевых книгах мотелей.

---

4   Если «улицу Гримма» Набоков в русском переводе «Лолиты» сохранил, то топоним «Pavor Manor», букв. «замок ужасов», заменен на определение «зловещий замок» или «родовой замок».— *Примеч. пер.*

6. Двойник «осложняет темпоральные схемы нарративного развития, разрушает социальные условности». Гумберт одновременно и персонаж, и рассказчик собственной истории; он подчеркивает, что искусственно выстраивает временную последовательность событий, чтобы повлиять на читателя. Возможно, Набоков ведет со временем еще более тонкую и тайную игру, и об этом расхождении мы еще поговорим. Что касается социальных условностей, и Гумберт, и еще сильнее Куильти бросают вызов всем общественным нормам — своим увлечением Лолитой [Webber 1996: 3–5].

Гумберт и Набоков

Исповедь Гумберта состоит из тех же слов, что и роман Набокова (хотя авторство предисловия Джона Рэя — младшего — большой вопрос)[5]. Тем не менее один и тот же набор слов передает два разных мировоззрения: литературного персонажа Гумберта Гумберта можно прочитать как пародийного злого двойника его автора, Владимира Набокова: первый — это безумец-солипсист, написавший свою автобиографию, а второй — его противоположность, гармоничный и уравновешенный художник, который творит вымышленное повествование, направленное вовне[6].

Как и Набоков, Гумберт называет своего читателя братом: «Читатель! Bruder!» [Набоков 1997–1999, 2: 321], пытаясь оправдать свое преступление, но, в то время как Набоков надеется, что

---

[5] Как указывает Мари-Лаура Райан, это также верно применительно к эссе Набокова — приложению к «Лолите»: «Ссылаясь на этот акт самообмана, на самом деле не признавая его, Набоков наполовину вступает в систему художественного вымысла и завершает свой роман тем, что могло бы быть, но не наверняка является, новым уровнем вымысла» [Ryan 1991: 94].

[6] Бахтин использует для этого явления термин «разноречие», и оно способно выразить авторские интенции в преломленном виде: «Оно служит сразу двум говорящим и выражает одновременно две различных интенции: прямую интенцию говорящего персонажа и преломленную — авторскую» [Бахтин 1975: 137–138]. Аппель — мл. отмечает: «В набоковской прозе по меньшей мере два сюжета: персонажи в книге и сознание автора над ней» [Nabokov 1991: xxvi].

читатели станут идеальными критиками и толкователями, Гумберт пытается добиться одобрения читателей за свое преступное обращение с Долорес Гейз [Tamir-Ghez 1980]. Однако в ходе написания его истории о двойнике у Гумберта открываются глаза на собственное преступление, и он хочет покаяться в своих грехах. Он выстраивает повествование своей «исповеди» в виде истории о том, как обнаружил у себя злого двойника в лице Куильти [Nabokov 1991: lx–lxii; Olsen 1995: 75–78][7], соблюдая законы этого жанра столь точно, что нужно считать это осознанным намерением рассказчика. Гумберт, литературовед и художник, понимает, что жанр говорит сам за себя: оригинал в паре двойников, называемый «хозяином», Гумберт разделяет отвратительные качества своего двойника, Куильти. Читатель волен решать, до какой степени Гумберт сознательно понимает, что Куильти представляет его собственную темную сторону, но как автор своей собственной истории о двойнике Гумберт должен на каком-то уровне осознавать это и испытывать отвращение к своему сходству с Куильти. В ходе написания этого анализа Гумберт приобретает некоторое родство со своим автором, Набоковым, который, говоря об искренности покаяния Гумберта, в 1965 году написал в своем предисловии к английскому переводу «Отчаяния»: «...но все же есть в раю зеленая аллея, где Гумберту позволено раз в год побродить в сумерках» [Набоков 1997: 61].

Гумберт и Гумберт

Гумберт также творит и *самого себя* как двойника внутри собственного повествования, говоря о себе в третьем лице, иногда как о двух личностях: «...а Гумберт Грозный внутренне обсуждал с Гумбертом Кротким, убить ли (Шарлотту) Гумберту Гумберту» (дословный перевод)[8]; он одновременно и протагонист

---

[7] Майкл Белл называет Куильти «откровенно неестественным» [Bell 1987: 75].

[8] Этот раскол рассматривается у Аппеля — мл. [Nabokov 1991: 29] и Долинина [Долинин 2019: 454–455].

истории (поскольку с ним происходят описываемые события — *Erlebendes Ich*), и рассказчик (*Erzälendes Ich*), обладающий сведениями, полученными позже, — рассказчик, пытающийся увековечить свою возлюбленную в искусстве [Bullock 1984: 187; Bell 1987: 75–77]. Таким образом, в «Лолите» содержится по меньшей мере три похожих на набор матрешек интерпретационных уровня двух сдвоенных художников: ГГ / ГГ (рассказчик / тот, о ком он рассказывает) — ГГ / Куильти (вымышленный автор / персонаж) — Набоков / ГГ (подлинный автор / роман). Сложность этого тройственного удвоения делает невозможной любую статичную бинарную оппозицию идеального / реального, добра / зла, — если перечислять парности, наиболее типичные для традиционной истории о двойниках[9].

Хотя Набоков заявлял, что «вся эта тема двойничества — ужасная скука», он обыгрывал ее во многих романах — до «Лолиты» открыто в «Отчаянии» и «Истинной жизни Себастьяна Найта»[10]. Он отрекается от этого жанра, чтобы указать на то, что сам его пародирует: ни одного из набоковских двойников нельзя назвать подлинным образчиком жанра. В «Отчаянии» Герман нарекает своим двойником некоего человека, напрочь лишенного с ним сходства или связи; в «Истинной жизни Себастьяна Найта» В. к концу собственного повествования сливается в единое целое со сводным братом, чтобы создать новое совместное авторство, которое продлевается за пределы земной жизни в потустороннюю.

---

[9] Аналогичным образом Аппель — мл. пишет: «Приемы Набокова и стратегии запутывания открывают в его прозе "второй сюжет", "смежный мир" авторского сознания; <...> и таково будет воздействие этих стратегий на читателя, который беззаконно вовлечен в эту прозу — что он составит "третий сюжет" <...> в такой степени, что и его тоже можно будет считать превратившимся в еще одно из творений Владимира Набокова» [Nabokov 1991: lv].

[10] «Вся эта тема двойничества нагоняет на меня ужасную скуку». Интервью Альфреду Аппелю — мл. [Набоков 1997–1999, 3: 612].

Пары vs удвоение

«Лолита» наполнена зеркальными отражениями, например двойными инициалами, которыми Гумберт обозначает своих персонажей, давая им псевдонимы [Nabokov 1991: 361]. Они, среди прочего, создают пару из подлинного отца Лолиты, Гарольда Гейза, и пародии на отца, которую представляет собой Гумберт Гумберт; четыре пары двойняшек в классе у Долли; зеркала в 342-м номере гостиницы «Зачарованные охотники»; и многое другое, но все это простые пары, отражения [Olsen 1995: 77–78]. Даже Гастон Годэн, преподаватель французского в Бердслей-колледже, питающий слабость к маленьким мальчикам, в глазах Гумберта — лишь его противоположность, «посредственный преподаватель; плохой ученый; кислый, толстый, грязный; закоренелый мужеложник, <...> победоносно кичащийся своим незнанием английского языка» [Набоков 1997–1999, 2: 225]. Хотя Гумберт полностью осознает параллель между Г. Г. и собой — они оба европейцы-педофилы (по принципу сдвоенных противоположностей: Годэн любит мальчиков, Гумберт — девочек), — конфликта между ними нет, кроме как за шахматной доской (Годэн всегда носит черное [Набоков 1997–1999, 2: 223], что отводит Гумберту роль «белого»), где у Гумберта преимущество над противником (плохой игрок / хороший игрок). Однако двойничество включает нечто большее, чем бинарную оппозицию; оно подразумевает глубокий конфликт личности, который коренится в амбивалентности хозяина и его подавленных желаний. Только Гумберт и Куильти подпадают под критерий четко определенного с девятнадцатого века жанра литературных двойников, в котором границы между хозяином и двойником размыты, диалектичны, а конфликт между ними неразрешим. Выстраивая рассказ о том, как он потерял Лолиту, Гумберт отсылает к «Доктору Джекилу и мистеру Хайду» Стивенсона, «Вильяму Вильсону» По и другим классическим образцам жанра. Набоков называл толкование «Джекила и Хайда» как аллегории борьбы между добром и злом чрезмерным упрощением, «нелепым спектаклем с Панчем и Джуди» [Nabokov 1980:

251][11]. В сцене, которая разворачивается в Павор-Манор, Гумберт называет Куильти Панчем[12], выражая эту оппозицию, которую Набоков усложняет, приписав ее Гумберту [Набоков 1997–1999, 2: 361]. Движимый желанием отказаться от своего «бесплодного и эгоистического порока; и его-то я вычеркивал и проклинал» [Набоков 1997–1999, 2: 340], Гумберт сооружает из Куильти своего злого двойника, чтобы затем очиститься от собственных грехов, убив этого двойника.

Датировка и вымысел Гумберта

При первом прочтении «Лолиты» мы воспринимаем события, которые описывает Гумберт, буквально, как при чтении любого реалистического романа. Но если не раньше, то к концу романа фантасмагорическое описание убийства Куильти заставляет нас проследить его появления в романе заново, и они воспринимаются все с большим сомнением, возможно, как плод галлюцинации, по словам самого Гумберта. И если мы всерьез отнесемся к несоответствиям в датировках рассказа Гумберта, то будем вынуждены усомниться в реальности всего случившегося после того, как 22 сентября Гумберт получил от Лолиты письмо. Издатель Джон Рэй — младший в своем предисловии сообщает, что Гумберт умер 16 ноября, и с момента его ареста 25 сентября прошло 53 дня, но сам Гумберт тем не менее утверждает, будто у него ушло 56 дней, чтобы написать исповедь. Если Гумберт точен, то он должен был начать работу над рукописью в тот день, когда получил письмо Лолиты, и закончить в день своей смерти. Это означало бы, что он придумал поездку в Коулмонт и встречу с Лолитой (включая ее откровенное признание, что из больницы в Эльфинстоне ее увез Куильти), придумал также свой визит

---

[11] В русском переводе В. П. Голышева Панч также исчезает: «...это лишь первоклассный кукольный театр» [Набоков 2010: 349]. — *Примеч. пер.*

[12] В русском переводе «Лолиты» Панч заменен на «шута». — *Примеч. пер.*

в Рамздейл, убийство Клэра Куильти и сцену собственного ареста; однако, как утверждает Кристин Текинер, Гумберт начинает писать 22 сентября, «сначала в лечебнице для психопатов», где проверяли его рассудок, «а затем в сей хорошо отопленной, хоть и порядком похожей на могилу, темнице» [Набоков 1997–1999, 2: 375; Tekiner 1979: 463–465].

Предположим, Набоков допустил эти неточности и несоответствия намеренно, — а это подтверждается тем, что он сохранил их в собственном русском переводе «Лолиты»; тогда эти недостающие три дня подчеркивают, что Гумберт создал литературный образ Куильти как своего «изгнанного беса»[13]. Гумберт уже сознавался в других нарративных фальсификациях: в полностью сочиненном для нанимателей отчете об арктической экспедиции, в выдуманных психиатрических симптомах для своих врачей, в выдуманном для Шарлотты любовном списке [Bell 1987: 77–78; Долинин 2019: 458].

Вымышленные события после 22 сентября могли бы служить двум целям: Гумберт мог бы одновременно показать собственное раскаяние и обеспечить Лолите бессмертие в «убежище искусства» [Набоков 1997–1999, 2: 309]. Эти сцены, в отличие от остального рассказа Гумберта о «гнусной похоти», которой он, по его признанию, погубил Долли Гейз, служат искуплению его вины: Гумберт пришел к тому, чтобы увидеть в Долли самостоятельную личность, человека, отдельного от него и его фантазий о ней, к тому, чтобы полюбить ее, когда она уже перестала быть нимфеткой, и поэтому убить Куильти в порядке экзорцизма собственной сексуальной эксплуатации Лолиты [Connolly 1995b: 46–51].

Принимаем ли мы несоответствия в датировке как намеренные или нет (Брайан Бойд выступает против того, чтобы заново толковать весь роман на основании одной, возможно случайной, описки [Boyd 1995a: 76]), но к концу первого прочтения романа мы вынуждены пересмотреть все заново, особенно природу Клэра

---

[13] См. [Bullock 1984: 197] и [Долинин 2019: 469]. Аппель называет Куильти «и проекцией вины Гумберта, и пародией на психологического Двойника» [Nabokov 1991: lx].

Куильти. Гумберт называет его «Clare Obscure»[14] [Набоков 1997–1999, 2: 306] — английский перевод итальянского слова «chiaroscuro», «свет и тьма», — техника в изобразительном искусстве, которая создает чувство формы и реальности из света и тени[15].

Фантастическая сцена убийства Куильти пародирует множество жанров, от американского вестерна до сказок братьев Гримм, которые отнюдь не вяжутся с предполагаемо реалистическим романом, какой, как мы думали, мы все это время читали. Куильти постепенно проступает из тени еще в ходе первого чтения романа — в «Аннотированной "Лолите"» Аппель — мл. раскрывает карты Набокова своим примечанием, каталогизирующим все появления Куильти в романе [Nabokov 1991: 349 (примеч. 31 к с. 9)]. При повторном прочтении романа авторитет Гумберта в наших глазах уже подорван, поскольку мы все больше осознаем его физическую и психологическую непрочность на реалистическом плане, а также то, что он все более отчетливо предстает перед нами как ненадежный повествователь на уровне художественном, — и вследствие этого галлюцинаторная природа появлений Куильти усиливается.

Эта двусмысленность и неопределенность породила споры о природе статуса Куильти: существует ли он вообще на вымышленном плане реальности? Если Гумберт не фальсифицирует в своем повествовании абсолютно все — а это разрушило бы тщательно выстроенные неопределенности, принципиально важные для романа, — то существование Куильти подтверждается Шарлоттой Гейз и Джоан Фарлоу, знающими его как племянни-

---

[14] Если в английском оригинале «Лолиты» мы читаем «by reviving quilted Quilty, Clare Obscure» (*букв.* «воскресив ватного Куильти, Клэра Туманного»), то в русском переводе Набокова каламбур изменен и важный смысл утрачен: «тем, что воскресит Курилкуильти, Клэра-Дромадера» [Набоков 1997–1999, 2: 372]. — *Примеч. пер.*

[15] Дебора А. Мартинсен в [Martinsen 2014–2015] утверждает, что окончание романа намеренно неоднозначно и двусмысленно в соответствии с традицией «петербургского текста» (где намеренная двусмысленность вызвана или психологическими, или сверхъестественными причинами, скажем так), однако не высказывает мнения по вопросам датировок.

ка Айвора Куильти [Набоков 1997–1999, 2: 63, 89], портретом Куильти в рекламе папирос «Дромадер» [Набоков 1997–1999, 2: 69], абзацем о нем в справочнике «Кто есть кто в свете рампы» [Набоков 1997–1999, 2: 31], его появлением в Бердслей-колледже в качестве автора «Зачарованных охотников», а также в Уэйсе вместе с Вивиан Даркблум[16] и в предисловии Джона Рэя — младшего.

Лишь Гумберт-автор выставляет Куильти как собственную галлюцинацию, по мере того как Куильти начинает приобретать характеристики двойника. Набоков позволяет и то и другое — и существование подлинного Клэра Куильти, и повторяющиеся галлюцинации Гумберта, — а читатель, который в конечном итоге находится во власти Гумберта-рассказчика, возможно, не сумеет отличить одного Куильти от другого.

Гумберт и Куильти как литературные двойники

Гумберт внедряет Куильти как своего двойника постепенно, точно так же как Вильям Вильсон у По постепенно узнает черты, объединяющие его с двойником. Сначала Гумберт упоминает, что он, Гумберт, «говорят, похож на какого-то не то актера, не то гугнивца с гитарой, которым бредит Ло» [Набоков 1997–1999, 2: 43]; описывает рекламу на стене над кроватью Лолиты — на ней «известный драматург самозабвенно затягивался папиросой "Дромадер"» — и комментирует: «Он лишь слегка походил лицом на Г. Г.» [Набоков 1997–1999, 2: 69]. Гораздо позже, преследуя похитителя Лолиты, Гумберт отмечает, что записи в мотельных книгах демонстрируют: «В его "жанре", типе юмора (по крайней мере, в лучших проявлениях этого юмора), в "тоне" ума я находил нечто сродное мне» [Набоков 1997–1999, 2: 306]. Наконец, в сцене в Павор-Манор Гумберт отмечает: «проплыл мимо меня в фиолетовом халате, весьма похожем на один из моих» [Набоков

---

16 В русском переводе «Лолиты» — Вивиан Дамор-Блок, что соответствует общей тенденции к усилению русских аллюзий в переводе. Подробнее об этом см.: А. А. Долинин. Набоков и Блок [Долинин 2019: 481–482]. — *Примеч. пер.*

1997–1999, 2: 359], а две дерущиеся фигуры сливаются в одно: «Он перекатывался через меня. Я перекатывался через него. Мы перекатывались через меня. Они перекатывались через него. Мы перекатывались через себя» [Набоков 1997–1999, 2: 364]. Повествование Гумберта движется от отрицания его сходства с Куильти до признания его и до слияния с Куильти в одно целое.

В своем подходе к изображению Куильти Гумберт использует все жанровые черты историй о двойниках. Двойник представляет сущность того, что хозяин хочет подавить, связанную с его психопатологией [Webber 1996: 10], и, следовательно, оба неразрывно связаны друг с другом, однако сосуществовать не могут. Сюжет включает в себя преследование ускользающего двойника и преследование двойником, и в конце — противостояние, в итоге которого один уничтожает другого, сцену, всегда столь же неясную и двусмысленную, как и существование самого двойника. Например, в «Вильяме Вильсоне» неясно, убил ли первый Вильсон своего двойника:

> Там, где еще минуту назад я не видел ничего, стояло огромное зеркало — так, по крайней мере, мне почудилось в этот первый миг смятения; и когда я в неописуемом ужасе шагнул к нему, навстречу мне нетвердой походкой выступило мое собственное отражение, но с лицом бледным и обрызганным кровью [По 1980: 105].

В «Лолите» убийство также двусмысленно и неясно.

Изначально в своей исповеди Гумберт старается отвлечь внимание от похоти, которая движет его стремлением к маленьким девочкам, и описывает свою одержимость Долли Гейз как поиск романтического идеала; он дает имя, взятое из трагического стихотворения По «Аннабель Ли», своей утраченной возлюбленной, тем самым представляя себя как поэта, который позже преображает американскую Долли в нимфетку Лолиту, воскресив в ней умершую любовь. Куильти, которого Гумберт изображает как бесстыдного порнографа и второсортного драматурга, воплощает педофильскую похоть, которую сам Гумберт пытается отрицать, в то же время травестируя видение Гумбертом самого себя как художника. Однако та же самая исповедь показывает: Гумберт отчетливо осознает, что именно пытается подавить. Когда Долли в Коулмонте раскрывает Гумберту личность своего похитителя, Куильти (это может быть вымыслом Гумберта, а может и не быть), он пишет: «Я тоже давно угадал это имя, но только подсознательно, не отдавая себе в этом отчета» [Набоков 1997–1999, 2: 333]. Именно в этот момент узнавания Гумберт-персонаж подчиняется Гумберту-художнику, объясняющему, как он все это время выстраивал описание погони за двойником и преследования двойником: «Спокойно произошло слияние, все попало на свое место, и получился, как на составной картине-загадке, тот узор ветвей, который я постепенно складывал с самого начала моей повести с таким расчетом, чтобы в нужный момент упал созревший плод» [Набоков 1997–1999, 2: 333]. В контексте истории о двойниках сам факт, что Гумберт признает идентичность порнографа Куильти, становится подтверждением того, что он и себя признает порнографом-эксплуататором Лолиты и фальшивым художником, который навязывает искусство реальности.

Сцена убийства

Если сцена убийства в Павор-Манор — это фантазия Гумберта, созданная в традиции историй о двойниках, как и позволяет предположить неточность датировки (53 дня или 56), то из этого следует, что Гумберт вообще не встречался с Куильти и, следовательно, не убийца. Возможно, его арестовали за автомобильную езду по встречной полосе, или потому, что вскрылось его обращение с Лолитой, или же его вообще не арестовывали, и все упоминания Гумберта о тюремном заточении относятся к психиатрической лечебнице.

Говоря о том, убийца он или нет, Гумберт противоречит сам себе. С одной стороны, он заявляет: «Можете всегда положиться на убийцу в отношении затейливости прозы» [Набоков 1997–1999, 2: 17], говорит о себе как об убийце, наделенном «потрясающей, но неровной, норовистой памятью» [Набоков 1997–1999, 2: 267], и «guilty of killing Quilty» [Nabokov 1991: 32][17], а с другой стороны, пишет: «В наши дни убийца должен быть химиком[18]. Нет, нет, я не был ни тем ни другим» [Набоков 1997–1999, 2: 111], «Подчеркиваю — мы ни в каком смысле не человекоубийцы. Поэты не убивают» [Набоков 1997–1999, 2: 112]; и «...если я когда-нибудь совершу всерьез убийство» [Набоков 1997–1999, 2: 63]. Что может быть *несерьезным* убийством? Гумберт продолжает: «Иногда я во сне покушаюсь на убийство» — и описывает сцену, очень напоминающую ту, которая развернулась в Павор-Манор:

> Целюсь, например, в спокойного врага, проявляющего безучастный интерес к моим действиям. О да, я исправно нажимаю на собачку, но одна пуля за другой вяло выкатывается на пол из придурковатого дула. В этих моих снах у меня лишь одно желание — скрыть провал от врага, который, однако, медленно начинает сердиться [Набоков 1997–1999, 2: 63].

Сравните с первым выстрелом Гумберта в Куильти:

> Я направил дружка на носок его ночной туфли и нажал на гашетку. Осечка. Он посмотрел себе на ногу, на пистолет, опять на ногу. Я сделал новое ужасное усилие, и с нелепо слабым и каким-то детским звуком пистолет выстрелил. Пуля вошла в толстый розоватый ковер: я обомлел, вообразив почему-то, что она только скатилась туда и может выскочить обратно [Набоков 1997–1999, 2: 362–363].

Несерьезное убийство может быть только вымышленным. Джон Рэй — младший ни разу не говорит, что Гумберт убил Куильти, а упоминания, которые сам Гумберт делает о своем заточении — о «хорошо отопленной, хоть и порядком похожей на могилу, темнице» [Набоков 1997–1999, 2: 375], — могут быть истолкованы двояко. В конце концов, его уже несколько раз помещали в санаторий с «помрачением рассудка» [Набоков 1997–

---

[17] В переводе эта фраза отсутствует.

[18] В оригинале «scientist» — «ученым» [Nabokov 1991: 87]. — *Примеч. пер.*

1999, 2: 47]. Реальность / нереальность Куильти — ядро набоковской пародии на детективный роман: было ли вообще убийство? Мы знаем, кто его совершил и кто жертва, не знаем лишь, произошло ли оно в действительности.

Истории о двойниках настойчиво указывают на то, что точно определить, был ли двойник на самом деле, невозможно: он — сверхъестественное существо? Или порождение души хозяина? Двойник Вильяма Вильсона представляет собой в реальности невозможную копию своего хозяина — то же имя, день рождения, облик, дата поступления в университет, — но тем не менее оставляет в его комнатах в Оксфорде реалистически описанный плащ на меху. В «Двойнике» Достоевского Голядкин-младший мог съесть или не съедать десять расстегаев с мясом в трактире, где Голядкин-старший следил за ним в зеркале, но мы знаем, что эта неопределенность вызвана сумасшествием героя. В «Лолите» эта неразрешенность вопроса и для Г. Г., и для В. Н. не является сверхъестественной или просто психологической, но художественной — плодом литературной искушенности Гумберта и его искусства рассказчика, с которым он пародирует историю о психологическом двойнике. Сам Гумберт изображает Куильти как возможную галлюцинацию, ассоциирующуюся и со сверхъестественным (он называет его «гетеросексуальным Erlkönig»), и с психическими расстройствами, порождающими истории о двойниках (Вильяма Вильсона преследует его совесть). Двусмысленность, вызванная тем, что Гумберт использует жанр литературных двойников, требует отличать реалистический план сюжетной линии от ее интерпретации Гумбертом в своем повествовании, так что удвоение перемещается от персонажей к парам «рассказываемое vs. рассказчик», а также «читатель vs. автор» [Bell 1987: 75].

Слои реальности: «кротовые норы»

Недостаточно, как Баллок, сказать, что поскольку «вся книга, как художественный конструкт, одновременно фантастична и реалистична» (так и есть), то на вопрос о реальности или нереальности событий «нельзя ответить однозначно, потому что, поскольку Гумберт — художник, этот вопрос нерелевантен» [Bullock 1984: 201]. Простой ответ, тот, при котором мы принимаем все происходящее в «Лолите» как реальное, также не позволяет объяснить все противоречия в повествовании. В своих романах Набоков создает у читателя впечатление недостижимости «реальности». В «Лолите» мы можем отличить друг от друга некоторые уровни, хотя в тексте есть пространственно-временные «кротовые норы», которые ведут с одного уровня на другой, и некоторые из них являются взаимоисключающими, что не позволяет точно определить, к какому уровню относятся некоторые элементы в тексте.

Одна из этих «кротовых нор» — предисловие. Кто такой Джон Рэй — младший? Некоторые черты стилистики как будто позволяют отождествить его с Гумбертом — двойные имена и искусственно созданные странности, например «John Ray, jr. = JR jr.»; «Clarence Choate Clark», «доктор Биянка Шварцманн», что означает «доктор белый черный человек» — насмешка над постным назидательно-моралистическим тоном и верой в психиатрию. Но, если только мы не будем воспринимать все как вымысел, как Гумберт мог записать дату и причину собственной смерти? И зачем бы Гумберту, который, по словам Рэя, пережил «моральный апофеоз», заставлять Долли Скиллер умирать родами в городке Грей Стар (Серая Звезда), произведя на свет мертвую девочку, в то время как в финале романа Гумберт надеялся, что Долли родит мальчика? То, что Долли Скиллер вышла замуж за Дика Скиллера, забеременела и собирается переехать на Аляску, содержится в самом письме Долли; то, что она и впрямь переехала и умерла в родах, подтверждается в предисловии. Таким образом, письмо Лолиты неоспоримо должно быть реалистической частью сюжетной линии. Если приписать авторство предисловия Рэя Гумберту, мы тем самым разрушим тщательно структурированные Набоковым слои реальности и позволим Гумберту заместить своего автора. По меньшей мере можно сказать, что эта «кротовая нора» соединяет Гумберта с Набоковым, который сигнализирует о своем присутствии в анаграммированной связи с Куильти как Вивиан Даркблум, и это еще одна «кротовая нора», связывающая Набокова с вымышленным врагом, которого Гумберт сконструировал из образа Куильти. Таким образом, вместо мёбиусовской ленты постоянного роста осознанности благодаря наслаивающимся прочтениям[19] роман можно представить как четырехмерную бутыль Клейна, у которой нет ни наружной, ни внутренней стороны. И у дилеммы не существует выхода: набоковское послесловие за пределами текста указывает на решетку клетки.

Вивиан Даркблум, «Кумир мой» и «Кто есть кто»

Издатель Гумберта Джон Рэй — младший пишет, что «Вивиан Даркблум» (имя персонажа поставил в кавычки сам издатель) написала биографию Куильти, озаглавленную «Кумир мой» [Набоков 1997–1999, 2: 12][20]. Перемещения имени Куильти говорят о том, как от слоя к слою меняются его роли. Роль Вивиан Даркблум как соавтора Куильти по пьесе «Дама, любившая молнию», подтвержденная в справочнике «Кто есть кто в свете рампы» [Набоков 1997–1999, 2: 44], перекликается с соавторством с ним Гумберта в написании «хитроумного спектакля», поставленного для него Клэром Куильти [Набоков 1997–1999, 2: 371]; обе пьесы, в свою очередь, написаны Набоковым. Гумберт создает в образе Куильти своего двойника, и Набоков создает себе дублера из букв своего имени (не из своей личности) в образе драматурга и био-

---

[19] В физике «кротовой норой» называют гипотетическую топологическую черту космического времени, которая служит мостом в пространстве и времени. Космическое время можно воспринимать как многомерную поверхность, которая, будучи сложенной, способствует формированию червоточины — моста, соединяющего и пространство, и время. У нее как минимум два устья, соединенных в общую трубку или горловину. Термин был введен в 1957 году американским физиком-теоретиком Джоном Арчибальдом Уилером.

[20] В английском оригинале «Лолиты» заглавие биографии Куильти звучит как «My Cue», букв. «Моя реплика», но слово также имеет значение «знак», «сигнал», «аллюзия», «улика». — *Примеч. пер.*

графа Вивиан Даркблум; то есть Набоков, в противоположность враждебному безумному двойнику, полностью контролирует свое повествование и извлекает шуточного двойника из алфавита, а не из глубокого психологического конфликта.

Если мы примем за аксиому, что Джон Рэй — независимая фигура, то Гумберт не может знать о сочинении «Кумир мой» («My Cue»), написанном Даркблум. Тем не менее в сценах, описанных Гумбертом после 22 сентября, Лолита сообщает, что друзья называли Куильти «Ку», как и в сценах, где Гумберт описывает его друзей в Павор-Манор. Возможных объяснений по меньшей мере три: 1) друзья Куильти и Гумберт приходят к уменьшительному имени логическим путем независимо друг от друга; 2) Гумберт выдумал Джона Рэя и его предисловие и поэтому выдумал и название биографии Куильти; 3) сцена в Павор-Манор не выдумана Гумбертом, он записывает то, что действительно слышал, и это соответствует заголовку, придуманному Вивиан Даркблум, и служит ему причиной.

Доказательства, приложимые к этой дилемме, снова оказываются неубедительными, потому что в издании «Кто есть кто в свете рампы» за 1946 год [Набоков 1997–1999, 2: 44] есть еще одна «кротовая нора». Высокая плотность значимых имен и названий во фрагменте, приведенном Гумбертом, заставляет подумать, что он не мог наткнуться именно на этот фрагмент случайно — это попросту нереально. Но если мы даже предположим, что Гумберт выдумал этот фрагмент задним числом, как выдумал многое другое в своей исповеди, то он косвенно назвал своего создателя в анаграмматическом имени Вивиан Даркблум. А это уже выходит за рамки двух стандартных вероятностей, предлагаемых ненадежным рассказчиком: вымышленной реальности и ее искажения рассказчиком, — не доходя до откровенно метапрозаической мольбы к автору, наподобие фразы Молли Блум: «О Джеймси, вытащи меня из этого дерьма!» [Joyce 1961: 769][21]. Судя по всему, невозможно определить, какую долю

---

[21] В переводе В. А. Хинкиса и С. С. Хоружего обращение утрачено: «Ох мать честная помоги подняться отсюда» [Джойс 1993: 538].

текста следует считать реальной, а что считать вымыслом Гумберта, но какое бы решение ни принял читатель, отрывок из справочника «Кто есть кто в свете рампы» связывает персонажа (Куильти) с рассказчиком (Гумбертом) и с автором (Набоковым) посредством анаграмматического набоковского дублера.

Варианты имени Куильти указывают на многослойность нарратива и на удвоения; каждое имя имеет четкое значение для конкретного персонажа. «My Cue» подразумевает французское «mon cul» («моя жопа») для франкоговорящих двойников; Гумберт-персонаж воспринимает это как вульгарную подначку от соперника. Гумберт как актер в собственной драме находит свою «реплику» («cue») в пьесе, которую для него ставит Куильти. Гумберт-персонаж идентифицирует фразу «qu'ilt'ymène»[Набоков 1997–1999, 2: 274] в письме Моны Даль только как «мерзкие намеки» [Набоков 1997–1999, 2: 274], но Гумберт-автор впоследствии распознает ее, когда, пытаясь искупить свою вину, пишет после убийства, что был «весь пропитан несчастным Куильти» [Набоков 1997–1999, 2: 372]. Присутствие соавтора Вивиан Дarkблум превращает Куильти одновременно в соперника Гумберта (как персонаж), в его «злого двойника» (как автора) и в агента Набокова. Нет никакой возможности распутать это причудливое наслоение авторских уровней, отчасти потому, что идентичность Джона Рэя туманна и точно установить ее невозможно. Если Гумберт не мог его выдумать, то кто он и кто его автор? Набоков контролирует их всех посредством своего анаграмматического представителя. При повторном прочтении читатель, как и Гумберт, переоценивая события, будет двигаться следующим образом: найдет двойника Гумберта сначала в самом Гумберте, затем в Куильти и, наконец, в Набокове; Куильти — «брат» Гумберта. И «хороший читатель», падающий с одного фальшивого (но все более понятного) донца на следующий уровень, попадает во власть Набокова. Подобно В. в его мистической коммуникации с Себастьяном к концу романа, вместо того чтобы получить ответ на вопрос, мы, читатели, становимся теми, кто его задал.

Куильти и непознаваемое

Гумберт-персонаж задается вопросом, не является ли его преследователь всецело его галлюцинацией [Набоков 1997–1999, 2: 266, 297], «то, что происходило, казалось мне болезнью» [Набоков 1997–1999, 2: 267]; спрашивает себя, не сходит ли он с ума [Набоков 1997–1999, 2: 281]. Он осознает, что его чувство реальности делается все более ненадежным: «Мне становилось все яснее, что все эти идентичные сыщики в призматически меняющихся автомобилях были порождением моей мании преследования, повторными видениями, основанными на совпадениях и случайном сходстве» [Набоков 1997–1999, 2: 293]. Гумберт-писатель распознает эти страхи как симптомы того, что он — протагонист истории о двойниках, а в собственном рассказе он заставляет Куильти играть в паре с Лолитой, пользуясь его, Гумберта, теннисной ракеткой [Набоков 1997–1999, 2: 290], и отмечает: «Какой-то нелепый нахал присоединился к нам, чтобы составить вторую пару» [Набоков 1997–1999, 2: 290][22]. Поскольку Гумберт характеризует себя как солипсиста и не осознает, что Долли Гейз существует отдельно и независимо, то критики сделали из этого вывод, будто иллюзия двойников конфликтует с гумбертовской системой эгоцентричного самообмана, маскирующего болезненную реальность. Но мемуары отчасти оправдывают Гумберта посредством его «морального апофеоза», как это называет Рэй [Набоков 1997–1999, 2: 13], а также оправдывают Гумберта как сознающего себя художника, способного прийти к пониманию себя, применяя литературный жанр к своей жизни и психике[23]. В то же время Гумберт пародирует опасность этого жанра — опасность чрезмерно упростить разделение добра и зла: сам он, по собственному признанию, зло, но у него имеется «злой двойник» — и бинарность становится единым целым.

---

[22] В оригинале использовано выражение «to make up a double», что означает не только «составить вторую пару», но и «выступить в качестве двойника». — *Примеч. пер.*

[23] Целительным силам искусства посвящено недавнее исследование Александра Меламида. См. [McGrath 2011].

Гумберт превращает основное столкновение двойников из готической по тону романтической истории о двойниках в смесь популярных американских жанров и выводит присущее жанру подчеркивание неопределенности на несравненно более сложный уровень самого авторства. Выдумал ли Гумберт все события после 22 сентября или нет, уровни реальности так взаимосвязаны, что, отнеся один из них к области вымысла, мы неизбежно повлияем на другие; назвать что-то одно авторским вмешательством, а что-то другое — ненадежностью Гумберта значит повлиять на интерпретацию романа в целом. Что бы еще ни говорилось, но фантастическое убийство Куильти в рамках жанра литературных двойников остается двусмысленным.

Долинин пишет, что Гумберт «роль своего главного противника, организатора заговора с целью похитить Лолиту, <...> отводит одному из ее кумиров». Он «сам не замечает, что, <...> пытаясь изобразить злодея-похитителя, создает лишь злой шарж на самого себя» [Долинин 2019: 469]. Свидетельство того, что Гумберт вполне осознанно использует жанр двойников, подтверждает, что он, наоборот, четко осознает именно это уличающее сходство и ищет искупления посредством кульминации, традиционной для истории о двойниках, — уничтожения «злого» двойника его хозяином. Не только сам Набоков, но и Гумберт пародирует эту традицию, предполагая, что, по крайней мере на подсознательном уровне, но скорее на сознательном, Гумберт знает: он вел себя как (собственная версия) Куильти и вовсе не является романтическим поэтом в поисках идеала, как изначально претендовал. Само его повествование открывает возможность для все большего роста самосознания.

В то время как Гумберт использует историю о двойниках как часть своей исповеди, Набоков обновляет эту традицию, создавая множественные уровни двойников, и неразрешимыми являются именно эти наслоения, а не психологический конфликт внутри личности протагониста. Набоков дарует Гумберту частичное спасение за счет его растущего самосознания: Гумберт осознает не только то, что сотворил с Ло, но и то, что путал жизнь с искусством в ущерб тому и другому. Он присвоил Долли Гейз один романтический миф, но, признав это, присваивает себе другой романтический жанр. В заключение Гумберт утверждает третью романтическую идею, согласно которой спасение в искусстве — это «единственное бессмертие, которое мы можем с тобой разделить, моя Лолита» [Набоков 1997–1999, 2: 376]. Таким образом, Набоков переносит дуальность «ума и тела, акта творения и плода творения», доминирующие в повествовании Гумберта, на вечную бинарность жизни и искусства, а также этой жизни и загробной [Bullock 1984: 202].

Параллельные структуры: «Истинная жизнь Себастьяна Найта» и «Бледное пламя»

Раньше «Бледное пламя» анализировали как пример «радикальной неопределенности», «полностью окутанный амбивалентностью» [Haegert 1984: 409, 422]. По вопросу об авторстве выдвигались следующие версии: Джон Шейд написал всю книгу, изобретя Кинбота; Кинбот написал всю книгу, изобретя Джона Шейда; книга — плод сотрудничества Кинбота, Шейда и духов умерших[24]. То, что «Истинная жизнь Себастьяна Найта» отличается такой же неопределенностью в повествовании, делает этот предшествующий роман полезным прецедентом, который помогает разрешить проблему авторства в «Бледном пламени».

В парах «Отчаяние» / «Истинная жизнь Себастьяна Найта» и «Лолита» / «Бледное пламя» обыденность противопоставляется потусторонности. «Истинная жизнь Себастьяна Найта» точно так же соотносится с «Бледным пламенем». За двадцать лет, прошедших с его первого англоязычного романа до его величайшего англоязычного романа, Набокова от России отделило еще больше времени и пространства. Себастьян скрывает свою русскую фамилию и принимает английскую фамилию матери, после того как потерял сначала мать, затем отца, затем страну

---

[24] Обзор этой истории и обсуждение каждого аргумента см. в [Boyd 1999: 114–126].

и, наконец, в 1919 году свой родной язык. Похожая траектория описана в «Бледном пламени» применительно к Кинботу: Боткин В., «американский ученый-филолог русского происхождения» [Набоков 1997–1999, 3: 536], принимает новое имя, Чарльз Кинбот, которое служит ему лишь для инкогнито, его американской личиной. Но, как выражается его сосед Джон Шейд, Кинбот «[стряхивает] бесцветную шелуху невеселого прошлого» [Набоков 1997–1999, 3: 481]: он выдумывает себя в качестве Карла Ксаверия Возлюбленного, короля воображаемой страны Земблы. Утраты Боткина не названы, но историю его бегства и изгнания, вероятно, можно представить с помощью ее преломления в фантазии Кинбота о Зембле. Набоков бежал из России за девятнадцать лет до написания «Истинной жизни Себастьяна Найта» и за сорок три года до публикации «Бледного пламени». Он преломляет собственную историю через оба литературных произведения, преображая ее значительно сильнее, чем в ярко выраженно автобиографическом «Даре». Комментарий Кинбота являет концентрированную версию утраты личной и культурной вселенной и изоляции в изгнании: Себастьян сумел справиться со всем этим, став романистом, а В. преодолел это, написав биографию сводного брата, сочувственно разделяя его боль. Огромность этих утрат и опасностей изгнания оказывается слишком велика для более хрупкого Кинбота, который ищет утешение в автобиографической поэме Шейда, но терпит неудачу. Набоков конструирует эти два повествования об изгнании как параллели[25].

Сходные черты двух романов

Прежде всего, в обоих романах писатели мертвы — и Себастьян, и Шейд. Об их жизни и произведениях пишут восхищенные читатели — В. и Кинбот. Биография и анализ произведений

---

[25] И Себастьян, и Кинбот преломляют опыт Набокова, и в этом смысле «В.» в имени Боткина можно воспринимать как набоковского «человека в макинтоше», согласно формулировке Джеймса Рейми. См. [Ramey 2004].

покойных писателей в обоих романах превращается в автобиографию рассказчика. Рассказчики-комментаторы, а не сами писатели пишут по-английски, однако они билингвы и их второй язык — русский: факт, который в повествовании остается почти невидимым, однако по ходу каждого из романов приобретает все больше значения, в обоих случаях с прямой опорой на биографию самого Набокова. Оба писателя строят свое творчество на англо-американской литературной традиции. И у Себастьяна, и у Шейда есть идеальные спутницы жизни и помощницы — Клер и Сибил; оба предают их, изменяя соответственно с Ниной и с блондинкой в черном трико, студенткой Вордсмитского колледжа. Персонажи из романов Себастьяна внедряются в мир В. незаметно для него; темы и образы из поэмы Шейда и его жизни в Нью-Вае внедряются в землянскую историю Кинбота. В. лишь смутно осознает присутствие духа покойного брата, но читатель в конечном итоге способен уловить, что тот вездесущ; Шейд точно так же стремится наладить связь с духом покойной дочери и не осознает ее вмешательство в свою жизнь, но читатель сумеет расшифровать послание тети Мод из мира духов. И В., и Шейд пытаются вернуть себе близких с помощью творчества.

Однако черты сходства — лишь тени отличий. Набоков ставит в пару якобы несвязанные романы, чтобы сделать из них оппозицию. «Отчаяние» рассказывает о смерти, убийстве и заблуждениях на тему искусства, в то время как «Себастьян Найт» открывает возможности бессмертия духа благодаря любви и беспристрастному искусству; «Лолита» начинается с педофильской псевдоинцестуальной похоти и искусства, употребленного во зло, в то время как в «Бледном пламени» любовь Шейда к дочери становится первопричиной, побуждающей его исследовать в своей поэме возможность загробной жизни. В таком случае каков же принцип противопоставления в оппозиции между «Бледным пламенем» и «Себастьяном Найтом»? Ответ лежит в области обратных параллелей, которые устанавливает роман.

Расхождения

Себастьян пишет романы, Шейд — поэт. Романы Себастьяна (в пересказе В.) — это плацдармы для пародии, они полны изобретательной игры, в то время как «Бледное пламя» Шейда, как бы вы ни оценивали поэму, содержит важный элемент прозаического, описывает ремонт дома, семейную историю, задний двор и повседневную жизнь обыденным языком, например: «Пускай на детском бале в Рождество / Она в сторонке — ну и что с того?» [Набоков 1997–1999, 3: 320]. Себастьян — недооцененный романист из русских эмигрантов, публикующийся в Англии, Шейд — знаменитый американский поэт, почитаемый согражданами даже за пределами литературно-критических кругов. В. — довольно заурядный дородный предприниматель, чей рассказ о жизни и творчестве брата рождается из любви к нему, подкрепленный скромностью самого В. и его стремлением оставаться невидимым. Кинбот — высокая, заметная фигура чужака, чей безумный комментарий к поэме Шейда рождается из желания выстроить собственную вселенную, в которой он, Кинбот, будет королем — и поэма, как он надеется, обессмертит картину этой вселенной.

Расследуя жизнь брата и затем записывая рассказ об этом расследовании, который заканчивается эпифанией слившихся воедино душ, В. постепенно воздвигает мост между живыми и мертвыми; комментарий Кинбота с самого начала показывает его расхождения с поэмой, которую он комментирует, а также с его другом Шейдом. «Истинная жизнь Себастьяна Найта» заканчивается утверждением В. о том, что душа бессмертна и возможно благополучное соавторство с мертвыми — сотворение некоей единой и более реальной жизни. В противоположность этому, в финале «Бледного пламени» Кинбот один, в изоляции: все персонажи, кроме Сибил, мертвы, и любимым дочери и тетушке Шейда не удается связаться с ним с того света. Финальное событие в сюжете, которое совершается за пределами текста, — это самоубийство Кинбота, отчетливо предрекаемое числами 1915–1959 в его размышлении о «пугающей тени смерти» [Набоков 1997–1999, 3: 363][26]. Себастьян предположительно умирает от сердечного заболевания, унаследованного от матери, которое было ему диагностировано за несколько лет до смерти. Шейд гибнет внезапно — из-за нелепой ошибки, совершенной сумасшедшим убийцей, не знакомым ни Шейду, ни Кинботу, и это подрывает надежду Шейда на то, что во вселенной существует «узор закономерности». Финалы романов зеркальны в том, какими способами они перебрасывают мост через бездну между жизнью и смертью: мертвый Себастьян из потустороннего мира помогает живому В. написать свою биографию; живой Кинбот помогает мертвому Шейду закончить поэму строкой, которую Шейд не мог написать, пока все еще пребывал, образно говоря, в пределах своего оконного переплета, по эту сторону смерти. Кинбот показывает, что первая строка поэмы Шейда была пророческой: он действительно становится «тенью, свиристелем, убитым влет», о чем поэт не мог знать, когда писал эту строку. Если за комментатором остается последнее слово, то это происходит потому, что упомянутый комментатор сбежал вместе с рукописью поэта, а поэт совершенно мертв. Шейд неспособен связаться с Кинботом, чего Кинбот так хочет. Поверхностный, комический зачин «Бледного пламени» — то, что комментарий не имеет ничего общего с поэмой, — представляет собой полную противоположность кульминационному моменту, раскрывающему духовное сотрудничество братьев, которые написали «Истинную жизнь Себастьяна Найта».

Что касается «большого Г.»[27] в поэме Шейда [Набоков 1997–1999, 3: 327, 469], то Гудмэн и Градус — его комические агенты. Скверный биограф Гудмэн сводит творчество Себастьяна к собственному тривиальному пониманию как мира, так и искусства, которое считает опосредованно связанным со своим клишированным представлением о реальности. Градус — воплощение

---

26 Набоков подтверждает самоубийство Кинбота: «Он совершенно точно сделал это, внеся последние штрихи в свое издание поэмы» [Nabokov 1990: 74].

27 В английском оригинале «G.» означает «God», слово «Бог», написанное с большой буквы «Б». — *Примеч. пер.*

политической смерти от рук наемного убийцы в землянской вселенной Кинбота и эмблема всех наших грядущих смертей. И Гудмэн, и Градус неуязвимы для «классической аллюзии», как Кинбот выражается в своем комментарии: Гудмэн — когда не улавливает шуток Себастьяна о Чехове и «Гамлете», а Градус — когда, путешествуя в поисках землянского короля, упускает аллюзию на «римскую богиню трупов и могил», именем которой некий Джозеф Лавендер назвал свою виллу «Либитина» [Набоков 1997–1999, 3: 448].

В обоих текстах появляется важная аллюзия на классику — на «Гамлета», особенно на явление призрака отца Гамлета сыну. В «Истинной жизни Себастьяна Найта» первая книга из списка стоящих на полке Себастьяна — именно это выдающееся произведение, которое объединяет всех владеющих английским языком. Отсылка к пьесе Шекспира также указывает на тень Себастьяна и ее неуловимое присутствие в романе, эхо той самой неопределенности в появлении призрака Гамлета-старшего, которая вызывает бездействие принца и его сомнения в себе. В комментарии Кинбота призрачно появляется сама пьеса, замененная и замаскированная менее значимым произведением Шекспира, «Тимоном Афинским», в свою очередь замаскированным его переводом на землянский. Читателям придется обратиться к английскому оригиналу «Тимона», чтобы найти слова о «бледном пламени»; те, кто хорошо знает «Гамлета», вспомнят гораздо более известные строки, произнесенные на прощание призраком короля Гамлета:

Уже светляк предвозвещает утро
И гасит свой ненужный огонек (I, V)[28].

Эти строки вызывают глубокий отклик в душе самого Набокова по нескольким причинам. В строках, непосредственно им

---

[28] Ср. сочетание слов «pale» и «fire» в оригинале шекспировских строк: «The glowworm shows the matin to be near / And 'gins to pale his ineffectual fire». — *Примеч. пер.* См. [Мейер 2007: 112–114].

предшествующих, Призрак описывает, как был отравлен собственным братом Клавдием, и заключает:

> Так я во сне от братственной руки
> Утратил жизнь, венец и королеву <...>.
> О ужас! Ужас! О великий ужас! (I, V)

Повторяющиеся слова короля Гамлета «О ужас!» трижды появляются на двух страницах набоковского романа «Приглашение на казнь» (1934), когда его герой обдумывает свой смертный приговор, вынесенный ему воображаемым тоталитарным режимом[29]. Набоков был лишен страны, языка и семейной жизни настоящим тоталитарным режимом, и для него это стало личной трагедией шекспировского масштаба. Речь Призрака снова и снова звучит в произведениях Набокова — как плач об утрате королевства. Себастьян читает «Гамлета», в то время как в «Бледном пламени» ни Кинбот, ни Шейд на эту пьесу не ссылаются. Скрытая аллюзия принадлежит Набокову.

В женщинах, с которыми Себастьян и Шейд предают своих спутниц жизни, контрастируют таинственность и обыденность: Нина — таинственная, мифологическая фигура в черном одеянии, указывающая на русское прошлое Себастьяна и его умершую английскую мать, что отчасти маркировано ее фиалковыми веками [Набоков 2014: 169]. Но «сногсшибательная блондинка в черном леотарде» [Набоков 1997–1999, 3: 301] — банальная стереотипная фигура из американских кампусов 1950-х годов, студентка, состоящая в незаконной связи с преподавателем старше ее и сама скорее выступающая в роли добычи, нежели хищницы. Фигура роковой женщины из «Себастьяна Найта» в «Бледном пламени» оборачивается легким флиртом, который не снабжен никаким ассоциативно-литературным фоном и не влечет никаких последствий для Шейда — стереотипного преподавателя английского в хаки и мокасинах, любителя выпить.

---

[29] В русском оригинале романа: «Ужасно! Ужасно» [Набоков 1999–2000, 4: 48]. — *Примеч. пер.*

Как уже говорилось ранее, мотив перехода 999 в 000 в обоих романах связан с вопросом о жизни, смерти и бесконечности. Себастьян родился 31 декабря 1899 года, когда девятки должны были вот-вот превратиться в нули: мотив соединен с его проникновением в этот мир из потустороннего. Сам день, когда Себастьян родился, описан в дневнике Ольгой Олеговной Орловой, чья «оологическая аллитерация» дает В. возможность передать «очарование, таящееся за подобным описанием петербургского зимнего дня» [Набоков 2014: 24]. В «Бледном пламени» три озера, названия которых начинаются или заканчиваются на «о», — место самоубийства Гэзель. Поэма Шейда, которая стала откликом на эту трагедию, состоит из 999 строк. Поиск Гэзель в потустороннем мире, который ведется в поэме, связывает ее гибель в озере с попыткой Шейда отыскать дочь посредством искусства. В рассуждении В. о дате рождения Себастьяна в конечном итоге присутствует и появление самого Себастьяна — за счет образности, связанной с яйцами, и пасхальных ассоциаций, вызываемых инициалами О. О. О. Дневник с отчетом о погоде, который В., по его словам, «повезло» найти в Париже, становится толчком для того, чтобы сам В. описал зимний день в Петербурге, навсегда утраченном братьями.

Связанные мотивы, отсылки, характеристики и сюжетная линия показывают, что американское «Бледное пламя» — это обыденный вариант англо-русского «Себастьяна Найта». И если потустороннее присутствие Себастьяна в романе плодотворно, потому что снабжает В. сведениями и вдохновением, необходимым, чтобы тот отдал дань памяти своему сводному брату, то потустороннюю помощь, которую тетя Мод и Гэзель пытаются оказать Шейду, сам американский поэт и преподаватель трагическим образом не замечает. Для В. его утраты восполняются тем, что он обретает новое духовное единство с умершим сводным братом, увековечивая Себастьяна в написанной им книге; Кинбот, ошеломленный и подавленный потерей Шейда, создает солипсический комментарий к поэме, который «стирает» его из искусства и дружбы Шейда и приводит к самоубийству.

Скрытая Россия

«Истинная жизнь Себастьяна Найта» и «Бледное пламя» более отчетливо коренятся в личной судьбе Набокова, чем большинство его романов: первый — потому что связан с отказом от дальнейшего писательства на русском, второй — потому что связан с утратой отца, павшего в эмиграции от рук убийцы[30]. Эта личная реальность одновременно и скрыта, и раскрыта русской темой в обоих романах, что становится ясно лишь на более глубоком уровне интерпретации.

Себастьян Найт — русский эмигрант в Лондоне, пишущий по-английски. Нам напоминают об этом к концу романа его письмом для В., написанным на русском, когда В. в скобках включает в свой английский перевод письма пять русских слов из оригинала[31]. Это последние слова Себастьяна, которые записывает В., прощание брата, в котором он сбрасывает «выползину» [Набоков 2014: 183].

Джон Шейд, по сути своей поэт американский, русского языка не знает, хотя, судя по всему, немного знает французский. Русским владеет Кинбот, будучи Боткиным, «американским ученым-филологом русского происхождения» [Набоков 1997–1999, 3: указатель, 536], — он хорошо знает язык, культуру и историю России и, основываясь на этих знаниях, создает язык и историю Земблы[32]. Те, кто строил гипотезы относительно первичности одного из двух повествователей, странным образом упустили из виду ключевую черту характеристики Кинбота. Ни Шейд, ни Мод с Гэзель не могли знать, что «яруга» — это древнерусское слово, обозначающее ущелье и упоминающееся в эпосе XII века «Слове о полку Игореве», — и это лишь один из множества примеров. Кинбот использует это слово, чтобы дать имя своей «пра-пра-прабабке», землянской королеве Яруге, правившей с 1799 по

---

[30] Это является тезисом монографии [Мейер 2007].

[31] Любопытно, что прием этот не сохранен ни в одном из трех имеющихся русских переводов: С. Б. Ильина, Г. А. Барабтарло и А. Б. Горянина и М. Б. Мейлаха. — *Примеч. пер.*

[32] Это рассматривается в монографии [Мейер 2007].

1800 год [Мейер 2007: 67–68]. Как и «Слово о полку Игореве», которое Набоков перевел с древнерусского на английский, мотив девяток, переходящих в нули, в датах правления королевы служит сигналом о том, что Набоков присутствует в землянских преданиях на множестве уровней — как прием в его романах, указывающий на переход между жизнью и смертью, и через собственную биографию, и через год рождения Пушкина (1799) и его собственный год рождения, 1899-й.

Кинбот принадлежит к веренице набоковских изгнанников, попавших в американскую академическую среду. Два русских примера таких фигур — главный герой романа «Пнин» (1957) и рассказчик в стихотворении «Вечер русской поэзии» (1945); среди нерусских примеров — франкоговорящие Гумберт Гумберт и Гастон Годэн в «Лолите» (1955). Роль Кинбота как непонятого одиночки-чужака в академическом городке Новой Англии вызвана именно его статусом русского эмигранта; он — гомосексуал, но таков и Гастон Годэн, которого сердечно приняли в кругах Бердслей-колледжа — то есть чтобы объяснить изгойство Кинбота, гомосексуальности самой по себе еще недостаточно.

Трогательный, кроткий Пнин умудряется найти несколько добрых душ в Вайнделлском колледже, прежде чем теряет работу и уезжает в «мягкий туман», чтобы появиться в новом обличье уже в «Бледном пламени» [Набоков 1997–1999, 4: 171]. Причина его отъезда из Вайнделла — русско-американский писатель, который ведет повествование в романе и имеет собственные причины представить нам Пнина в комическом свете. Тем не менее, несмотря на принижающий тон повествования, нам удается разглядеть в Пнине храброго, доброго, трогательного изгнанника, чьи трагическая история и личные страдания остаются незримы для преподавателей и студентов Вайнделлского колледжа, в основном провинциальных. Пнин находит утешение в библиотеке, где пишет «Малую историю» русского фольклора и пытается не вспоминать свою первую любовь Миру Белочкину, погибшую от рук нацистов, или утрату петербургского дома детства и родителей, или повторявшиеся измены бывшей жены Лизы, которая была беременна сыном от доктора Эрика Винда, когда

Пнин привез ее из Франции в Америку. Пнин непонят и недооценен большинством окружающих американцев, но у него, по крайней мере, есть летние поездки в компанию русских эмигрантов в «Сосны», где его высоко ценят; есть симпатия и понимание со стороны четы Клементс, Джоан и Лоренса, и любовь Лизиного одаренного сына-художника — все это поддерживает Пнина в его недооцененной жизни.

Парой сочувственному изображению русского эмигранта Пнина является его противоположность в «Бледном пламени». Преподавательский круг в колледже не питает симпатии к Кинботу, которого, в отличие от Пнина, некому поддержать. Шейд жалеет его и предлагает ему лишь несколько прогулок, а не то приятное сотрудничество, которое было у Пнина с Лоренсом Клементсом. Для Кинбота эквивалентом эмигрантской компании в «Соснах» служит выдуманная им Зембла, опирающаяся на его обширные познания в литературе и истории. Это его «Малая история», труд, которому он посвящает себя, чтобы заново создать историю собственной жизни. Пнин уезжает с подобранной им белой собачонкой на новое место работы, в Вордсмитский колледж, тогда как Кинбот бежит из Вордсмита, скрываясь от исследователей, ищущих рукопись Шейда, — и позже кончает с собой. Горьковато-сладкой комедии Пнина соответствует трагедия Кинбота.

Реакция критиков, писавших о «Бледном пламени», зачастую уподоблялась реакции вайнделлских сотрудников на Пнина — те потешаются над его эксцентричным английским (хотя французский у него лучше, чем у главы французского отделения, профессора Блоренджа). Как и сообщество Вордсмитского колледжа в «Бледном пламени», критики воспринимают Кинбота как объект для насмешек — потому что его комментарий имеет мало отношения к поэме, которую он комментирует, потому что он упускает американские отсылки и названия бабочек, и, возможно, также потому, что его гомосексуальность представлена в комическом ключе, и потому, что Кинбот умудряется до самого конца своего комментария не осознавать собственное безумие и то, что Шейд водится с ним лишь из жалости.

Помимо гомосексуальности, еще одна характеристика, отличающая Кинбота от Пнина, — его паранойя, напрямую связанная с его изгнанием из России. Набоков изобразил страх, который испытывает русский изгнанник, в «Вечере русской поэзии», стихотворении, написанном задолго до начала работы над «Бледным пламенем». На чтении в 1958 году он представил это стихотворение как «имперсонацию» преподавателя русского языка, «кого-то вроде, допустим, профессора Пнина»[33]. Как можно предположить, эта характеристика адресована Набоковым непосвященным слушателям, которые вполне могли быть похожи на слушателей в стихотворении, но это неточно: рассказчик в стихотворении свободно изъясняется на английском и отлично разбирается в поэзии, в отличие от Пнина. Его образность, хотя не голос, ближе к Кинботу, который воображает себя королем:

> Beyond the seas where I have lost a scepter,
> I hear the neighing of my dappled nouns
> [Nabokov 1945].

> За морями, где я утратил скипетр,
> Я слышу ржание своих пятнистых существительных[34].

Утраченное королевство рассказчика (в «Лолите» пародируемое княжеством у моря, о котором вспоминает Гумберт) — это королевство слов. Существительные пятнисты — рассказчику, как и Гумберту, только и осталось, что играть словами, и они взывают к нему на другом языке из-за морей.

Набоков вставляет в стихотворение детали, которые также появляются в его мемуарах «Память, говори». Набокова и его мать завораживали ювелирные изделия Фаберже, а сами драго-

---

[33] Набоков представляет и читает стихотворение «An Evening of Russian Poetry»: URL: https://www.youtube.com/watch?v=ADRDYrVhaEk (дата обращения: 24.08.2020).

[34] Цитаты даны в дословном переводе. См. также художественный перевод стихотворения [Набоков 2018]. — *Примеч. пер.*

ценности образуют в мемуарах мотив, который сопрягает красоту природы и вдохновение художника.

> we do not deal in universal rubies.
> The angle and the glitter are subdued;
> our riches lie concealed. We never liked
> the jeweler's window in the rainy night
> [Nabokov 1945].

> Мы не занимаемся заурядными рубинами,
> Угол и блеск притушены;
> Наши сокровища спрятаны. Нам никогда не нравилась
> Витрина ювелира дождливой ночью.

Но паранойя рассказчика в поэме напоминает паранойю Кинбота:

> My back is Argus-eyed. I live in danger.
> False shadows turn to track me as I pass
> and, wearing beards, disguised as secret agents,
> creep in to blot the freshly written page
> and read the blotter in the looking glass
> [Nabokov 1945].

> Моя спина многоочита, как Аргус. Я живу в опасности.
> Фальшивые тени оборачиваются, чтобы проследить за мной,
> когда я прохожу мимо,
> И, в накладных бородах, переодетые тайными агентами,
> крадучись пробираются ко мне, чтобы промокнуть
>   свеженаписанную страницу
> И прочитать промокашку в зеркальном отражении.

В стихотворении «секретные агенты» — это метафора для
воспоминаний о прошлом, которые грозят помешать искусству
поэта избытком ностальгии. Они также — пародийные шпионы,
которые, используя зеркальное отражение, способны расшифровать скрытое прошлое писателя, глядя с той стороны. И в то же
время использованная в поэме метафора пугающих агентов относится к подлинной опасности, о которой можно сделать вывод
из комментариев Кинбота. И землянские фантазии Кинбота,

и его рассказы о жизни в Нью-Вае показывают, что он постоянно боится, как бы его не выследили *настоящие* «тайные агенты».

Тема страха русского эмигранта быть убитым советскими агентами возникает в набоковских произведениях неоднократно, замаскированная под метафору, но, возможно, она тревожила самого Набокова — он был достаточно заметен, чтобы стать мишенью. Настоящую известность Набоков приобрел лишь в 1958 году, после публикации «Лолиты» в Америке, но до этого публиковал романы на русском и на английском, а также рассказы в журналах «Нью-Йоркер» и «Плейбой». Что гораздо важнее для советских властей, во время сталинского правления Набоков опубликовал «Приглашение на казнь» (1935), роман на русском о тоталитарном режиме, а жил он в это время в Берлине, где его отец был убит русским правым, целившимся в П. Н. Милюкова. Другой роман о жестокости тоталитаризма, «Под знаком незаконнорожденных», вышел в США в 1947 году.

Реальнейшая из реальных идентичностей Кинбота — это «Боткин В., американский ученый-филолог русского происхождения» [Набоков 1997–1999, 3: 536]. Создавая свой рассказ о Зембле, насыщенный отсылками к русской и английской истории, он опирался на сведения о двух революциях. Мы не знаем, на какой кафедре Боткин преподает в Вордсмите — он «числился на другой кафедре [т. е. не на русской]» [Набоков 1997–1999, 3: 413], — но рассказ Кинбота о том, как в Зембле он преподавал инкогнито, позволяет утверждать, что у Боткина был некоторый преподавательский опыт до того, как его приняли на работу в колледж. Если Зембла Кинбота отражает, пусть даже очень искаженно, прошлое Боткина, то Боткин бежал из России во время большевистской революции. Будучи личностью достаточно известной и настроенной антиреволюционно, он опасается, что его, возможно, хотят убить. Этот страх — не паранойя; у него есть веские основания в реальной жизни. Наиболее известный пример убийства русского эмигранта в сталинскую эпоху (1928–1953) — это убийство Л. Д. Троцкого ледорубом, совершенное в 1940 году в Мексике после двух предшествующих неудачных попыток; существует также много других примеров «мокрого дела», как называли убийства русских эмигрантов советскими тайными агентами. Эти случаи по меньшей мере столь же фантастичны, как и история бегства Кинбота из Земблы.

Евгений-Людвиг Карлович Миллер, генерал Белой армии, в 1937 году был похищен в Париже: его одурманили, поместили в трюм советского парохода и контрабандой вывезли из Гавра; доставленный в Москву, он перенес пытки и в 1939 году был расстрелян.

Украинский националист Е. М. Коновалец был убит в 1938 году в Роттердаме, где знакомый по имени Павел Судоплатов вручил ему бомбу, замаскированную под коробку шоколада; останки убитого разлетелись по улице, а сила взрыва была такова, что его карманные часы застряли в шее у случайного прохожего [Jansen, de Jong 1994: 676].

И. С. Рейсс (1899–1937) был советским шпионом, работавшим в Париже, где он решился отрицательно высказаться о сталинских чистках. После этого он с женой и ребенком бежал в глухую деревушку Фино в Швейцарии. Жена описывала происходящее так:

> Теперь мы совершенно одни. В эти несколько недель Рейсс стремительно постарел, его волосы совсем побелели. Он, так любивший природу и ценивший жизнь, смотрел вокруг пустыми глазами. Он был окружен мертвецами. Его душа была в подвалах Лубянки. Ночью, в кошмарных снах, ему мерещилась казнь или самоубийство [Reiss 1938].

Рейсса застрелила из пистолета-пулемета группа агентов НКВД, настигнув на дороге неподалеку от Лозанны.

В разгар сталинских чисток такие убийства происходили часто. «Список тех, кто пал жертвой подобных акций, с годами выяснится и будет очень длинным», — пишет ЦРУ[35]. Исследователь Гари Керн утверждает, что в период с 1926 по 1954 год «по при-

---

[35] «Soviet Use of Assassination and Kidnapping». Approved for Release CIA Historical Review Program, Sept. 22, 1993. URL: https://www.cia.gov/library/center-for-the-study-of-intelligence/kent-csi/vol19no3/html/v19i3a01p_0001.htm (дата обращения: 25.08.2020). Гари Керн перечисляет 31 подобный случай. См. [Kern 2004: 162–164].

казам из Москвы было ликвидировано не меньше сотни беженцев и зарубежных граждан» [Kern 2004: 162][36]. Живя один в «шато» судьи Гольдсворта в Нью-Вае, Кинбот каждую ночь терзается страхом быть убитым. В романе эти терзания показаны комически, как часть его безумной паранойи — когда Кинботу кажется, что у него галлюцинации, вызванные черной кошкой Гольдсворта, он звонит за утешением в полицию [Набоков 1997–1999, 3: 364]. Мы смеемся над ним, но лучше было бы подумать о том, как накапливаются его несчастья: сначала бегство от русской революции, изгнание в глухом новоанглийском академическом городке, где обширные познания, масштаб которых ясен из его комментария, и ужасный опыт остаются никому не нужными и не известными; его одиночество в сочетании с постоянным и обоснованным страхом перед тенями (пародируемым земблянскими «Тенями») и убийцами (пародируемыми Градусом) — всего этого довольно, чтобы кого угодно свести с ума.

> Звуки торопливых авто и стенания грузовиков представлялись мне странной смесью дружеских утешений жизни с пугающей тенью смерти: не эта ли тень притормозит у моей двери? Не по мою ли явились душу призрачные душители? Сразу ли пристрелят они меня — или контрабандой вывезут одурманенного ученого обратно в Земблу? (*Rodnaya Zembla!*) [Набоков 1997–1999, 3: 363][37].

---

[36] Керн пишет: «В 1965 году подкомитет Сената представил данные о более чем сорока случаях похищения и убийства, приписываемых советским офицерам и агентам за пределами Советского Союза в период с 1926 по 1954 год. Позже исследования и воспоминания позволили добавить к этой статистике еще больше случаев. Справедливо будет предположить, что в советский период по меньшей мере сто беженцев и иностранных граждан были ликвидированы по приказам из Москвы — и это говоря только о случаях, привлекших общественное внимание, и исключая массовые казни в Испании во время Гражданской войны, уничтожение коммунистов, заманенных в Советский Союз из-за рубежа, и расстрелы граждан закрытого общества, которые были убиты при попытке бежать за границу».

[37] В оригинале некоторые отличия: «The sound of a rapid car or a groaning truck would come as a strange mixture of friendly life's relief and death's fearful shadow: would that shadow pull up at my door? Were those phantom thugs coming for me? Would they shoot me at once — or would they smuggle the chloroformed scholar

В стихотворении Набокова возникает эта же тоска никем не понятого русского эмигранта. Отвечая студенткам по имени Эмми и Джоан, рассказчик-оратор терпеливо объясняет особенности своего мира:

> My little helper at the magic lantern,
> insert that slide and let the colored beam
> project my name or any such-like phantom
> in Slavic characters upon the screen.
> The other way, the other way. I thank you.
> [Nabokov 1945].

> Мой маленький помощник при волшебном фонаре,
> Вставь эту картинку и позволь цветному лучу
> Спроецировать мое имя или иной подобный фантом
> Кириллицей на экран.
> Наоборот, другой стороной. Благодарю.

Оператор вставил слайд с именем рассказчика в проектор задом наперед, и кириллический алфавит, символизирующий его прошлое, для аудитории совершенно не поддается расшифровке, а русская идентичность рассказчика остается для них неизвестной. В последних строках стихотворения он выражает боль собственной невидимости:

> Had I more time tonight I would unfold
> the whole amazing story — *neukluzhe*,
> *nevynossimo* — but I have to go.
> What did I say under my breath? I spoke
> to a blind songbird hidden in a hat,
> safe from my thumbs and from the eggs I broke
> into the gibus brimming with their yolk
> [Nabokov 1945].

---

back to Zembla, Rodnaya Zembla?» [Nabokov 1982: 96–97]. — «Звуки торопливого авто или стенания грузовика представлялись мне странной смесью дружеских утешений жизни с пугающей тенью смерти: не эта ли тень притормозит у моей двери? Не по мою ли душу явились призрачные душители ли?» — *Примеч. пер.*

Было бы сегодня вечером у меня больше времени,
Я поведал бы всю изумительную историю — *neukluzhe,*
Nevynossimo — но мне пора идти.
Что я сказал себе вполголоса? Я говорил
Со слепой певчей птицей, спрятанной в шляпе,
В безопасности от моих пальцев и от яиц, которые я разбил
В складной цилиндр, наполненный до края их желтком.

Он даже не переводит свой крик боли: русское слово «невыносимо» написано в английском тексте стихотворения латиницей. Рассказчик знает, что пережитое им невозможно передать и что перевод будет для других такой же бессмыслицей, как и русское слово в его стихотворении, или другие, о которых его спрашивают слушатели:

«*How would you say "delightful talk" in Russian*»?
«*"How would you say "good night?"*»
Oh, that would be:
Bessonitsa, tvoy vzor oonyl i strashen;
lubov' moya, otstoopnika prostee.
(Insomnia, your stare is dull and ashen,
my love, forgive me this apostasy.)
[Nabokov 1945][38].

Как сказать «прелестная беседа» по-русски?
Как сказать «доброй ночи»?
О, это будет так:
Бессонница, твой взор уныл и страшен,
Любовь моя, отступника прости.

Понятно, что это не перевод слов «доброй ночи». Нет, это еще один крик боли. На сей раз он переведен (хотя в первой публикации, в 1954 году в журнале «Нью-Йоркер», фраза была оставлена без перевода), но переведен не вполне точно: «dull and ashen» (*букв.* «тускл и сер») звучит мягче, чем «уныл и страшен». Бес-

---

[38] Английский перевод двух последних строк входит лишь в издание 1970 года «Poems and Problems», а также в чтение Набоковым в 1958 года, приведенное выше.

сонница в стихотворении относится к тому же «времени постели
со всеми его ужасами», которое Кинбот испытывал в Нью-Вае
[Набоков 1997–1999, 3: 303].

В мемуарах «Память, говори» Набоков, описывая бегство семьи
от Красной армии, наступавшей на Крым, ни разу не упоминает
страх; он превращает эту историю в описание грандиозного
приключения — в ней внезапно появляется верхом киноактер
Иван Мозжухин, в ней драгоценности прячут, закопав в саду.
Пережитое семьей спасение от нацистов, наступавших на Францию в 1940 году, Набоков описывает скорее как бюрократический
кошмар, чем как вопрос жизни и смерти для своей еврейки-жены
и их сына. Зато Набоков переносит подлинный ужас тех мгновений
в художественные произведения, иногда в комической форме,
иногда в трагической, и передает его русским эмигрантам — спрятанные в тайник королевские драгоценности Кинбота, воспоминания Пнина о том, как Мира Белочкина погибла от рук нацистов.

Потаенная русская подкладка «Себастьяна Найта» и «Бледного пламени» создает движение вовне, в набоковскую биографию.
В первом романе общая для Себастьяна и Набокова русская
идентичность незримо помогает В. и самому Набокову написать
их англоязычные романы. Во втором в земблянской истории
Кинбота Набоков расширяет диапазон, чтобы охватить все свое
существование, от королевства детства, русского языка, бегства
от революции до изгнания и работы в колледжах Новой Англии.
Как и в случае с убийством отца, Набоков скрывает собственные
утраты, которые могли бы погубить его жизнь и искусство,
и наряжает их во все более дикие маски. Одна из таких масок —
Кинбот, чье искусство перетасовывания столь же блестяще, что
и у Шейда, но гротескно искажено его страданием.

В последнем абзаце своего комментария Кинбот пишет:

> Я еще поживу. Я, может статься, приму иные образы и обличья,
> но я еще поживу. Я могу еще объявиться в каком-нибудь кампу-
> се в виде пожилого, счастливого, крепкого, гетеросексуального
> русского писателя в изгнании — без славы, без будущего, без
> читателей, без ничего вообще, кроме его искусства [Набоков
> 1997–1999, 3: 534].

Набоков отмечен как не-Себастьян (хотя на самом деле он является Себастьяном в некотором новом смысле), но он точно также явно и не-Кинбот; Набоков не гомосексуал, не безумец, он — скрупулезный комментатор пушкинского «Евгения Онегина»; в 1958 году благодаря публикации «Лолиты» в Америке он освобождается от необходимости преподавать и наконец получает признание как великий писатель. И в то же время ему все-таки подходит личина Кинбота, как бы удачно он ни приспособился к тем обстоятельствам, которые их роднят.

Кинбот изобретает для себя еще четыре возможных личины-идентичности: две как актера и писателя: актера в «новом фильме "Побег из Земблы"»; автора «пьесы» о «выдуманном короле» — и эти идеи показывают, что он осознает: он «умалишенный, вообразивший себя этим королем». Последние возможности, которые он для себя видит, — это или принять свою фантазию и поселиться в ней («я могу приплыть назад в мое возрожденное царство»[39]), или признать, что это безумная выдумка: «Я могу свернуться в клубок и скулить в приюте для душевнобольных» [Набоков 1997–1999, 3: 534].

То, в какие слова облечена первая — и единственная желанная — личина: «без славы, без будущего, без читателей, без ничего вообще» — показывает, что Кинбот прекрасно помнит целиком всю речь Жака из комедии «Как вам это понравится» (акт II, сцена VII):

> Весь мир — театр.
> В нем женщины, мужчины — все актеры.
> У них свои есть выходы, уходы,
> И каждый не одну играет роль.
> Семь действий в пьесе той. Сперва младенец,
> Ревущий горько на руках у мамки...
> Потом плаксивый школьник с книжной сумкой,
> С лицом румяным, нехотя, улиткой
> Ползущий в школу. А затем любовник,

---

[39] В оригинале «my recovered kingdom» — *букв.* «вновь обретенное, возвращенное царство». — *Примеч. пер.*

Вздыхающий, как печь, с балладой грустной
В честь брови милой. А затем солдат,
Чья речь всегда проклятьями полна,
Обросший бородой, как леопард,
Ревнивый к чести, забияка в ссоре,
Готовый славу бренную искать
Хоть в пушечном жерле. Затем судья
С брюшком округлым, где каплун запрятан,
Со строгим взором, стриженой бородкой,
Шаблонных правил и сентенций кладезь, —
Так он играет роль. Шестой же возраст —
Уж это будет тощий Панталоне,
В очках, в туфлях, у пояса — кошель,
В штанах, что с юности берег, широких
Для ног иссохших; мужественный голос
Сменяется опять дискантом детским:
Пищит, как флейта... А последний акт,
Конец всей этой странной, сложной пьесы —
Второе детство, полузабытье:
Без глаз, без чувств, без вкуса, без всего (II, VII)
[Шекспир 1959: 47–48].

По словам Жака, человек на протяжении своей земной жизни успевает сыграть целую вереницу ролей. Кинбот также придумывает себе множество ролей: писателя-изгнанника, актера, драматурга, вымышленного короля и, наконец, сумасшедшего. Его осознание фантастической, выдуманной природы Земблы и собственного безумия приводит Кинбота к самоубийству за пределами книги, за пределами семи действий Жака.

В позднем романе Набокова, «Просвечивающих предметах» (1972), призрак-рассказчик мистер R. пишет: «Жизнь можно сравнить с человеком, танцующим в разных обличьях вокруг самого себя»[40]. Набоков проделывает это в своих романах. Как и Кинбот, он сооружает и сочиняет собственную Земблу из того, что утратил. Для набоковского англоязычного читателя Джон Шейд, пишущий в англо-американской поэтической традиции, —

---

[40] Набоков В. В. Просвечивающие предметы / Пер. А. А. Долинина, М. Б. Мейлаха [Набоков 2014: 331].

самый близкий и знакомый персонаж, и поэтому мы соглашаемся с его статусом вполне надежного рассказчика. По мере того как мы узнаем в нем некоторые наиболее стереотипные черты американских преподавателей 1950-х годов и их поэзии, мы обращаемся к Кинботу, которого, скорее всего, до этого списывали со счета, учитывая, что свое вступление он написал под конец, в состоянии усиливающегосястресса: «К чертям эту музыку!» По размышлении мы признаем, как изобретательно и блестяще он синтезировал огромное количество научного материала в стройную картину, а также и трагизм его ситуации, но всего этого недостаточно, чтобы отдать ему первенство как рассказчику. Когда мы видим, что Кинбот — это искаженное отражение изгнаннической жизни самого Набокова, мы понимаем, что Кинбот на самом деле возвращается в виде Набокова — вменяемого, преуспевающего, гениального творца отражений, способного создать из своих мучительных потерь и пережитого и Кинбота, и Шейда, и их миры и тексты. Казалось бы, это должно решить вопрос с авторством, но дело еще не закрыто. Антитезисы новеллы пародийно шатаются: Кинбот верит в разновидность протестантизма, которая распространена в его мифическом королевстве, а Шейд питает «призрачную [слабую] надежду» распознать закономерный узор вселенной, участвуя в Институте Подготовки к Потустороннему (большому I.P.H.[41]). Их верования вступают в конфликт, и оппозиция расширяется по спирали, а ее движение подпитывается многочисленными отсылками романа к мыслителям и писателям, от Беды Достопочтенного до Роберта Фроста, которого Набоков, в неведомой и, возможно, меняющейся степени, воспринимает всерьез. Дух Себастьяна и вправду помогает В., сестры Вэйн и впрямь посылают преподавателю французского видение и акростих, подтверждающий их подарок, а тетя Мод и Гэзель и правда пытаются вступить в контакт с Шейдом.

---

[41] Каламбур заключается в том, что аббревиатура I.P.H. созвучна английскому «если» («if»). — *Примеч. пер.*

Но, как высказался призрак мистера R. об обязанностях призраков, не полагается им и объяснять необъяснимое [Набоков 2014: 331]. Набоков подходит к объяснению необъяснимого по возможности как можно ближе (насколько считает допустимым), обеспечив нам тщательно подготовленный и обширный материал для размышлений. Его неопределенность, антитезис неопределенности постмодернистской, указывает на отчетливое личное авторское присутствие, направляющее наше общее расследование важного вопроса, ответ на который в этой жизни получить решительно невозможно: есть ли жизнь после смерти?

Заключение

Не берусь назвать другого писателя, который так бы умел сбивать с толку своим мастерством — по крайней мере меня, желавшего за автором увидеть человека. Но проблески его признаний о себе едва отличимы от мерцающих огоньков вымысла. А что еще более удивительно и непонятно: откуда у человека, пишущего о своих истинных чувствах, хватает сил одновременно лепить — из самого предмета своей печали — измышленный, слегка, может быть, даже комический образ?

«Истинная жизнь Себастьяна Найта»
[Набоков 2014: 36]

Двуязычный корпус произведений Набокова описывали как два крыла бабочки, состоящей из русских романов Владимира Сирина и английских — В. В. Набокова. Эта бабочка неуловима: даже в переводе русским читателям не понять английский и американский материал, а англоязычные, не владеющие русским, лишены доступа в мир каламбуров и отсылок, которые, не имея соответствующего культурного фона, они заметить не способны.

В добавление к языковой непроницаемости того или иного компонента набоковских романов, американская среда Гумберта потребовала от Набокова при переводе «Лолиты» на русский объяснять в скобках реалии американской повседневной жизни, а русские персонажи-эмигранты его англоязычных романов многое теряют в переводе культурных особенностей и становятся непонятны для своих американских коллег. Травма изгнания, которая повлияла на Себастьяна, В., Пнина и Кинбота с 1920-х по 1950-е годы, остается непонятна их нерусским знакомым, превращая этих персонажей в чудаков в глазах почти всех, кто им встречается. С другой стороны, верно и то, что отмечают

А. А. Долинин и Рейчел Траусдейл: Набоков «тренирует читателей в процессе интерпретации и адаптации, зеркально отражающей то образование, которое получили изгнанники», но его романы не могут научить целому чужому языку, истории и культуре, которых читатели с другого крыла бабочки не знают [Trousdale 2018; Долинин 2014: 15]. Когда Кинбот бросает свою «shutka», сочетая отсылку к Лермонтову с отсылкой к «Гамлету», американцы не догадаются справиться в русско-английском словаре (и им придется учить кириллический алфавит, чтобы им воспользоваться), чтобы понять эту «шутку».

Эти два слоя обоюдной непонятности указывают на третий слой, более универсальный, — непознаваемое. Если изгнание — своего рода подобие смерти, билет в один конец из одного мира в другой, то в «Истинной жизни Себастьяна Найта» Набоков наносит на карту путешествие в жизнь до и после смерти, надеясь, что это не путешествие в один конец [Trousdale 2018]. Его поиск потусторонности, продолжавшийся всю жизнь, в изгнании становится противовесом для бесповоротной утраты России и всего, что она представляет.

Возможна ли надежда на то, что эту пропасть удастся измерить? Как и текст, который лишь отчасти понятен тем, кто находится по ту или другую сторону языковой пропасти, смерть, если смотреть на нее из жизни, будет непознаваема: как пишет Себастьян: «Лишь одну сторону понятия "смерть" можно признать реально существующей» [Набоков 2014: 203; Долинин 2014: 11]. В глазах романтиков поэт был тем, кто способен перевести область идеального в нашу реальность, и фигура художника у Набокова способна что-то понять интуитивно — «именно на высшем уровне сознания у смертности появляется шанс заглянуть за свои пределы» [Nabokov 1989b: 50].

Хорошо известно высказывание В. Ф. Ходасевича, согласно которому все протагонисты у Набокова — художники. В своей статье 1937 года Ходасевич разделил их на две группы — наделенных всего лишь талантом и гениев [Ходасевич 1937: 9]. А. А. Долинин подчеркивает эмигрантский статус персонажей Набокова, указывая, что в его произведениях хотя и «не каждый изгнанник для него художник, но каждый художник непременно изгнанник» [Долинин 2014: 16]. К этому следует добавить, что их ключевое свойство — исключительная восприимчивость к посланиям из потустороннего мира. На протяжении всего «Дара» Федор Годунов-Чердынцев оттачивает это искусство, чтобы как-то услышать покойного отца с помощью Пушкина, и в итоге вознагражден — отец является ему во сне из потустороннего мира.

Однако для того, чтобы *отправлять* подобные послания, гения художника не требуется; сестры Вэйн и тетя Мод посылают весточки из загробного мира, которые их адресаты получают, но оказываются неспособны расшифровать; рассказчик в «Сестрах Вэйн» даже после того, как только что получил их посмертный подарок в виде яркого, как сон, зимнего утра, ложится спать, страшась, что Сибил попробует с ним связаться. Последний абзац его рассказа, содержащий акростих, который послали сестры в качестве объяснения и своей подписи в тексте, по иронии указывает на неспособность рассказчика различить хоть какие-то признаки духа Синтии. Гэзель и Джон Шейд начинают получать какие-то послания из загробного мира и также не умеют истолковывать эти весточки. Лишь В. чувствует, что тень брата старается ему помочь, и, хотя и непреднамеренно, соглашается на помощь Зильбермана, посланца Себастьяна. Как и рассказчик в «Сестрах Вэйн», В. не осознает, что все время записывает знаки, посылаемые Себастьяном, особенно в форме спрятанных в подтексте отсылок на его собственные произведения и книги других авторов. Читателю автор открывает больший доступ к следам потусторонности, чем персонажу, и этот доступ постоянно расширяется, по мере того как нас ведут дальше и дальше в расшифровке набоковских отсылок на нескольких языках, от очевидных к неясным.

Употребление языков и подтекстов у Набокова завуалировано, подобно тому, как едва различимы сигналы из потустороннего мира; его тексты подражают бесконечной непроницаемости бытия. Тайны скрыты по самой своей природе; так величайшая тайна жизни после смерти диктует способы сокрытия в произведениях Набокова. Слои отсылок скрывают друг друга, свою тематическую цель и отношение к автору, постепенно раскрываясь перед настойчивым читателем-исследователем.

«Гамлет» Шекспира — это ключевой пример набоковских методов утаивания, множественных разбегающихся волн отсылок, а также движения с одного онтологического уровня на другой. Мы уже видели, как призрачное присутствие короля Гамлета в «Бледном пламени» оказывается замаскировано менее значимой пьесой Шекспира, «Тимоном Афинским», которая, в свою очередь, замаскирована переводом на землянский. Но и это еще не все. Эти наслаивающиеся языки, переводы и тексты отсылают к набоковскому потерянному королевству, оригинальными способами намекая на его личное горе. Как показал Томас Маккарти, «Гамлет» обеспечивает еще один скрытый аспект «Истинной жизни Себастьяна Найта», и этот аспект можно расшифровать с помощью «Улисса» Джеймса Джойса; экземпляр «Улисса» — часть «музыкальной фразы» на книжной полке Себастьяна, фразы, начинающейся с «Гамлета» [Набоков 2014: 61; McCarthy 2017].

В девятой главе «Улисса» Стивен Дедал развивает в отношении пьесы свою теорию. Он приписывает ключевую роль в создании Гамлета смерти одиннадцатилетнего сына Шекспира, Гамнета. По словам Стивена, Шекспир сам сыграл призрак отца Гамлета, чтобы обратиться «к сыну, сыну души своей, юному принцу Гамлету, и к своему сыну по плоти, Гамнету Шекспиру, который умер в Стратфорде, чтобы взявший имя его мог бы жить вечно» [Джойс 1993: 145].

> Это — призрак, это король, король и не король, а актер — это Шекспир, который все годы своей жизни, не отданные суете сует, изучал «Гамлета», чтобы сыграть роль призрака. Он обращается со словами роли к Бербеджу, молодому актеру, который стоит перед ним по ту сторону смертной завесы, и называет его по имени: *Гамлет, я дух родного твоего отца*, и требует себя выслушать [Джойс 1993: 145].

Для Шекспира пьеса была способом преодолеть смерть, понять душу умершего сына. Как выражается Дедал,

> <...> его утраты — для него прибыль, личность его не оскудева-
> ет, и он движется к вечности, не почерпнув ничего из той муд-
> рости, которую сам создал, и тех законов, которые сам открыл.
> Его забрало поднято. Он призрак, он тень сейчас, ветер в утесах
> Эльсинора, или что угодно, зов моря, слышный лишь в сердце
> того, кто сущность его тени, сын, единосущный отцу [Джойс
> 1993: 145].

Играя призрак отца, Шекспир присоединяется в потустороннем мире к умершему сыну, который был бы в возрасте
принца Гамлета.

> <...> Актер Шекспир, призрак в силу отсутствия, а в одеянии
> похороненного монарха Дании призрак и в силу смерти, говоря
> свои собственные слова носителю имени собственного сына
> (будь жив Гамнет Шекспир, он был бы близнецом принца Гам-
> лета) <...> [Джойс 1993: 145].

Тема переселения душ, которую Дедал находит в «Гамлете»
Шекспира, указывает на то, как Блум заменяет своего потерянного сына Дедалом в ходе развития «Улисса»: Гамнет умирает
в одиннадцать лет, Руди Блум — в одиннадцать дней. Для В.,
пишущего книгу, в которой он сам фигурирует, его искусство
становится способом воссоединиться с братом в потусторонем
мире, и к концу книги он осознает: «Я — Себастьян, или Себастьян — это я» [Набоков 2014: 232]. Посредством повествования
В. Набоков вписывает себя в смерть Себастьяна, который является для В. скорее духом-помощником, чем духом-мстителем.

«Истинная жизнь Себастьяна Найта» начинается как реалистический роман и превращается в историю с привидениями,
однако далеко не простую. Себастьян соответствует дедаловско-
му определению призрака: «Некто, ставший неощутимым вследствие смерти или отсутствия или смены нравов» [Джойс 1993:
145]. В. требуется вся длительность романа, чтобы понять, что
«душа — лишь способ бытия», что он — Себастьян Найт: «...во-
площаю его на освещенной сцене» [Набоков 2014: 231].

Набоков вписывает себя в собственный роман таким же образом, как Шекспир исполнял роль призрака короля Гамлета.

Исходный ответ на загадку авторства — это Набоков, но представший иным, обновленным, и в этом новом обличье он преодолевает свои утраты: потерю отца, страны, языка, — преобразуя тему своего изгнания в метафору загробной жизни, постижимую лишь с помощью сочетания его русского и английского искусства. Наконец, лишь с помощью искусства, единственной области, где возможна подобная коммуникация, мы сможем преодолеть границы реальности и наши личные судьбы: Набоков — в своих романах, а его читатели — погружаясь в его выдуманную, но все же автобиографическую вселенную. Но все это лишь гипотетически, неоднозначно. Вся дилемма Гамлета (и зрителей) вырастает из его неспособности узнать наверняка, говорил ли он с призраком отца.

В 1962 году Мэри Маккарти назвала набоковское «Бледное пламя» зеркальным залом, создающим вереницы бесконечных отражений — тем, мотивов, структур и отсылок, — которые начинаются как явные удвоения. То же самое можно сказать и о набоковском творчестве в целом, — в нем ни одна половина из парных оппозиций не подтверждается, но требует синтеза, который сам служит основой для нового тезиса. Набоков ставит писателя Себастьяна в пару с Германом — сумасшедшим убийцей, медиума Гэзель — с Долли Гейз, девчушкой в носочках. Явственная дуальность отправляет читателя на поиск разгадки, которая, в свою очередь, нуждается в способе перекинуть мост через бездну между нашим миром и потусторонним. Возможно, художник и способен попытаться интуитивно наладить связь между мирами, но никто из нас никогда не узнает этого наверняка.

Источники

Набоков 1997–1999 — Набоков В. В. Собрание сочинений американского периода: В 5 т. СПб.: Симпозиум, 1997–1999.

Набоков 1999–2000 — Набоков В. В. Собрание сочинений русского периода: В 5 т. СПб.: Симпозиум, 1999–2000.

Набоков 2010 — Набоков В. В. Лекции по зарубежной литературе. СПб.: Азбука-классика, 2010.

Набоков 2014 — Набоков В. В. Просвечивающие предметы. [Содерж.: Истинная жизнь Себастьяна Найта; Просвечивающие предметы]. СПб.: Азбука, 2014.

Набоков 2018 — Набоков В. В. Вечер русской поэзии // Алексей Филимонов. Звезда-полынья. СПб.: Изд-во Союза писателей России, 2018. С. 296–300.

Вулф 2004 — Вулф В. Русская точка зрения / Пер. К. Н. Атаровой // В. Вулф. Миссис Дэллоуэй. На маяк. Орландо. Волны. Флаш. Рассказы. Эссе. М.: АСТ, Пушкинская библиотека, 2004.

Готорн 1957 — Готорн Н. Алая буква / Пер. Н. Л. Емельянниковой, Э. Л. Линецкой. М.: Художественная литература, 1957.

Готорн 1965 — Готорн Н. Дочь Рапачини / Пер. Р. Рыбаковой // Н. Готорн. Новеллы. Т. 2. М.: Художественная литература, 1965.

Готорн 1982 — Готорн Н. Мастер красоты / Пер. Э. Л. Линецкой // Н. Готорн. Избранные произведения: В 2 т. Т. 2. Л.: Художественная литература, 1982.

Готорн 2001 — Готорн Н. Молодой Браун / Пер. Е. Д. Калашниковой // Король Чума. Американская готика. XIX век. М.: АСТ; СПб.: Terra Fantastica, 2001.

Джеймс 1983 — Джеймс Г. Повести и рассказы. Л.: Художественная литература, 1983.

Джойс 1993 — Джойс Дж. Улисс / Пер. В. А. Хинкиса и С. С. Хоружего. М.: Республика, 1993.

Джойс 2011 — Джойс Дж. Портрет художника в юности / Пер. М. П. Богословской-Бобровой. М.: АСТ, 2011.

Достоевский 1981 — Достоевский Ф. М. Дневник писателя за 1876 год. Январь — апрель // Ф. М. Достоевский. Полн. собр. соч.: В 30 т. Т. 22. Л.: Наука, 1981.

Кэрролл 1982 — Кэрролл Л. Приключения Алисы в Стране чудес. Сквозь Зеркало и что там увидела Алиса, или Алиса в Зазеркалье / Пер. Н. М. Демуровой. М.: Правда, 1982.

Набоков 1997 — Набоков В. В. Предисловие к английскому переводу романа «Отчаяние» / Пер. Г. А. Левинтона // В. В. Набоков: pro et contra. СПб.: РХГИ, 1997.

По 1980 — По Э. Вильям Вильсон / Пер. Р. Е. Облонской // Э. По. Рассказы. М.: Художественная литература, 1980.

Пушкин 1963 — Пушкин А. С. «Exegi monumentum» // А. С. Пушкин. Полн. собр. соч.: В 10 т. Т. 3. М.: Академия наук, 1963. С. 373.

Стоппард 2001 — Стоппард Т. Настоящий инспектор Хаунд / Пер. С. Л. Сухарева // Т. Стоппард. Розенкранц и Гильденстерн мертвы. СПб.: Азбука-классика, 2001.

Уайлдер 2000 — Уайлдер Т. Мост короля Людовика Святого / Пер. В. П. Голышева. М.: Текст, 2000.

Черный 1996 — Черный С. Пушкин в Париже (Фантастический рассказ) // С. Черный. Собр. соч.: В 5 т. Т. 3. М.: Эллис Лак, 1996. С. 168–173.

Шекспир 1959 — Шекспир У. Как вам это понравится / Пер. Т. Л. Щепкиной-Куперник // У. Шекспир. Полн. собр. соч.: В 8 т. Т. 5. М.: Искусство, 1959. С. 5–112.

Шекспир 1977 — Шекспир У. Гамлет / Пер. М. Л. Лозинского // У. Шекспир. Трагедии. Сонеты. М.: Московский рабочий, 1977.

Шекспир 2010 — Шекспир У. Сон в летнюю ночь / Пер. Т. Л. Щепкиной-Куперник // У. Шекспир. Ромео и Джульетта. Сон в летнюю ночь. М.: ЭКСМО, 2010.

Nabokov 1945 — Nabokov V. An Evening of Russian Poetry // New Yorker. 1945. P. 23–24.

Nabokov 1962 — Nabokov's interview. BBC Television, 1962. Transcription — URL: http://lib.ru/NABOKOW/Inter02.txt (дата обращения:

15.08.2020). Vladimir Nabokov on His Life and Work // The Listener (London). 1962. November 22. Vol. 1756. № 68. P. 856–858. Reprinted: What Vladimir Nabokov Thinks of His Work, His Life. Vogue (New York). 1963. March 1. P. 152–155.

Nabokov 1980 — Nabokov V. Lectures on Literature / Ed. by F. Bowers. New York: Harcourt Brace Jovanovich, 1980.

Nabokov 1981 — Nabokov V. The Vane Sisters // Nabokov V. Tyrants Destroyed and Other Stories. New York: McGraw-Hill, 1981. P. 219–238.

Nabokov 1982 — Nabokov V. Pale Fire. New York: Vintage, 1982.

Nabokov 1989a — Nabokov V. Despair. New York: Vintage, 1989.

Nabokov 1989b — Nabokov V. Speak, Memory. New York: Vintage International, 1989.

Nabokov 1990 — Nabokov V. Strong Opinions. New York: Vintage International, 1990.

Nabokov 1991 — Nabokov V. The Annotated Lolita / Ed. by A. Appel Jr. New York: Vintage, 1991.

Nabokov 1992 — Nabokov V. The Real Life of Sebastian Knight. New York: Vintage International, 1992.

Davis 1911 — Davis A. J. The Fountain: With Jets of New Meanings. Rochester, N. Y.: Austin Publishing Co., 1911.

Doyle 1918 — Doyle A. C. Life After Death // The Daily Chronicle. 1918. November 5.

Doyle 1922 — Doyle A. C. The Coming of the Fairies. Toronto: Hodder and Stoughton, 1922.

Goodrich 1844 — Goodrich S. A Tale of Adventure, or the Siberian Sable Hunter. New York: Wiley & Putnam, 1844.

Hawthorne 2003 — Hawthorne N. Mosses from an Old Manse. New York: Random House, 2003.

Hawthorne 2005 — Hawthorne N. The Portable Hawthorne / Ed. by W. C. Spengemann. New York: Penguin, 2005.

James 1910 — James H. Is There a Life After Death? // In After Days: Thoughts on the Future Life / Ed. by W. D. Howells. New York, 1910. P. 198–233.

James 1994 — James W. The Varieties of Religious Experience. New York: Modern Library, 1994.

Joyce 1961 — Joyce J. Ulysses. New York: Random House, 1961.

Keats 1996 — Keats J. La Belle Dame sans Merci // J. Keats. Selected Poems. Oxford: Oxford UP, 1996. P. 166–167.

Kingsley 1966 — Kingsley C. The Water Babies, London: J. M. Dent, 1966.

Lehmann 1898 — Lehmann A. Aberglaube und Zauberei: von den ältesten Zeiten an bis die Gegenwart. Stuttgart: Enke, 1898.

Mother Goose Rhymes 2002 — Mother Goose Rhymes. Сказки матушки Гусыни. М.: Радуга, 2002.

Munthe 1947 — Munthe A. The Story of San Michele. London: John Murray, 1947.

Owen 1860 — Owen R. D. Footfalls on the Boundary of Another World. Philadelphia, Pa.: Lippincott and Co., 1860.

Scott 1894 — Scott W. The Poetical Works of Sir Walter Scott. London: H. Frowde, 1894.

Woolf 1955 — Woolf V. To the Lighthouse. New York: Harcourt, Brace, 1955.

Woolf 1959 — Woolf V. The Waves. New York: Harcourt, 1959.

Woolf 1990 — Woolf V. The New Biography // The Essays of Virginia Woolf / Ed. by Andrew McNeillie. New York: Harcourt Brace Jovanovich, 1990. Vol. 4. P. 473–479.

Woolf 2005 — Woolf V. A Room of One's Own (Annotated) / Ed. by M. Hussey. New York: Harcourt, Inc, 2005.

Woolf 2008 — Woolf V. Jacob's Room (Annotated) / Ed. by M. Hussey. New York: Harcourt, Inc, 2008.

Woolf 2015 — Woolf V. Orlando: A Biography / Ed. by M. H. Whitworth. Oxford: Oxford UP, 2015.

Библиография

Алданов 1995 — Алданов М. А. Неизданные произведения Пушкина, в связи с конгрессом спиритов // М. А. Алданов. Очерки. М.: Новости, 1995. С. 30–37.

Анненков 2007 — Анненков П. В. Материалы для биографии Александра Сергеевича Пушкина. М.: Терра, 2007.

Бахтин 1975 — Бахтин М. М. Слово в романе // М. М. Бахтин. Вопросы литературы и эстетики: Исследования разных лет. М.: Хужественная литература, 1975. С. 72–446.

Берберова 1996 — Берберова Н. Н. Курсив мой. Автобиография. М.: Согласие, 1996.

Виницкий 2006 — Виницкий И. Дом толкователя. Поэтическая семантика и историческое воображение В. А. Жуковского. М.: НЛО, 2006.

Долинин 2014 — Долинин А. А. После Сирина // Набоков В. В. Просвечивающие предметы. СПб.: Азбука, 2014. С. 5–20.

Долинин 2019 — Долинин А. А. Истинная жизнь писателя Сирина. СПб.: Симпозиум, 2019.

Маликова 2002 — Маликова М. Э. Набоков. Авто-био-графия. СПб.: Академический проект, 2002.

Мейер 2007 — Мейер П. Найдите, что спрятал матрос: «Бледный огонь» Владимира Набокова / Пер. М. Э. Маликовой. М.: НЛО, 2007.

Набокова 1979 — Набокова В. Е. Предисловие // В. В. Набоков. Стихи. Анн Арбор: Ардис, 1979. С. 3–4.

Отчаяние 2013 — Отчаяние. Despair // Vladimir Nabokov. A Descriptive Bibliography, Revised. 2013. URL: http://www.vnbiblio.com/wp-content/uploads/2013/05/Otchaianie.pdf (дата обращения: 17.08.2020).

Ронен 2014 — Ронен И. Первый англоязычный роман Набокова в контексте англо-американской прозы его современников // Звезда. 2014. № 4. С. 206–214.

Ходасевич 1937 — Ходасевич В. Ф. О Сирине (В. Набоков) // Возрождение. 1937. 13 февр. С. 9.

Шифф 2010 — Шифф С. Вера. Миссис Владимир Набоков / Пер. О. Кириченко. М.: КоЛибри, 2010.

Шраер 2000 — Шраер М. Д. Набоков: темы и вариации. СПб.: Академический проект, 2000.

Alexandrov 1991 — Alexandrov V. Nabokov's Other world. Princeton, N. J.: Princeton UP, 1991.

Allen 2000 — Allen G. Intertextuality. London: Routledge, 2000.

Aronowicz 2002 — Aronowicz Y. Along the Moebius Strip: Joyce's Portrait of the Artist as a Young Man and Nabokov's The Gift. Unpublished term paper, Russian Department, Wesleyan University, 2002.

Bader 1972 — Bader J. Crystal Land: Artifice in Nabokov's English Novels. Berkeley: University of California Press, 1972.

Barabtarlo 1999 — Barabtarlo G. Nabokov's Trinity (On the Movement of Nabokov's Themes) // Nabokov and His Fiction: New Perspectives, edited by Julian W. Connolly. Cambridge: Cambridge UP, 1999. P. 109–138.

Barabtarlo 2008a — Barabtarlo G. Taina Naita: Narrative Stance in Nabokov's The Real Life of Sebastian Knight // Partial Answers: Journal of Literature and the History of Ideas. 2008. Vol. 6. № 1. P. 57–80.

Barabtarlo 2008b — Barabtarlo G. The Man Is the Book // Cycnos. 2008. Vol. 24. № 1. P. 95–104.

Begnal Nd — Begnal M. H. The Fledgling Fictionalist // Zembla website. URL: https://www.libraries.psu.edu/nabokov/ozemble.htm (дата обращения: 18.08.2020).

Bell 1987 — Bell M. Lolita and Pure Art // Vladimir Nabokov's Lolita: Modern Critical Interpretations / Ed. by H. Bloom. New York: Chelsea House, 1987. P. 69–82.

Bernstein 1999 — Bernstein S. «The Question Is the Story Itself»: Postmodernism and Intertextuality in Auster's New York Trilogy // Detecting Texts: The Metaphysical Detective Story from Poe to Postmodernism / Ed. by P. Merivale and S. E. Sweeney. Philadelphia: Pennsylvania UP, 1999. P. 134–156.

Bishop 1992 — Bishop E. L. The Subject in Jacob's Room // Modern Fiction Studies. 1992. Vol. 38. № 1. P. 147–175.

Blackwell 2009 — Blackwell S. H. The Quill and the Scalpel. Columbus: Ohio State UP, 2009.

Blackwell 2017 — Blackwell S. H. Nabokov's The Gift, Dostoevskii, and the Tradition of Narratorial Ambiguity // Slavic Review. 2017. Vol. 76. № 1. P. 147–167.

Boyd 1990 — Boyd B. Vladimir Nabokov: The Russian Years. Princeton, N. J.: Princeton UP, 1990.

Boyd 1995a — Boyd B. Even Homais Nods // Nabokov Studies. 1995. Vol. 2. P. 62–86.

Boyd 1995b — Boyd B. Words, Works and Worlds in Joyce and Nabokov // Cycnos. 1995. Vol. 12. № 2. P. 3–12.

Boyd 1999 — Boyd B. Nabokov's Pale Fire: The Magic of Artistic Discovery. Princeton, N. J.: Princeton UP, 1999.

Brassell 1985 — Brassell T. Tom Stoppard: An Assessment. London: Palgrave Macmillan, 1985.

Bullock 1984 — Bullock R. H. Humbert the Character, Humbert the Writer: Artifice Reality, and Art in Lolita // Philological Quarterly. 1984. Vol. 63. № 2. P. 187–204.

Carlson 1997 — Carlson M. Fashionable Occultism // The Occult in Russian and Soviet Culture / Ed. by B. G. Rosenthal. Ithaca, N. Y.: Cornell UP, 1997. P. 136–152.

Carroll 1982 — Carroll W. C. The Cartesian Nightmare of Despair // Nabokov's Fifth Arc / Ed. by J. E. Rivers and C. Nicol. Austin: University of Texas Press, 1982. P. 82–104.

Clark 1982 — Clark B. L. Nabokov's Assault on Wonderland // Nabokov's Fifth Arc / Ed. by J. E. Rivers and C. Nicol. Austin: University of Texas Press, 1982. P. 63–74.

Clark 1985 — Clark B. L. Reflections of Fantasy: The Mirror-Worlds of Carroll, Nabokov, and Pynchon. New York: Peter Lang, 1985.

Cohen 1948 — Cohen B. B. The Composition of Hawthorne's «The Duston Family» // The New England Quarterly. 1948. Vol. 21. № 2. P. 236–241.

Connolly 1982 — Connolly J. The Function of Literary Allusion in Nabokov's Despair // Slavic and East European Journal. 1982. Vol. 26. № 3. P. 302–313.

Connolly 1995a — Connolly J. Ania v strane chudes // The Garland Companion to Vladimir Nabokov / Ed. by V. Alexandrov. New York: Garland, 1995. P. 18–24.

Connolly 1995b — Connolly J. Nature's «Reality» or Humbert's «Fancy»: Scenes of Reunion and Murder in Lolita // Nabokov Studies. 1995. Vol. 2. P. 41–61.

Cornwell 2002 — Cornwell N. Paintings, Governesses and «Publishing Scoundrels»: Nabokov and Henry James // Nabokov's World. Vol. 2: Reading Nabokov / Ed. by J. Grayson, A. McMillin, and P. Meyer. London: Palgrave, 2002. P. 96–116.

Cornwell 2005 — Cornwell N. From Sirin to Nabokov: The Transition to English // The Cambridge Companion to Nabokov / Ed. by Julian W. Connolly. Cambridge: Cambridge UP, 2005. P. 151–169.

Davydov 1995 — Davydov S. Despair // The Garland Companion to Vladimir Nabokov / Ed. by V. Alexandrov. New York: Garland, 1995. P. 88–99.

Debreczeny 1997 — Debreczeny P. Social Functions of Literature: Alexander Pushkin and Russian Culture. Stanford, Calif.: Stanford UP, 1997.

Desantis 1994 — Desantis D. Vladimir Nabokov. Paris: Editions Julliard, 1994.

de Vries 2016 — de Vries G. Silent Love: The Annotation and Interpretation of Nabokov's «The Real Life of Sebastian Knight». Boston: Academic Studies Press, 2016.

Dolinin 1993 — Dolinin A. Nabokov and «Third-Rate Literature» (On a Source of Lolita) // Elementa. 1993. Vol. 1. P. 167–173.

Dolinin 1995a — Dolinin A. Caning of Modernist Profaners: Parody in Despair // Cycnos. 1995. Vol. 12. № 2. P. 43–54.

Dolinin 1995b — Dolinin A. «The Gift» // The Garland Companion to Vladimir Nabokov / Ed. by V. E. Alexandrov. New York: Garland, 1995. P. 135–169.

Dolinin 2005a — Dolinin A. Nabokov as a Russian Writer // The Cambridge Companion to Nabokov / Ed. by J. W. Connolly. Cambridge: Cambridge UP, 2005. P. 49–64.

Dolinin 2005b — Dolinin A. What Happened to Sally Horner?: A Real-Life Source of Nabokov's Lolita // Times Literary Supplement. 2005. September 9. P. 11–12.

Durantaye 2007 — Durantaye L. de la. Style Is Matter: The Moral Art of Vladimir Nabokov. Ithaca, N. Y.: Cornell UP, 2007.

Emery 1988 — Emery E. «An Occult Resemblance»: The Ripples of Chekhov in The Real Life of Sebastian Knight // The Nabokovian. 1988. Vol. 20. P. 24–29.

Encyclopedia Britannica 1946 — Encyclopedia Britannica, 13th ed., s. v. 24 vols. Chicago: Encyclopedia Britannica, 1946.

Field 1967 — Field A. Nabokov: His Life in Art. Boston: Little, Brown, 1967.

Foster 1993 — Foster J. B. Jr. Nabokov's Art of Memory and European Modernism. Princeton, N. J.: Princeton UP, 1993.

Foster 1995 — Foster J. B. Jr. Parody, Pastiche, and Periodization: Nabokov / Jameson // Cycnos. 1995. Vol. 12. № 2. P. 109–116.

Fox 2010 — Fox M. Geoffrey Crawley, 83, Dies; Gently Deflated a Fairy Hoax // New York Times. 2010. November 6. P. A 34.

Frank 2012 — Frank S. Nabokov's Theatrical Imagination. Cambridge: Cambridge UP, 2012.

Fromberg 1967 — Fromberg S. The Unwritten Chapters in The Real Life of Sebastian Knight // Modern Fiction Studies. 1967. Vol. 13. № 2. P. 427–442.

Frosch 1987 — Frosch T. R. Parody and Authenticity in Lolita // Vladimir Nabokov's «Lolita» / Ed. by H. Bloom. New York: Chelsea House, 1987. P. 83–98.

Galef 1985 — Galef D. The Self-Annihilating Artists of Pale Fire // Twentieth Century Literature. 1985. Vol. 31. № 4. P. 421–437.

Gardner 1960 — Gardner M. The Annotated Alice: Alice's Adventures in Wonderland and Through the Looking-Glass. New York: C. N. Potter, 1960.

Glendinning 1894 — The Veil Lifted: Modern Developments of Spirit Photography / Ed. by A. Glendinning. London: Whitaker & Co., 1894.

Gordin 2004 — Gordin M. D. A Well-Ordered Thing: Dmitrii Mendeleev and the Shadow of the Periodic Table. New York: Basic Books, 2004.

Grabes 1995 — Grabes H. A Prize for the (Post-)Modernist Nabokov // Cycnos. 1995. Vol. 12. № 2. P. 116–124.

Grayson 1977 — Grayson J. Nabokov Translated. Oxford: Oxford UP, 1977.

Grayson 1992 — Grayson J. Rusalka and the Person from Porlock // Symbolism and After: Essays on Russian Poetry in Honor of Georgette Donchin / Ed. by A. McMillin. London: Bristol Classical Press, 1992. P. 162–185.

Green 1946 — Green R. L. Andrew Lang: A Critical Biography. Leicester: Ward, 1946.

Green 1995 — Green G. Beyond Modernism and Postmodernism: Vladimir Nabokov's Fiction of Transcendent Perspective // Cycnos. 1995. Vol. 12. № 2. P. 159–164.

Grishakova 1999 — Grishakova M. On Some Allusions in V. Nabokov's Works // Nabokovian. 1999. Vol. 43. P. 18–29.

Haegert 1984 — Haegert J. The Author as Reader as Nabokov: Text and Pretext in Pale Fire // Texas Studies in Literature. 1984. Vol. 26. № 4. P. 405–424.

Horowitz 1996 — Horowitz B. The Myth of A. S. Pushkin in Russia's Silver Age: M. O. Gershenzon, Pushkinist. Evanston, Ill.: Northwestern UP, 1996.

Hutcheon 1988 — Hutcheon L. A Poetics of Postmodernism: History, Theory, Fiction. New York: Routledge, 1988.

Jansen, de Jong 1994 — Jansen M. and de Jong B. Stalin's Hand in Rotterdam: The Murder of the Ukrainian Nationalist Yevhen Konovalets in May 1938 // Intelligence and National Security. 1994. Vol. 9. № 4. P. 676–694.

Johnson 1992 — Johnson D. B. L'Inconnue de la Seine and Nabokov's Naiads // Comparative Literature. 1992. Vol. 44. № 3. P. 225–248.

Johnson 1995 — Johnson D. B. Transparent Things // The Garland Companion to Vladimir Nabokov / Ed. by V. E. Alexandrov. New York: Garland, 1995. P. 725–733.

Johnson 1999 — Johnson D. B. Vladimir Nabokov and Rupert Brooke // Nabokov and His Fiction / Ed. by J. Connolly. Cambridge: Cambridge UP, 1999. P. 177–196.

Johnson 2002 — Johnson D. B. Nabokov and Walter de la Mare's «Other world» // Nabokov's World. Vol. 1: The Shape of Nabokov's World / Ed. by J. Grayson, A. McMillin, and P. Meyer. Basingstoke, UK: Palgrave, 2002. P. 71–87.

Karlinsky 1979 — The Nabokov-Wilson Letters 1940–1971 / Ed. by S. Karlinsky. New York: Harper & Row, 1979.

Kern 2004 — Kern G. A Death in Washington: Walter G. Krivitsky and the Stalin Terror. New York: Enigma Books, 2004.

Kern 2011 — Kern S. The Modernist Novel: A Critical Introduction. Cambridge: Cambridge UP, 2011.

Knapp 1987 — Knapp S. Hazel Ablaze: Literary License in Nabokov's Pale Fire // Essays in Literature. 1987. Vol. 14. № 1. P. 105–115.

Kristeva 1980 — Kristeva J. Desire in Language: A Semiotic Approach to Language and Art / Trans. by T. Gora, A. Jardine, and L. S. Roudiez. Ed. by L. S. Roudiez. New York: Columbia UP, 1980.

Kristeva 1996 — Kristeva J. Word, Dialogue and Novel // The Kristeva Reader / Ed. by T. Moi. Oxford, UK: Blackwell, 1996. P. 34–66.

Lee 1999 — Lee H. Virginia Woolf. New York: Vintage, 1999.

Leone-Quick 1997 — Leone-Quick B. From Image to Apology: Hawthorne Subtexts in Nabokov's The Real Life of Sebastian Knight. Senior thesis. Russian Department, Wesleyan University, 1997.

Lethen 1986 — Lethen H. Modernism Cut in Half: The Exclusion of the Avant-Gardeand the Debate on Postmodernism // Approaching Postmodernism / Ed. by D. Fokkema and H. Bertens. Amsterdam: John Benjamins, 1986. P. 233–238.

Leving 2012 — Anatomy of a Short Story: Nabokov's Puzzles, Codes, «Signs and Symbols» / Ed. by Y. Leving. New York: Continuum International, 2012.

Levitt 1989 — Levitt M. Russian Literary Politics and the Pushkin Celebration of 1880. Ithaca, N. Y.: Cornell UP, 1989.

Lipovetsky 2017 — Lipovetsky M. Postmodern Crises: From «Lolita» to Pussy Riot. Brighton, Mass.: Academic Studies Press, 2017.

Lustig 1994 — Lustig T. J. Henry James and the Ghostly. Cambridge: Cambridge UP, 1994.

Marr 2009 — Marr M. Speak, Nabokov. London: Verso, 2009.

Martineau 1997 — Victorian Fairy Painting // Ed. by J. Martineau. London: Merrell Holberton, 1997.

Martinsen 2014–2015 — Martinsen D. A. Lolita as Petersburg Text // Nabokov Studies. 2014–2015. Vol. 13. P. 95–123.

McCarthy 1962 — McCarthy M. A Bolt from the Blue // New Republic. 1962. Vol. 4. P. 21–27.

McCarthy 2017 — McCarthy T. P. Nabokov, Shakespeare, and Joyce: Stephen Dedalus' Hamlet Theory in The Real Life of Sebastian Knight. Unpublished paper. Russian Department, Wesleyan University. 2017.

McGrath 2011 — McGrath C. Can a Picasso Cure You? // New York Times. 2011. May 24. Sec. C. P. 1.

McHale 1987 — McHale B. Postmodernist Fiction. London: Routledge, 1987.

McHale 1992 — McHale B. Constructing Postmodernism. London: Routledge, 1992.

Menand 2016 — Menand L. Why We Are No Longer Shocked by Ulysses // New Yorker. 2016. June 16. URL: http://www.newyorker.com/culture/cultural-comment/why-we-are-no-longer-shocked-by-ulysses? (дата обращения: 21.08.2020).

Meyer 1988 — Meyer P. Find What the Sailor Has Hidden. Middletown, Conn.: Wesleyan UP, 1988.

Meyer, Hoffman 1997 — Meyer P., Hoffman J. Infinite Reflections in Nabokov's Pale Fire: The Danish Connection (Hans Andersen and Isak Dinesen) // Russian Literature. 1997. Vol. 41. P. 197–222.

Meyer 2007 — Meyer P. Carmencita: Blok's Delmas, Nabokov's Shulgina: The Evolution of Eros in Nabokov's Work // Festschrift for Alexander Dolinin, on His 60th Birthday / Ed. by D. Bethea, L. Fleishman, and A. Ospovat. Madison: University of Wisconsin Press, 2007. P. 521–538.

Monroe 1991 — Monroe W. The Sequestered Imagination: Nabokov versus the Materialists // Philological Quarterly. 1991. Vol. 70. № 3. P. 379–394.

Myers 1892 — Myers F. W. H. The Subliminal Consciousness // Proceedings of the Society for Psychical Research. Vol. 7. London: Kegan Paul. 1892. P. 298–355.

Myers 1992 — Myers F. W. H. Human Personality and Its Survival of Bodily Death. Norwich, UK: Pelegrin Trust, 1992.

Nicol 1967 — Nicol C. The Mirrors of Sebastian Knight // Nabokov: The Man and His Work / Ed. by L. S. Dembo. Madison: University of Wisconsin Press, 1967. P. 85–94.

Nicol 1996 — Nicol C. Hazel and Haze, L: Families and Anti-Families. Paper delivered at the Vladimir Nabokov Society Meeting, MLA Annual Convention, Washington, D. C., 1996.

Nicol 2009 — Nicol B. Cambridge Introduction to Postmodern Fiction. Cambridge: Cambridge UP, 2009.

Norman 2005 — Norman W. The Real Life of Sebastian Knight and Two Stories by Henry James // The Nabokovian. 2005. Vol. 55. P. 7–13.

Norman 2012 — Norman W. Nabokov, History and the Texture of Time. New York: Routledge, 2012.

Olcott 1974 — Olcott A. The Author's Special Intention: A Study of The Real Life of Sebastian Knight // A Book of Things about Vladimir Nabokov / Ed. by C. Proffer. Ann Arbor, Mich.: Ardis, 1974. P. 104–121.

Olsen 1995 — Olsen L. Lolita: A Janus Text. New York: Twayne Publishers, 1995.

Orwin 2004 — Orwin D. Did Dostoevsky or Tolstoy Believe in Miracles? // A New Word on «The Brothers Karamazov» / Ed. by R. L. Jackson. Evanston, Ill.: Northwestern UP, 2004. P. 125–141.

Paperno 1994 — Paperno I. Nietzscheanism and the Return of Pushkin in Twentieth-Century Russian Culture / Nietzsche and Soviet Culture: Ally and Adversary / Ed. by B. G. Rosenthal. Cambridge, Mass.: Harvard UP, 1994. P. 211–232.

Patterson 1995 — Patterson G. Nabokov and Dostoevsky: Hermann as Golyadkin's Despairing Double. Paper delivered at the annual AATSEEL meeting, Chicago, December 1995.

Penzer 2002 — Penzer N. M. Poison Damsels: Thieves, Sacred Prostitution, and the Romance of Betel Chewing. London: Kegan Paul, 2002.

Proffer 1966 — Proffer C. R. From Otchaianie to Despair // Slavic Review. 1966. Vol. 28. P. 258–267.

Pifer 1980 — Pifer E. Nabokov and the Novel. Cambridge, Mass.: Harvard UP, 1980.

Pope-Hennessy 1949 — Pope-Hennessy U. Canon Charles Kingsley. New York: Macmillan, 1949.

Quinn 1910 — Quinn A. H. Some Phases of the Supernatural in American Literature // PMLA. 1910. Vol. 25. № 1. P. 114–133.

Raguet-Bouvart 1995 — Raguet-Bouvart C. Riverrunning Acrostically Through «The Vane Sisters» and «A. L. P.», or «Genealogy on Its Head» // Cycnos. 1995. Vol. 12. № 2. P. 21–28.

Ramey 2004 — Ramey J. Parasitism and Pale Fire's Camouflage: The King-Bot, the Crown Jewels and the Man in the Brown Macintosh // Comparative Literature Studies. 2004. Vol. 41. № 2. P. 185–213.

Rawson 1978 — Rawson D. C. Mendeleev and the Scientific Claims of Spiritualism // Proceedings of the American Philosophical Society. 1978. Vol. 122. № 1. February 15. P. 1–8.

Reiss 1938 — Reiss E. Ignace Reiss: In Memoriam // New International. 1938. September. Vol. 4. № 9. P. 276–278. URL: https://www.marxists.org/history/etol/newspape/ni/vol04/no09/reiss.htm (дата обращения: 25.08.2020).

Rider 1909 — Rider F. Are the Dead Alive? The Problem of Physical [!] Research. New York: B. W. Dodge, 1909.

Ronen 1983 — Ronen O. An Approach to Mandel'shtam. Biblioteca Slavica Hierosolymitana. Vol. 17. Jerusalem: Magnes Press, Hebrew University, 1983.

Rosenfield 1967 — Rosenfield C. Despair and the Lust for Immortality // Nabokov: The Man and His Work / Ed. by L. S. Dembo. Madison: University of Wisconsin Press, 1967. P. 66–84.

Rutledge 2011 — Rutledge D. S. Nabokov's Permanent Mystery: The Expression of Metaphysicsin His Work. Jefferson, N. C.: McFarland, 2011.

Ryan 1991 — Ryan M.-L. Possible Worlds, Artificial Intelligence, and Narrative Theory. Bloomington: Indiana UP, 1991.

Sandler 2004 — Sandler S. Commemorating Pushkin: Russia's Myth of a National Poet. Stanford, Calif.: Stanford UP, 2004.

Senderovich 1980 — Senderovich S. On Pushkin's Mythology: The Shade-Myth // Alexander Pushkin. Symposium II / Ed. by A. Kodjak, K. Pomorska, and K. Taranovsky. Columbus, Ohio: Slavica Publishers, 1980. P. 103–115.

Sisson 1995a — Sisson J. B. Nabokov and Some Turn-of-the-Century English Writers // The Garland Companion to Vladimir Nabokov / Ed. by V. Alexandrov. New York: Garland, 1995. P. 528–536.

Sisson 1995b — Sisson J. B. The Real Life of Sebastian Knight // The Garland Companion to Vladimir Nabokov / Ed. by V. Alexandrov. New York: Garland, 1995. P. 633–643.

Stashower 1999 — Stashower D. Teller of Tales: The Life of Arthur Conan Doyle. New York: Holt, 1999.

Stuart 1978 — Stuart D. Nabokov: The Dimensions of Parody. Baton Rouge: Louisiana State UP, 1978.

Suagee 1974 — Suagee S. An Artist's Memory Beats All Other Kinds: An Essay on Despair // A Book of Things About Vladimir Nabokov / Ed. by C. R. Proffer. Ann Arbor, Mich.: Ardis, 1974. P. 54–62.

Sweeney 1991 — Sweeney S. E. Purloined Letters: Poe, Doyle, Nabokov // Russian Literature Triquarterly. 1991. Vol. 24. P. 213–237.

Sweeney 1993 — Sweeney S. E. The Small Furious Devil: Memory in «Scenes from the Life of a Double Monster» // A Small Alpine Form: Studies in Nabokov's Short Fiction / Ed. by C. Nicol and G. Barabtarlo. New York: Garland, 1993. P. 193–216.

Sweeney Nd — Sweeney S. E. The Brothers Nabokov: Vladimir and Sergey. Unpublished manuscript. Typescript.

Tamir-Ghez 1980 — Tamir-Ghez N. Rhetorical Manipulation in Lolita // The Structural Analysis of Narrative Texts / Ed. by A. Kodjak and K. Pomorska. Columbus, Ohio: Slavica, 1980. P. 172–195.

Tammi 1995 — Tammi P. Shadows of Differences: Pale Fire and Foucault's Pendulum // Cycnos. 1995. Vol. 12. № 2. P. 181–189.

Taranovsky 1976 — Taranovsky K. Concert at the Railroad Station / Essays on Mandel'shtam. Cambridge, Mass.: Harvard UP, 1976. P. 1–20.

Tekiner 1979 — Tekiner C. Time in Lolita // Modern Fiction Studies. 1979. Vol. 25. P. 463–469.

Toker 1987 — Toker L. Nabokov and the Hawthorne Tradition // Scripta Hierosolymitana. 1987. Vol. 32. P. 323–349.

Toker 2002 — Toker L. Nabokov and Bergson on Duration and Reflexivity // Nabokov's World. Vol. 1: The Shape of Nabokov's World / Ed. by

J. Grayson, A. McMillin, and P. Meyer. Basingstoke, UK: Palgrave, 2002. P. 132–139.

Trousdale 2003 — Trousdale R. Faragod Bless Them: Anna Karenin and Electricity in Ada // Nabokov Studies. 2003. Vol. 7. P. 119–128.

Trousdale 2010 — Trousdale R. Nabokov, Rushdie, and the Transnational Imagination. New York: Palgrave Macmillan, 2010.

Trousdale 2018 — Trousdale R. Transnationalism // Vladimir Nabokov in Context / Ed. by D. Bethea and S. Frank. Cambridge: Cambridge UP, 2018.

Trubikhina 2015 — Trubikhina J. The Translator's Doubts: Nabokov and the Ambiguity of Translation. Boston: Academic Studies Press, 2015.

Tucker 2005 — Tucker J. Nature Exposed: Photography as Eyewitness in Victorian Science. Baltimore: Johns Hopkins UP, 2005.

Vanden Heuvel 2001 — Vanden Heuvel M. «Is Postmodernism?» Stoppard among / against the Postmoderns // The Cambridge Companion to Tom Stoppard / Ed. by K. Kelly. Cambridge: Cambridge UP, 2001. P. 213–228.

Vinitsky 2009a — Vinitsky I. Ghostly Paradoxes: Modern Spiritualism and Russian Culture in the Age of Realism. Toronto: University of Toronto Press, 2009.

Vinitsky 2009b — Vinitsky I. A New World — Modern Spiritualism in Russia, 1853–1870s. Toronto: University of Toronto Press, 2009.

Wakashima Nd — Wakashima T. Double Exposure: On the Vertigo of Translating Lolita // Zembla (website). URL: http://www.libraries.psu.edu/nabokov/wakashima.htm (дата обращения: 17.08.2020).

Waysband 2002 — Waysband E. Kashchei the Deathless in Nabokov's Gift // Slavic Almanac: The South African Society for Slavic, Central, and East European Studies. 2002. Vol. 8. P. 42–52.

Webber 1996 — Webber A. J. The Doppelgänger: Double Visions in German Literature. Oxford: Clarendon Press, 1996.

Whittaker 1990 — Whittaker T. R. Logics of the Absurd // Critical Essays on Tom Stoppard / Ed. by A. Jenkins. Boston: Macmillan, 1990. P. 110–120.

Zimmer 1996 — Zimmer D. Anmerkungen [Notes] // Vladimir Nabokov. Das wahre Leben des Sebastian Knight. Reinbek bei Hamburg: Rowohlt, 1996. S. 282–299.

Предметно-именной указатель

Содержание

Научное издание

Присцилла Мейер
НАБОКОВ И НЕОПРЕДЕЛЕННОСТЬ
Случай «Истинной жизни Себастьяна Найта»

Директор издательства *И. В. Немировский*

Ответственный редактор *И. Знаешева*
Дизайн *И. Граве*
Редактор *Р. Рудницкий*
Корректоры *А. Нотик, Л. Виноградова*
Верстка *Е. Падалки*

Подписано в печать 26.10.2020.
Формат издания 60 × 90 $^1/_{16}$. Усл. печ. л. 17,0.
Тираж 500 экз.

Academic Studies Press
1577 Beacon Street, Brookline, MA 02446 USA
https://www.academicstudiespress.com

ООО «БиблиоРоссика».
190005, Санкт-Петербург, 7-я Красноармейская ул., д. 25а

Эксклюзивные дистрибьюторы:
ООО «Караван»
ООО «КНИЖНЫЙ КЛУБ 36.6»
http://www.club366.ru
Тел./факс: 8(495)9264544
email: club366@club366.ru

12+

Знак информационной продукции согласно
Федеральному закону от 29.12.2010 № 436-ФЗ

www.ingramcontent.com/pod-product-compliance
Lightning Source LLC
Chambersburg PA
CBHW070928150426
42812CB00049B/1584

* 9 7 8 1 6 4 4 6 9 3 2 1 6 *